CD-ROM付
Windows/Mac対応

Excelで解く
3次元建築構造解析

藤井 大地 著

丸善出版

CD-ROM に関するご注意

■動作環境　Microsoft Windows 98, Windows Me, Windows 2000, Windows XP 日本語版
　　　　　　Microsoft Excel 97, Excel 98, Excel 2000, Excel XP
　　　　　　Mac OS：8.5 以上
　　　　　　　　　　Excel 2001, Excel X for mac
　　　　　　Microsoft Excel が動作する環境にあるもの
　　　　　　CD-ROM ドライブをもったパソコン
　　　　　　メモリー：128MB 以上推奨

○本 CD-ROM 内に収録されているプログラム，データの使用は，すべて読者自身の責任において使用することとし，その使用の正当性や妥当性を問わず，読者が受けたいかなる損害についても，著者及び丸善株式会社は一切の責任を負いません．

○本 CD-ROM に収録されているいかなる記述も，読者のパソコン環境での動作を保証するものではありません．

○本 CD-ROM 内に収録されているデータは著作権法によって保護されており，無断で転載・複製することはできません．個人で使用する際に，プログラムを修正することは差し支えありませんが修正を加えたプログラムを配布することはできません．

Copyright © 2005
Daiji Fujii, Maruzen Co.,Ltd.
All right Reserved

Adobe Acrobat は Adobe Systems Incorporated（アドビシステム社）の商標です．
Microsoft, Windows は Microsoft Corporation の米国および各国における登録商標です．

まえがき

　前著『Excel で解く構造力学』（丸善，2003 年）では，Excel VBA（Visual Basic for Applications）を用いて，2 次元（平面）骨組の構造計算を行うソフトの作り方を示し，ソフト付きの本として出版しました．著者自身も，この本を建築プログラミングという授業と，建築構造学という授業のテキストとして利用しています．建築プログラミングでは，主に Excel VBA を用いたマトリクス演算のプログラミングを教えるために利用し，建築構造学では，付属のソフトを，各 4〜5 人のグループがケント紙で作成した空間構造（写真 1）の強度を求める計算に利用させています．

写真 1　建築構造学の授業で学生が作成した空間構造

　しかしながら，建築構造学の授業で，写真 1 のような構造を 2 次元骨組にモデル化して計算することは結構大変です．このような構造の解析には，やはり 3 次

元骨組が解析できるソフトが必要であることを感じました．このようなニーズに迫られ，前著で示した2次元骨組解析ソフトを改良して，3次元（立体）骨組の解析ソフトを作成しました．そして，実際に作成してみると，立体骨組のグラフィックスなど，結構苦労することも多かったので，このようなプログラムを公開することも意味があるのではないかと思い立ち，前著の応用編として，本書を出版する運びとなりました．

　また，このような立体骨組解析ソフトは，実務においても色々利用価値がありますから，実務に使えるものを目指して，ある程度大規模な問題も解けるように工夫しました．また，前著の読者から，荷重が与えられる問題だけでなく，変位が与えられる問題（強制変位問題）も扱えるようにしてほしいという要望がありましたので，このようなニーズにも応えています．

　また，建築構造学の授業の課題では，作成した作品が壊れる時の荷重を求めます．しかし，崩壊荷重に関しては，弾性解析では，かなり大まかな予測しかできません．したがって，立体骨組の弾塑性解析ができれば，もっと崩壊について具体的な学習を行うことができます．一方，実務設計においても，弾塑性解析によって，骨組構造の保有耐力を計算することが必要になってきています．このようなニーズに応えるためには，立体骨組の弾塑性解析ソフトも必要だと考えられます．さらに欲を言えば，骨組の固有振動解析や地震応答解析などの動的解析ができればもっと便利です．また，地震で崩壊するかどうかを確認するためには，動的弾塑性解析ソフトも有用です．

　以上のようなニーズにもとづいて，本書では，立体骨組について，以下のような5つのソフトを作成しました．

1. 立体骨組解析ソフト（弾性解析）
2. 骨組弾塑性解析ソフト（弾塑性解析）
3. 骨組振動解析ソフト（弾性固有振動解析）
4. 骨組応答解析ソフト（弾性地震応答解析）
5. 弾塑性応答解析ソフト（弾塑性地震応答解析）

そして，本書の2章で，立体骨組解析理論について，3章で，立体骨組解析プログラムの作成法について，4章で，立体骨組のグラフィックスプログラムの作成法について説明しています．立体骨組のグラフィックスでは，透視変換が必要に

なり，変位や応力（断面力）の表示法も多少複雑になりますが，できるだけわかりやすいプログラムになるように心がけたつもりです．次に，5 章では，弾塑性解析法の説明と，3, 4 章で作成した立体骨組解析プログラムを弾塑性解析に拡張する方法を示しています．6 章では，立体骨組の動的解析理論を示し，固有振動解析法とプログラムの作成法，弾性地震応答解析法とプログラムの作成法，および弾塑性地震応答解析プログラムの作成法を示しています．最終，7 章では，作成したソフトの利用法と解析例題を示しています．

　本書は，マトリクス有限要素法に対する知識をある程度お持ちの方を対象にしています．したがって，読んでみて難しいようであれば，まず，前著の方をしっかり勉強してみて下さい．しかし，マトリクス法は，あまり知らなくても構造力学の知識はしっかり持っているという方のために，本書1章では，大学で学ぶ構造力学とマトリクス有限要素法の関係を明らかにしています．ここを読めば，いかに力学の基本を理解することが大事であるかがわかると思います．また，ここでは，構造力学で学ぶことが，マトリクス有限要素法と別物でないことを示そうと試みています．例えば，本書を大学院の授業のテキストとした場合，この1章がマトリクス法への導入として役立つのではないかと考えています．

　本書の読み方としては，前著と同様，ソフトの利用だけを目的とされる場合は，7 章から読み始められても結構です．7 章にはソフトの利用法が書かれており，第1章～6章を読み飛ばしてもよいように配慮されています．ただし，グラフィックス等の細かい設定は 4 章を参照して下さい．立体骨組解析のプログラミングについて勉強したい人は，2 章から順に読まれることをお勧めします．マトリクス法について深く学びたい人は，1 章にもぜひ目を通してください．なお，本書の参考文献は巻末にまとめています．

　本書が，大学生や大学院生のマトリクス法の理解やプログラミング技術の向上，実務の技術者の構造設計や構造解析技術の熟練に少しでもお役に立てば幸いに思っています．

　なお，本書の内容に関して，骨組解析理論およびマトリクス法のプログラミングに関しては，広島国際大学教授（広島大学名誉教授）の藤谷義信先生から多くのことを教えて頂きました．ここに記して感謝いたします．

　また，本書出版に際しては，丸善（株）出版事業部の末吉亮介氏に大変お世話

になりました．ここに記して感謝いたします．

本書付属の CD-ROM には，下記の Excel ファイルが含まれています．

1. 立体骨組解析（static_elastic）（3章，4章のソフトと7章の例題）
2. 骨組弾塑性解析（static_elastoplastic）（5章のソフトと7章の例題）
3. 骨組振動解析（vibration_elastic）（6章のソフトと7章の例題）
4. 骨組応答解析（response_elastic）（6章のソフトと7章の例題）
5. 弾塑性応答解析（response_elastoplastic）（6章ソフトと7章の例題）
6. 付録データ（example）（実務的な例題・主な地震加速度データ（K-NET）等）

なお，VBA のソースプログラムはすべて公開しています．また，本書のソフトは，Windows 2000，Windows XP では，問題なく動作することが確認されています．また，Mac OS に関しても，Microsoft Excel が動作する環境では，本ソフトの動作確認ができていますが，ユーザーフォーム内の文字等で文字化けが生じます．このため，CD-ROM 内の For Mac のフォルダー内にユーザーフォームの文字化けを修正したファイルが収められていますので，Mac OS をお使いの方は，そちらをご利用下さい．なお，For Mac フォルダー内のファイル名は，文字化けを防ぐため，英数表記にしています．（ただし，Excel のバージョンが古い場合は読み込めない可能性もあります．）

プログラムソースの著作権について

付属のプログラムのソースに関しては，大部分は，著者独自に作成したものですが，一部のサブルーチンに関しては，下記に著作権がありますので注意して下さい．

- ◆ スカイライン高さ，マトリクス掛け算，スカイライン解法：山田嘉昭，横内泰人著「有限要素法による弾塑性解析プログラミング」，培風館
- ◆ deigab（ハウスホルダーバイセクション法による固有値解析）：HITACHI IMSL サブルーチン集

平成17年　早春

著者

目　次

1章　たわみ角法とマトリクス法 ・・・・・・・・・・・・・・・・・1
1.1　はじめに　1
1.2　要素の釣合方程式の比較　1
1.2.1　節点移動がない場合　1
1.2.2　節点移動がある場合　4
1.2.3　中間荷重が加わる場合　6
1.3　解き方の比較　7
1.3.1　節点移動がない場合　7
1.3.2　節点移動がある場合　13
1.3.3　マトリクス法とたわみ角法の違い　22

2章　マトリクス法による骨組解析 ・・・・・・・・・・・・・・・25
2.1　はじめに　25
2.2　弾性論の基礎式　25
2.2.1　物体内部の力と応力　25
2.2.2　基礎方程式　27
2.2.3　仮想仕事の原理　28
2.3　梁理論の方程式　30
2.4　マトリクス法(有限要素法)　37
2.5　マトリクス法による立体骨組解析　40
2.5.1　要素剛性マトリクス　40
2.5.2　座標変換　43
2.5.3　全体剛性方程式と解法　46
2.5.4　断面力の計算　46
2.5.5　分布荷重が作用する場合　48
2.6　まとめ　50

3章　立体骨組解析プログラム・・・・・・・・・・・・・・・51
　3.1　はじめに　51
　3.2　データ入力設定フォーム　51
　3.3　データ入力　59
　3.4　要素剛性マトリクス　61
　　3.4.1　局所座標系における要素剛性マトリクス　61
　　3.4.2　全体座標系における要素剛性マトリクス　63
　3.5　全体剛性マトリクス　65
　　3.5.1　スカイライン高さの計算　65
　　3.5.2　重ね合わせ　68
　3.6　外力ベクトルと変位ベクトル　69
　3.7　連立方程式の解法　71
　3.8　断面力の計算　74
　3.9　分布荷重に関する計算　76
　3.10　反力の計算　78
　3.11　メインルーチン　80

4章　骨組のグラフィックス・・・・・・・・・・・・・・・83
　4.1　はじめに　83
　4.2　図形表示枠の作成　83
　4.3　透視変換　88
　4.4　骨組の表示スケールの計算　91
　4.5　骨組図の表示　92
　　4.5.1　要素の表示　92
　　4.5.2　境界条件の表示　93
　　4.5.3　節点荷重の表示　96
　　4.5.4　分布荷重の表示　99
　　4.5.5　ヒンジの表示　101
　　4.5.6　節点番号と要素番号の表示　102
　4.6　骨組表示のためのユーザーフォーム　104
　4.7　骨組の変位表示　108
　4.8　骨組部材の断面力表示　112
　4.9　結果表示のためのユーザーフォーム　117
　4.10　骨組解析ソフト　123

5 章　弾塑性解析プログラム ･････････････127

- 5.1　はじめに　127
- 5.2　弾塑性解析理論　127
  - 5.2.1　弾塑性バネを有する要素剛性マトリクス　128
  - 5.2.2　降伏条件式　132
  - 5.2.3　弾塑性解析の流れ　132
- 5.3　弾塑性解析プログラム　134
  - 5.3.1　データ入力設定フォームの改良　134
  - 5.3.2　有限要素解析プログラムの改良　135
  - 5.3.3　グラフィックスの改良　146
- 5.4　まとめ　152

6 章　振動・応答解析プログラム ･････････････153

- 6.1　はじめに　153
- 6.2　動的解析理論　153
- 6.3　固有振動解析理論　156
- 6.4　固有振動解析プログラム　157
  - 6.4.1　データ入力設定フォームの改良　157
  - 6.4.2　有限要素解析プログラムの改良　159
  - 6.4.3　結果表示グラフィックスの改良　164
- 6.5　応答解析理論　166
- 6.6　弾性応答解析プログラム　169
  - 6.6.1　データ入力フォームの改良　170
  - 6.6.2　有限要素解析プログラムの改良　171
  - 6.6.3　結果表示グラフィックスの改良　178
- 6.7　弾塑性応答解析プログラム　179
  - 6.7.1　データ入力設定フォームの改良　180
  - 6.7.2　有限要素解析プログラムの改良　180
  - 6.7.3　結果表示グラフィックスの改良　184
- 6.8　まとめ

7 章　骨組解析ソフトの使い方 ･････････････187

- 7.1　はじめに　187

7.2　骨組解析ソフトの導入　187
 7.3　立体骨組解析ソフトの解析例　188
　　7.3.1　交叉ばりの例題　188
　　7.3.2　強制変位の例題　196
　　7.3.3　立体骨組の例題　198
　　7.3.4　ヒンジのある立体骨組の例題　202
　　7.3.5　断面の方向性がある例題　205
 7.4　骨組弾塑性解析ソフトの解析例　208
　　7.4.1　1層1スパンラーメンの例題　208
　　7.4.2　多層多スパンラーメンの例題　214
 7.5　骨組振動解析ソフトの解析例　217
　　7.5.1　平面骨組の例題　217
　　7.5.2　立体骨組の例題　221
 7.6　骨組応答解析ソフトの解析例　223
　　7.6.1　調和地動に対する応答　224
　　7.6.2　地震動に対する応答　227
 7.7　弾塑性応答解析ソフトの解析例　230
　　7.7.1　2層1スパンの立体骨組の例題　230
　　7.7.2　2層2スパンの立体骨組の例題　233
 7.8　まとめ　235

参考文献　236
索引　237

1章　たわみ角法とマトリクス法

1.1　はじめに

　構造力学において，不静定骨組の応力を求める方法として，一般によく知られているのはたわみ角法です．この方法は，節点の回転角と節点移動による部材の傾き（部材角）を変数とする方法で，マトリクス法に比較して座標変換が必要ないため，単純な問題ならば手計算で解くことができます．また，これを応用して，多層ラーメン構造の応力計算を手計算で行うことを可能にした方法が，鉛直荷重に対する固定モーメント法と水平荷重に対するD値法です．

　しかしながら，コンピュータを用いてマトリクス計算を行わせることを前提にすれば，たわみ角法よりもマトリクス法の方が理論が明解で便利です．また，部材角を生じない問題では，たわみ角法とマトリクス法は，まったく同じ方法で解くことができます．

　ここでは，マトリクス法の理解を深めるために，まず，たわみ角法とマトリクス法の違いを明確にし，マトリクス法がなぜコンピュータの計算に向いているかを明らかにしたいと思います．

1.2　要素の釣合方程式の比較
1.2.1　節点移動がない場合

　たわみ角法もマトリクス法も，図 1.1 に示すように，まず，骨組を柱，梁など

の要素（部材）に分解し，各要素の節点変位と節点力の関係式（剛性方程式）を求めます．そして，これらの関係式を，節点変位（回転角）の連続性を考慮して結合し，節点での力の釣合式を組み立てることによって解きます．ただし，たわみ角法の場合，節点での釣合式だけでは解けない問題が出てきます．これは後ほど説明します．

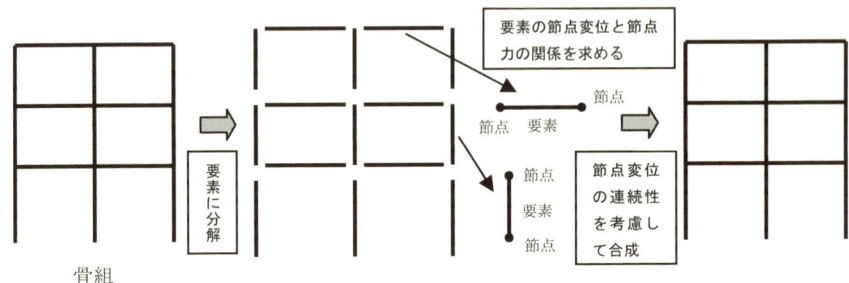

図 1.1 たわみ角法とマトリクス法の解法の流れ

まず，たわみ角法における要素の節点変位（回転角）と節点に作用する力（節点力）の関係式を求める方法[1]を示します．たわみ角法では，この式をたわみ角法の基本式と呼んでいます．

まず，たわみ角法では，要素の軸方向の変形は生じないものとし，節点の回転角と材軸に垂直方向の変形のみが生じるものと仮定します．そして，基本的に，節点力と節点変位の関係は，図 1.2 に示す節点に加わる曲げモーメントとこれによって生じる回転角の関係で表します．

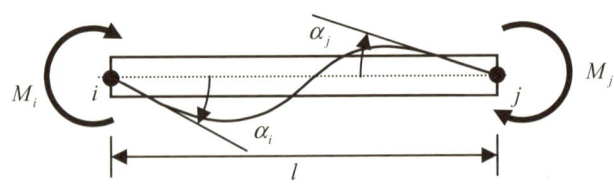

図 1.2 節点曲げモーメント M_i, M_j と節点回転角 θ_i, θ_j

たわみ角法では，図 1.2 の節点力（曲げモーメント）と節点変位（回転角）の関係を求めるために，図1.2を図1.3に示す単純支持ばりとして考えます．さらに，図 1.3 の問題を，図 1.4 に示すように 2 つの問題に分け，この問題をモールの定理を用いて解き，それぞれの問題の節点の回転角を求めます．ここでは，具体的な解き方の説明は省略しますが，答えは次のようになります．

$$\alpha_{i1} = \frac{M_i l}{3EI}, \quad \alpha_{j1} = -\frac{M_i l}{6EI}, \quad \alpha_{i2} = -\frac{M_j l}{6EI}, \quad \alpha_{j2} = \frac{M_j l}{3EI} \quad (1.1)$$

ただし，E はヤング係数，I は断面 2 次モーメントを表します．図 1.3 の解は，図 1.4 の解を合わせたものになります．したがって，

$$\begin{aligned}\alpha_i &= \alpha_{i1} + \alpha_{i2} = \frac{M_i l}{3EI} - \frac{M_j l}{6EI} \\ \alpha_j &= \alpha_{j1} + \alpha_{j2} = -\frac{M_i l}{6EI} + \frac{M_j l}{3EI}\end{aligned} \quad (1.2)$$

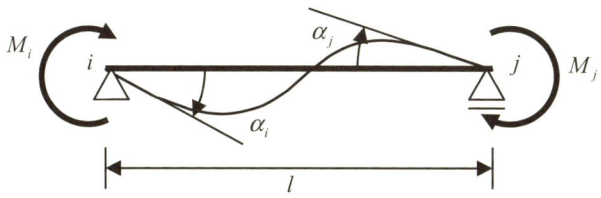

図 1.3　単純支持ばりとしてモデル化

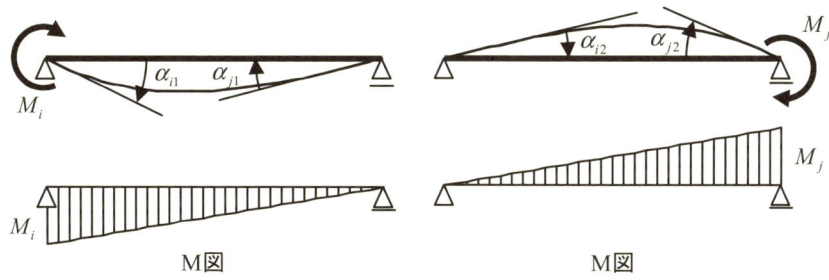

図 1.4　節点に曲げモーメントが加わる 2 つの問題

(1.2)式をベクトルとマトリクスで表示すると次のようになります．

$$\begin{Bmatrix} \alpha_i \\ \alpha_j \end{Bmatrix} = \frac{1}{6E(I/l)} \begin{bmatrix} 2 & -1 \\ -1 & 2 \end{bmatrix} \begin{Bmatrix} M_i \\ M_j \end{Bmatrix} \tag{1.3}$$

また，(1.3)式の逆の関係を求めると，次のようになります．

$$\begin{Bmatrix} M_i \\ M_j \end{Bmatrix} = 2E\frac{I}{l} \begin{bmatrix} 2 & 1 \\ 1 & 2 \end{bmatrix} \begin{Bmatrix} \alpha_i \\ \alpha_j \end{Bmatrix} \tag{1.4}$$

(1.4)式が，節点の移動が生じない場合の1要素の節点力と節点変位の関係式（剛性方程式）となります．

(1.4)式を，マトリクス法のオイラーはりの要素剛性方程式[1]

$$\frac{EI}{l^3} \begin{bmatrix} 12 & 6l & -12 & 6l \\ 6l & 4l^2 & -6l & 2l^2 \\ -12 & -6l & 12 & -6l \\ 6l & 2l^2 & -6l & 4l^2 \end{bmatrix} \begin{Bmatrix} v_i \\ \theta_i \\ v_j \\ \theta_j \end{Bmatrix} = \begin{Bmatrix} Q_i \\ M_i \\ Q_j \\ M_j \end{Bmatrix} \tag{1.5}$$

と比較すると，(1.4)式のマトリクス成分は，○を付けた回転角と曲げモーメントに関係する成分と一致していることがわかります．ただし，(1.5)式の v_i, v_j は要素両端節点の材軸に垂直な方向の変位，Q_i, Q_j はこれに対応する節点力を表します．

ところで，(1.5)式の曲げモーメントに関する式を抜き出すと次のようになります．

$$\begin{aligned} M_i &= -\frac{6EI}{l}\frac{(v_j - v_i)}{l} + 2E\frac{I}{l}(2\theta_i + \theta_j) \\ M_j &= -\frac{6EI}{l}\frac{(v_j - v_i)}{l} + 2E\frac{I}{l}(\theta_i + 2\theta_j) \end{aligned} \tag{1.6}$$

図1.3の単純支持ばりでは，$v_i = v_j$ となりますから，(1.4)式は(1.5)式の特別な場合を表していることがわかります．

1.2.2 節点移動がある場合

次に，たわみ角法において，節点の移動がある場合，すなわち $v_i \neq v_j$ の場合を考えてみます．この場合は，図1.5に示すように，要素に部材角 R が生じます．しかし，単純支持ばりの両端には，この移動によって新たな力は生じません．したがって，要素両端の曲げモーメント M_i, M_j によって生じる角度はこの場合も α_i, α_j となり，(1.4)式の関係は変わりません．したがって，

$$\begin{Bmatrix} M_i \\ M_j \end{Bmatrix} = 2E\frac{I}{l}\begin{bmatrix} 2 & 1 \\ 1 & 2 \end{bmatrix}\begin{Bmatrix} \beta_i - R \\ \beta_j - R \end{Bmatrix} \quad (1.7)$$

(1.7)式を展開すると,

$$M_i = -\frac{6EI}{l}R + 2E\frac{I}{l}(2\beta_i + \beta_j)$$
$$M_j = -\frac{6EI}{l}R + 2E\frac{I}{l}(\beta_i + 2\beta_j) \quad (1.8)$$

ところで, 部材角 R は,

$$R = \frac{(v_j - v_i)}{l} \quad (1.9)$$

と表せますから, (1.6)式と(1.8)式は, 完全に一致します. したがって, たわみ角法とマトリクス法では, 曲げ変形に関しては, 同じ式を用いていることになります.

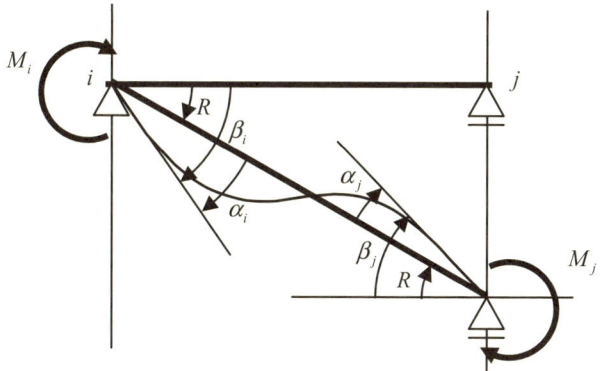

図 1.5 節点に曲げモーメントが加わる 2 つの問題

しかしながら, たわみ角法では, (1.5)式のせん断力に関する式がありません. そこで, (1.5)式のせん断力に関する式 (1 行と 3 行) を取り出して展開してみます.

$$Q_i = \frac{1}{l}\left\{-\frac{12EI}{l}\frac{(v_j - v_i)}{l} + \frac{6EI}{l}(\theta_i + \theta_j)\right\}$$
$$Q_j = -\frac{1}{l}\left\{-\frac{12EI}{l}\frac{(v_j - v_i)}{l} + \frac{6EI}{l}(\theta_i + \theta_j)\right\} \quad (1.10)$$

(1.10)式に，(1.6)式の2式を足し合わせたものを代入すると，次式が得られます．

$$Q_i = \frac{M_i + M_j}{l}, \quad Q_j = -\frac{M_i + M_j}{l} \tag{1.11}$$

(1.11)式は，たわみ角法の層方程式に関係する式です．すなわち，たわみ角法では，材軸に垂直方向の変位 v_i, v_j に関する式を，せん断力と曲げモーメントの関係式に置き換えて，せん断力と外力の釣合式を立てることによって解いているわけです．

1.2.3 中間荷重が加わる場合

図 1.6 に示すように，要素の中間（両端節点の間）に荷重が加わる場合も，節点に回転角が生じます（図 1.7）．しかし，単純支持ばりの場合，中間荷重によって，要素の両端節点に曲げモーメントが生じることはありません．したがって，要素両端の曲げモーメントによって生じる角度は，この場合も α_i, α_j です．

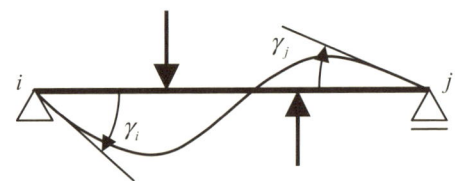

図 1.6 単純支持ばりに中間荷重が加わる場合

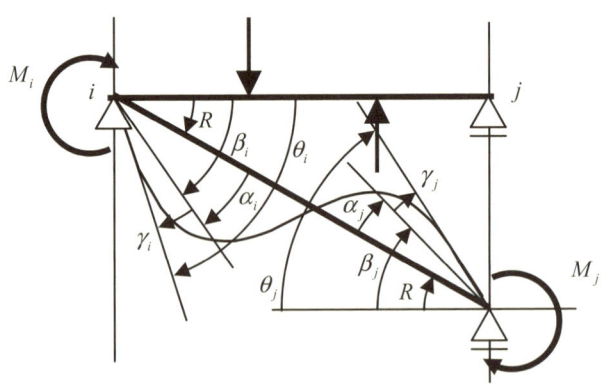

図 1.7 中間荷重が加わる場合の節点の回転角

したがって，中間荷重が加わる場合，(1.7)式は次のように書けます．

$$\begin{Bmatrix} M_i \\ M_j \end{Bmatrix} = 2EK \begin{bmatrix} 2 & 1 \\ 1 & 2 \end{bmatrix} \begin{Bmatrix} \theta_i - R - \gamma_i \\ \theta_j - R - \gamma_j \end{Bmatrix} \tag{1.12}$$

(1.12)式の中間荷重による回転角は，あらかじめ計算が可能ですから，これを分離して次のように表します．

$$\begin{Bmatrix} M_i \\ M_j \end{Bmatrix} = 2EK \begin{bmatrix} 2 & 1 \\ 1 & 2 \end{bmatrix} \begin{Bmatrix} \theta_i - R \\ \theta_j - R \end{Bmatrix} + \begin{Bmatrix} C_i \\ C_j \end{Bmatrix} \tag{1.13}$$

ただし，

$$\begin{Bmatrix} C_i \\ C_j \end{Bmatrix} = 2EK \begin{bmatrix} 2 & 1 \\ 1 & 2 \end{bmatrix} \begin{Bmatrix} -\gamma_i \\ -\gamma_j \end{Bmatrix} \tag{1.14}$$

(1.13)式が，たわみ角法の基本式と呼ばれる式です．また，(1.14)式で定義される C_i, C_j は，$\theta_i - R(=\alpha_i + \gamma_i)$ および $\theta_j - R(=\alpha_j + \gamma_j)$ を 0 とした時の節点の曲げモーメントに相当することから，固定端モーメントと呼ばれています．なお，基本的な荷重パターンに対する(1.14)式の固定端モーメントは，図1.6に示す単純支持ばりの回転角をモールの定理等で求めることによって計算できます．

一方，マトリクス法では，(1.14)式の C_i, C_j は，要素に中間荷重が作用する場合の等価節点力ベクトルの曲げモーメント成分に相当し，これは外力のなす仮想仕事から計算されます．例えば，分布荷重に対する等価節点力の計算法は，前著[1]の68,69頁に示されていますが，曲げモーメントに関する項は(1.14)式の固定端モーメントと一致します．なお，マトリクス法では，要素の中間に集中荷重が作用する場合は，そこに節点を設けることが多いため，集中荷重の等価節点力はあまり使われません．

1.3 解き方の比較
1.3.1 節点移動がない場合

前節において，たわみ角法の基本式（要素の節点回転角と節点曲げモーメントの関係式）が，(1.13)式のように得られました．そこで，ここでは，図1.8に示す節点移動のない問題（すべての要素を剛棒とし，すべての節点をピン接合にした場合に変形が生じない問題）を例題として，たわみ角法による解法とマトリクス法による解法を比較します．

8   第1章　たわみ角法とマトリクス法

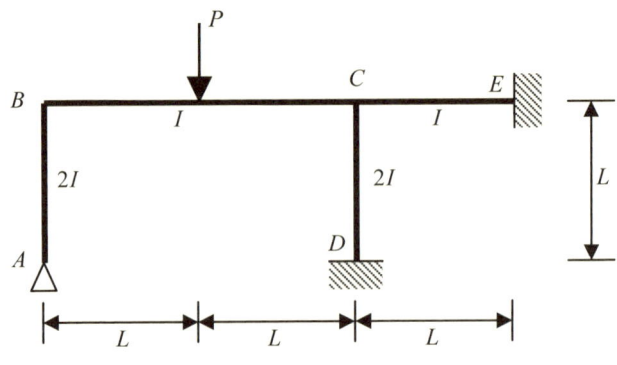

図 1.8　節点移動のない例題

　図 1.8 の例題では，柱の断面 2 次モーメントが $2I$，梁の断面 2 次モーメントが I となっています．まず，すべての要素について，たわみ角法の基本式を適用します．すなわち，

$$AB要素：\begin{Bmatrix} M_{AB} \\ M_{BA} \end{Bmatrix} = 2E\frac{2I}{L}\begin{bmatrix} 2 & 1 \\ 1 & 2 \end{bmatrix}\begin{Bmatrix} \theta_{AB} \\ \theta_{BA} \end{Bmatrix}$$

$$BC要素：\begin{Bmatrix} M_{BC} \\ M_{CB} \end{Bmatrix} = 2E\frac{I}{2L}\begin{bmatrix} 2 & 1 \\ 1 & 2 \end{bmatrix}\begin{Bmatrix} \theta_{BC} \\ \theta_{CB} \end{Bmatrix} + \begin{Bmatrix} C_{BC} \\ C_{CB} \end{Bmatrix}$$

$$CD要素：\begin{Bmatrix} M_{CD} \\ M_{DC} \end{Bmatrix} = 2E\frac{2I}{L}\begin{bmatrix} 2 & 1 \\ 1 & 2 \end{bmatrix}\begin{Bmatrix} \theta_{CD} \\ \theta_{DC} \end{Bmatrix}$$

$$CE要素：\begin{Bmatrix} M_{CE} \\ M_{EC} \end{Bmatrix} = 2E\frac{I}{L}\begin{bmatrix} 2 & 1 \\ 1 & 2 \end{bmatrix}\begin{Bmatrix} \theta_{CE} \\ \theta_{EC} \end{Bmatrix}$$

(1.15)

　ラーメン構造の剛接節点では，図 1.9 に示すように，節点を共有するすべての要素の回転角は等しくなります．したがって，(1.15)式の回転角の下添字は，節点番号（ここでは，A, B, C, D, E）で表せばよいことがわかります．このことが，要素を再結合した時の節点変位の連続性を表すことになります．また，要素の中央に集中荷重が加わる場合の固定端モーメントは次のようになります．

$$\begin{Bmatrix} C_{BC} \\ C_{AB} \end{Bmatrix} = \begin{Bmatrix} -\dfrac{P \cdot 2L}{8} \\ \dfrac{P \cdot 2L}{8} \end{Bmatrix}$$

(1.16)

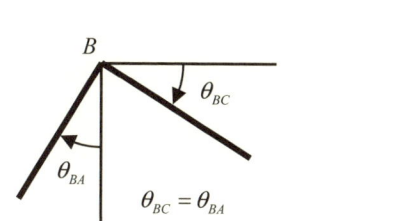 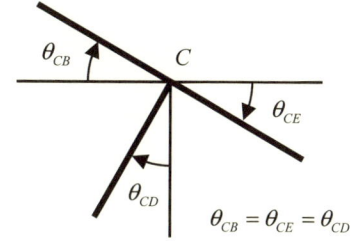

図 1.9 剛接節点の回転角

以上により，(1.15)式は，次のように書けます．

$$AB要素：\begin{Bmatrix} M_{AB} \\ M_{BA} \end{Bmatrix} = \frac{4EI}{L}\begin{bmatrix} 2 & 1 \\ 1 & 2 \end{bmatrix}\begin{Bmatrix} \theta_A \\ \theta_B \end{Bmatrix}$$

$$BC要素：\begin{Bmatrix} M_{BC} \\ M_{CB} \end{Bmatrix} = \frac{EI}{L}\begin{bmatrix} 2 & 1 \\ 1 & 2 \end{bmatrix}\begin{Bmatrix} \theta_B \\ \theta_C \end{Bmatrix} + \begin{Bmatrix} -PL/4 \\ PL/4 \end{Bmatrix}$$

$$CD要素：\begin{Bmatrix} M_{CD} \\ M_{DC} \end{Bmatrix} = \frac{4EI}{L}\begin{bmatrix} 2 & 1 \\ 1 & 2 \end{bmatrix}\begin{Bmatrix} \theta_C \\ \theta_D \end{Bmatrix}$$

$$CE要素：\begin{Bmatrix} M_{CE} \\ M_{EC} \end{Bmatrix} = \frac{2EI}{L}\begin{bmatrix} 2 & 1 \\ 1 & 2 \end{bmatrix}\begin{Bmatrix} \theta_C \\ \theta_E \end{Bmatrix}$$

(1.17)

次に，要素両端の曲げモーメントは，骨組を要素に分けた時に現れる内力ですから，要素が再結合された節点では，図 1.10 に示すように，内力の総和は，外力モーメントと釣り合います．たわみ角法では，この条件を節点方程式と呼びます．

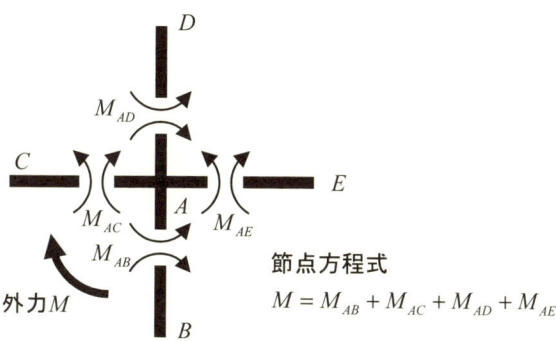

図 1.10 節点におけるモーメントの釣合

図 1.8 の例題の場合，B 点と C 点で要素が結合するため，この 2 点で次の節点方程式が成り立ちます．

$$B 点：\quad M_{BA} + M_{BC} = 0$$
$$C 点：\quad M_{CB} + M_{CD} + M_{CE} = 0 \tag{1.18}$$

最後に，図 1.8 の問題の境界条件を考えます．まず，節点 D と節点 E は固定されているため，回転角 θ_D と θ_E は 0 になります．また，節点 A では，ピン支持のため，曲げモーメント M_{AB} が 0 になります（これも節点方程式と言えます）．以上の条件より，

$$AB 要素：\begin{Bmatrix} 0 \\ M_{BA} \end{Bmatrix} = \frac{4EI}{L} \begin{bmatrix} 2 & 1 \\ 1 & 2 \end{bmatrix} \begin{Bmatrix} \theta_A \\ \theta_B \end{Bmatrix}$$

$$BC 要素：\begin{Bmatrix} M_{BC} \\ M_{CB} \end{Bmatrix} = \frac{EI}{L} \begin{bmatrix} 2 & 1 \\ 1 & 2 \end{bmatrix} \begin{Bmatrix} \theta_B \\ \theta_C \end{Bmatrix} + \begin{Bmatrix} -PL/4 \\ PL/4 \end{Bmatrix} \tag{1.19}$$

$$CD 要素：\begin{Bmatrix} M_{CD} \\ M_{DC} \end{Bmatrix} = \frac{4EI}{L} \begin{bmatrix} 2 & 1 \\ 1 & 2 \end{bmatrix} \begin{Bmatrix} \theta_C \\ 0 \end{Bmatrix}$$

$$CE 要素：\begin{Bmatrix} M_{CE} \\ M_{EC} \end{Bmatrix} = \frac{2EI}{L} \begin{bmatrix} 2 & 1 \\ 1 & 2 \end{bmatrix} \begin{Bmatrix} \theta_C \\ 0 \end{Bmatrix}$$

(1.19)式を(1.18)式に代入し，(1.19)式の力学的境界条件 $M_{AB} = 0$ を考慮すると，

$$M_{BA} + M_{BC} = \frac{EI}{L}(4\theta_A + 8\theta_B + 2\theta_B + \theta_C) - PL/4 = 0$$
$$M_{CB} + M_{CD} + M_{CE} = \frac{EI}{L}(\theta_B + 2\theta_C + 8\theta_C + 4\theta_C) + PL/4 = 0 \tag{1.20}$$
$$M_{AB} = \frac{EI}{L}(8\theta_A + 4\theta_B) = 0$$

(1.20)式を解くと，

$$\theta_A = -\frac{15}{888}\frac{PL^2}{EI}, \quad \theta_B = \frac{15}{444}\frac{PL^2}{EI}, \quad \theta_C = -\frac{9}{444}\frac{PL^2}{EI} \tag{1.21}$$

が得られます．(1.21)式を(1.19)式に代入すれば，すべての要素端の曲げモーメントが求まり，これをもとに，図 1.11 に示す曲げモーメント図を描くことができます．ただし，中間荷重が作用する要素では，図に示すように，単純支持ばりに中間荷重が加わった場合の曲げモーメントを加える必要があります．以上が，たわみ角法の解法です．

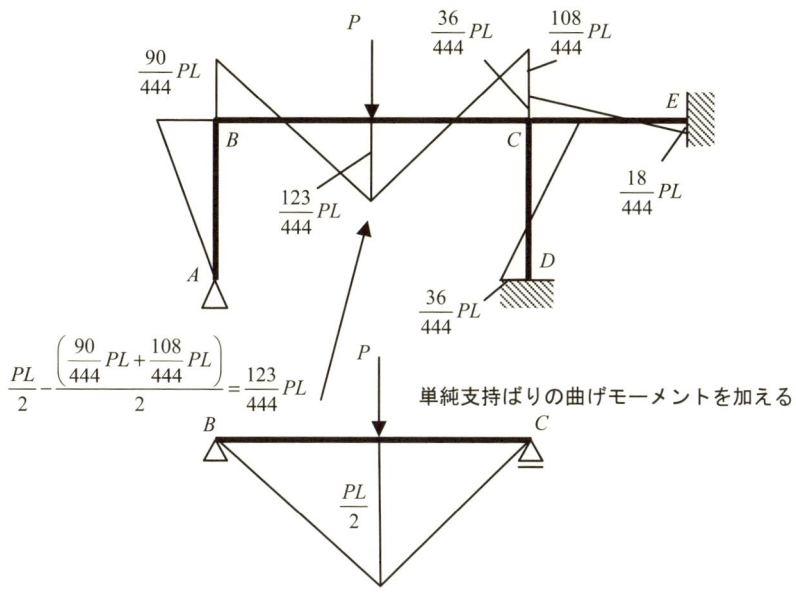

図 1.11　曲げモーメント図

一方，マトリクス法においても，節点移動がない問題では，(1.5)式で表される各要素の剛性方程式は，(1.17)式と一致します．次に，マトリクス法では，各要素が結合された時の骨組全体の釣合式（全体剛性方程式）を用意して，ここに，各要素の剛性方程式を重ね合わせていきます．

図 1.8 の例題では，全体剛性方程式は次のようになります．

$$\begin{bmatrix} & & & & & \\ & & & & & \\ & & & & & \\ & & & & & \\ & & & & & \\ & & & & & \end{bmatrix} \begin{Bmatrix} \theta_A \\ \theta_B \\ \theta_C \\ \theta_D \\ \theta_E \end{Bmatrix} = \begin{Bmatrix} \\ \\ \\ \\ \\ \end{Bmatrix} \qquad (1.22)$$

(1.22)式の行が節点モーメント，列が節点回転角に対応することを考慮して，まず，(1.17)式の AB 要素の剛性方程式を(1.22)式に重ね合わせると，

$$\frac{EI}{L}\begin{bmatrix} 8 & 4 & & & \\ 4 & 8 & & & \\ & & & & \\ & & & & \\ & & & & \end{bmatrix}\begin{Bmatrix} \theta_A \\ \theta_B \\ \theta_C \\ \theta_D \\ \theta_E \end{Bmatrix} = \begin{Bmatrix} M_{AB} \\ M_{BA} \\ \\ \\ \end{Bmatrix} \qquad (1.23)$$

次に BC 要素の剛性方程式を重ね合わせると,

$$\frac{EI}{L}\begin{bmatrix} 8 & 4 & & & \\ 4 & 8+2 & 1 & & \\ & 1 & 2 & & \\ & & & & \\ & & & & \end{bmatrix}\begin{Bmatrix} \theta_A \\ \theta_B \\ \theta_C \\ \theta_D \\ \theta_E \end{Bmatrix} = \begin{Bmatrix} M_{AB} \\ M_{BA} + M_{BC} + PL/4 \\ M_{CB} - PL/4 \\ \\ \end{Bmatrix} \qquad (1.24)$$

CD 要素の剛性方程式を重ね合わせると,

$$\frac{EI}{L}\begin{bmatrix} 8 & 4 & & & \\ 4 & 8+2 & 1 & & \\ & 1 & 2+8 & 4 & \\ & & 4 & 8 & \\ & & & & \end{bmatrix}\begin{Bmatrix} \theta_A \\ \theta_B \\ \theta_C \\ \theta_D \\ \theta_E \end{Bmatrix} = \begin{Bmatrix} M_{AB} \\ M_{BA} + M_{BC} + PL/4 \\ M_{CB} + M_{CD} - PL/4 \\ M_{DC} \\ \end{Bmatrix} \qquad (1.25)$$

最後に CE 要素を重ね合わせると,

$$\frac{EI}{L}\begin{bmatrix} 8 & 4 & & & \\ 4 & 8+2 & 1 & & \\ & 1 & 2+8+4 & 4 & 2 \\ & & 4 & 8 & \\ & & 2 & & 4 \end{bmatrix}\begin{Bmatrix} \theta_A \\ \theta_B \\ \theta_C \\ \theta_D \\ \theta_E \end{Bmatrix} = \begin{Bmatrix} M_{AB} \\ M_{BA} + M_{BC} + PL/4 \\ M_{CB} + M_{CD} + M_{CE} - PL/4 \\ M_{DC} \\ M_{EC} \end{Bmatrix} \qquad (1.26)$$

次に, (1.18)式の節点での釣合条件を考慮すると,

$$\frac{EI}{L}\begin{bmatrix} 8 & 4 & & & \\ 4 & 8+2 & 1 & & \\ & 1 & 2+8+4 & 4 & 2 \\ & & 4 & 8 & \\ & & 2 & & 4 \end{bmatrix}\begin{Bmatrix} \theta_A \\ \theta_B \\ \theta_C \\ \theta_D \\ \theta_E \end{Bmatrix} = \begin{Bmatrix} M_{AB} \\ PL/4 \\ -PL/4 \\ M_{DC} \\ M_{EC} \end{Bmatrix} \qquad (1.27)$$

ここで, (1.27)式の 2 行目と 3 行目を展開すると, (1.20)式の節点方程式と完全に一致することがわかります. すなわち, マトリクス法における重ね合わせの作業

は，たわみ角法の節点方程式を組み立てていることに相当します．

最後に，マトリクス内を計算し，図 1.8 の境界条件を考慮すると，(1.27)式は次のようになります．

$$\frac{EI}{L}\begin{bmatrix} 8 & 4 & 0 & 0 & 0 \\ 4 & 10 & 1 & 0 & 0 \\ 0 & 1 & 14 & 4 & 2 \\ 0 & 0 & 4 & 8 & 0 \\ 0 & 0 & 2 & 0 & 4 \end{bmatrix}\begin{Bmatrix} \theta_A \\ \theta_B \\ \theta_C \\ 0 \\ 0 \end{Bmatrix} = \begin{Bmatrix} 0 \\ PL/4 \\ -PL/4 \\ M_{DC} \\ M_{EC} \end{Bmatrix} \qquad (1.28)$$

(1.28)式の回転角が未知数となっている行（1,2,3 行）を取り出すと，

$$\frac{EI}{L}\begin{bmatrix} 8 & 4 & 0 \\ 4 & 10 & 1 \\ 0 & 1 & 14 \end{bmatrix}\begin{Bmatrix} \theta_A \\ \theta_B \\ \theta_C \end{Bmatrix} = \begin{Bmatrix} 0 \\ PL/4 \\ -PL/4 \end{Bmatrix} + \begin{bmatrix} 0 & 0 \\ 0 & 0 \\ 4 & 2 \end{bmatrix}\begin{Bmatrix} 0 \\ 0 \end{Bmatrix} \qquad (1.29)$$

(1.29)式の右辺第 2 項は 0 となり，(1.29)式は，たわみ角法の(1.20)式と一致します．なお，手計算では，(1.20)式のようにマトリクスを展開して解く方が容易ですが，コンピュータで計算させる場合は，(1.29)式の形式で解く方が容易です．

以上，見てきたように，節点移動のない問題では，たわみ角法とマトリクス法は，全く同じ式を解いていることがわかります．しかし，マトリクス法では，解法の手順がシステム的で，コンピュータの計算に向いていることが，少しは理解できたのではないでしょうか．

1.3.2 節点移動がある場合

次に，節点移動がある場合について考えてみます．例題として，図 1.12 に示す問題を考えます．

1.2.2 節で示したように，たわみ角法では，要素の節点移動（材軸に直交方向の変位）を部材角 R で表します．そして，前節の節点方程式の他に，この部材角 R に関する釣合方程式を立てる必要があります．この釣合方程式は，x と y の 2 方向の外力と各部材のせん断力の総和が釣り合うという式で，層方程式と呼ばれます．ただし，層方程式は，x 方向と y 方向の 2 つしか立てられないため，部材角も最大 2 変数でなければなりません．つまり，各要素の部材角は，互いに従属関係にあるわけです．例えば，図 1.12 の例題では，図 1.13 に示すように左側の柱の

部材角を R とすると,右側の部材角は $R/2$ となります.なお,図に示すように,部材角の従属性を調べるためには,要素を剛棒とし,節点をヒンジに仮定します.この問題では,部材角の従属性を調べることは容易ですが,異形ラーメンなどでは,直角変位図などを用いる必要が出てきます.その辺の詳しい内容は,構造力学の教科書を参考にして下さい.

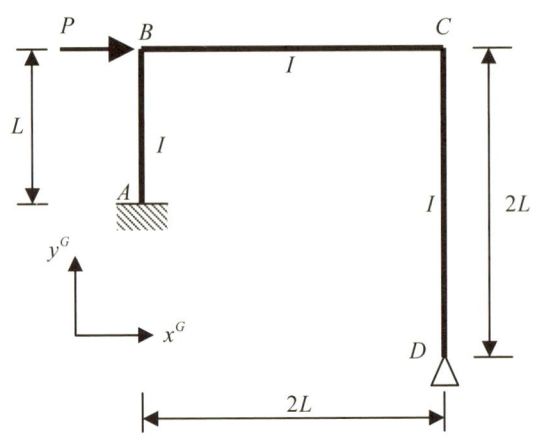

図 1.12　節点移動のある例題

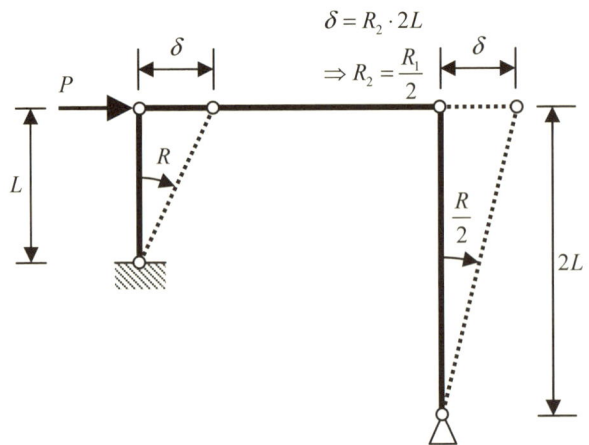

図 1.13　節点移動のある例題の部材角

次に，すべての要素について，(1.13)式のたわみ角法の基本式を適用します．すなわち，

$$AB要素： \begin{Bmatrix} M_{AB} \\ M_{BA} \end{Bmatrix} = 2E\frac{I}{L}\begin{bmatrix} 2 & 1 \\ 1 & 2 \end{bmatrix}\begin{Bmatrix} \theta_A - R \\ \theta_B - R \end{Bmatrix}$$

$$BC要素： \begin{Bmatrix} M_{BC} \\ M_{CB} \end{Bmatrix} = 2E\frac{I}{2L}\begin{bmatrix} 2 & 1 \\ 1 & 2 \end{bmatrix}\begin{Bmatrix} \theta_B \\ \theta_C \end{Bmatrix} \quad (1.30)$$

$$CD要素： \begin{Bmatrix} M_{CD} \\ M_{DC} \end{Bmatrix} = 2E\frac{I}{2L}\begin{bmatrix} 2 & 1 \\ 1 & 2 \end{bmatrix}\begin{Bmatrix} \theta_C - R/2 \\ \theta_D - R/2 \end{Bmatrix}$$

また，節点での連続性を満足するための節点方程式は，

$$\begin{aligned} B点：& \quad M_{BA} + M_{BC} = 0 \\ C点：& \quad M_{CB} + M_{CD} = 0 \end{aligned} \quad (1.31)$$

となります．また，水平方向の層方程式より，

$$P = Q_{AB} + Q_{CD} = -\frac{M_{AB} + M_{BA}}{L} - \frac{M_{CD} + M_{DC}}{2L} \quad (1.32)$$

また，(1.30)式に，境界条件（$\theta_A = 0, M_{DC} = 0$）を考慮して展開すると，次のようになります．

$$\begin{aligned} M_{AB} &= \frac{EI}{L}(2\theta_B - 6R) \\ M_{BA} &= \frac{EI}{L}(4\theta_B - 6R) \\ M_{BC} &= \frac{EI}{L}(2\theta_B + \theta_C) \\ M_{CB} &= \frac{EI}{L}(\theta_B + 2\theta_C) \\ M_{CD} &= \frac{EI}{L}\left(2\theta_C + \theta_D - \frac{3R}{2}\right) \\ 0 &= \frac{EI}{L}\left(\theta_C + 2\theta_D - \frac{3R}{2}\right) \end{aligned} \quad (1.33)$$

(1.33)式の最後の式から，

$$R = \frac{2}{3}(\theta_C + 2\theta_D) \quad (1.34)$$

(1.34)式を(1.33)式に代入すると，

$$M_{AB} = \frac{EI}{L}(2\theta_B - 4\theta_C - 8\theta_D)$$

$$M_{BA} = \frac{EI}{L}(4\theta_B - 4\theta_C - 8\theta_D)$$

$$M_{BC} = \frac{EI}{L}(2\theta_B + \theta_C) \tag{1.35}$$

$$M_{CB} = \frac{EI}{L}(\theta_B + 2\theta_C)$$

$$M_{CD} = \frac{EI}{L}(\theta_C - \theta_D)$$

(1.31), (1.32)式に(1.35)式を代入して整理すると，

$$6\theta_B - 3\theta_C - 8\theta_D = 0$$
$$\theta_B + 3\theta_C - \theta_D = 0 \tag{1.36}$$
$$-12\theta_B + 15\theta_C + 33\theta_D = 2PL^2/EI$$

(1.36)式を解くと，次式の解が得られます．

$$\theta_B = \frac{18}{113}\frac{PL^2}{EI}, \quad \theta_C = -\frac{4}{339}\frac{PL^2}{EI}, \quad \theta_D = \frac{14}{113}\frac{PL^2}{EI} \tag{1.37}$$

(1.37)式を(1.35)式に代入すると，

$$M_{AB} = -\frac{212}{339}PL$$

$$M_{BA} = -\frac{104}{339}PL$$

$$M_{BC} = \frac{104}{339}PL \tag{1.38}$$

$$M_{CB} = \frac{46}{339}PL$$

$$M_{CD} = -\frac{46}{339}PL$$

これから，曲げモーメント図を作成すると，図1.14のようになります．

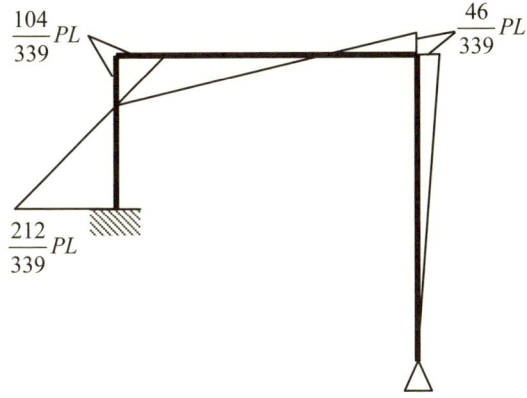

図 1.14　節点移動のある例題の曲げモーメント図

　一方，マトリクス法で，節点移動がある問題を解く場合は，(1.5)式の v_i, v_j を含む要素の剛性方程式を用いる必要があります．さらに，v_i, v_j は，要素に直交する方向の変位であるため，図 1.12 に示される例題では，柱と梁に関して v_i, v_j の方向が異なることになります．したがって，マトリクス法では，骨組全体に関する一つの座標系（全体座標系）を定め，各要素の座標系（要素座標系）で求められた要素剛性方程式を全体座標系に変換する作業（座標変換）を必要とします．

　そこで，まず，(1.5)式の座標変換について考えてみます．いま，図 1.15 に示すように，全体座標系を x^G, y^G，要素座標系を x, y で表すと，次式の関係が成り立ちます．

$$\begin{Bmatrix} x \\ y \end{Bmatrix} = \begin{bmatrix} \cos\alpha & \sin\alpha \\ -\sin\alpha & \cos\alpha \end{bmatrix} \begin{Bmatrix} x^G \\ y^G \end{Bmatrix} \tag{1.39}$$

したがって，i, j 節点の全体座標系の x, y 方向変位を $u_i^G, v_i^G, u_j^G, v_j^G$ で表すと，要素座標系の v_i, v_j は次式により全体座標系の変位に変換されます．

$$\begin{Bmatrix} v_i \\ v_j \end{Bmatrix} = \begin{bmatrix} -\sin\alpha & \cos\alpha & 0 & 0 \\ 0 & 0 & -\sin\alpha & \cos\alpha \end{bmatrix} \begin{Bmatrix} u_i^G \\ v_i^G \\ u_j^G \\ v_j^G \end{Bmatrix} \tag{1.40}$$

また，回転角は，座標系に依存しないため，結局，

$$\begin{Bmatrix} v_i \\ \theta_i \\ v_j \\ \theta_j \end{Bmatrix} = \begin{bmatrix} -\sin\alpha & \cos\alpha & 0 & 0 & 0 & 0 \\ 0 & 0 & 1 & 0 & 0 & 0 \\ 0 & 0 & 0 & -\sin\alpha & \cos\alpha & 0 \\ 0 & 0 & 0 & 0 & 0 & 1 \end{bmatrix} \begin{Bmatrix} u_i^G \\ v_i^G \\ \theta_i \\ u_j^G \\ v_j^G \\ \theta_j \end{Bmatrix} \quad (1.41)$$

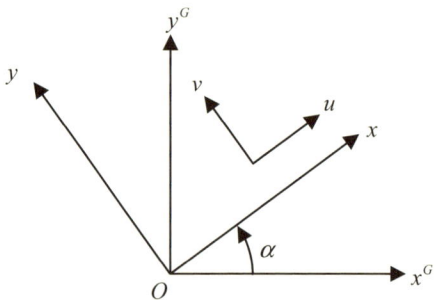

図 1.15　全体座標系と要素座標系

また，(1.5)式の右辺項の節点力についても同様な変換が成り立つので，

$$\begin{Bmatrix} Q_i \\ M_i \\ Q_j \\ M_j \end{Bmatrix} = \begin{bmatrix} -\sin\alpha & \cos\alpha & 0 & 0 & 0 & 0 \\ 0 & 0 & 1 & 0 & 0 & 0 \\ 0 & 0 & 0 & -\sin\alpha & \cos\alpha & 0 \\ 0 & 0 & 0 & 0 & 0 & 1 \end{bmatrix} \begin{Bmatrix} F_{xi} \\ F_{yi} \\ M_i \\ F_{xj} \\ F_{yj} \\ M_j \end{Bmatrix} \quad (1.42)$$

ただし，$F_{xi}, F_{yi}, F_{xj}, F_{yj}$ は，x^G, y^G 方向の節点力を表します．

ここで，(1.5)式と(1.41),(1.42)式を次のように略形式で表します．

$$(1.5)式 \quad \Rightarrow \quad \mathbf{kd} = \mathbf{f} \quad (1.43)$$
$$(1.41)式 \quad \Rightarrow \quad \mathbf{d} = \mathbf{T}\mathbf{d}^G \quad (1.44)$$
$$(1.42)式 \quad \Rightarrow \quad \mathbf{f} = \mathbf{T}\mathbf{f}^G \quad (1.45)$$

(1.44), (1.45)式を(1.43)式に代入すると，

$$\mathbf{kTd}^G = \mathbf{Tf}^G \quad (1.46)$$

(1.46)式の両辺左から $\mathbf{T}^T$ を掛けると，次式が得られます．

$$\mathbf{k}^G \mathbf{d}^G = \mathbf{f}^G \tag{1.47}$$

ただし，

$$\mathbf{k}^G = \mathbf{T}^T \mathbf{k} \mathbf{T} \tag{1.48}$$

したがって，(1.48)式の $\mathbf{k}^G$ が，全体座標系で定義される要素剛性マトリクスとなります．また，(1.5)式および(1.41)式の $\mathbf{T}$ を用いて計算すると，$\mathbf{k}^G$ は次のようになります．

$$\mathbf{k}^G = \frac{EI}{l^3} \begin{bmatrix} 12\sin^2\alpha & -12\cos\alpha\sin\alpha & -6l\sin\alpha & -12\sin^2\alpha & 12\cos\alpha\sin\alpha & -6l\sin\alpha \\ & 12\cos^2\alpha & 6l\cos\alpha & 12\cos\alpha\sin\alpha & -12\cos^2\alpha & 6l\cos\alpha \\ & & 4l^2 & 6l\sin\alpha & -6l\cos\alpha & 2l^2 \\ & & & 12\sin^2\alpha & -12\cos\alpha\sin\alpha & 6l\sin\alpha \\ & & & & 12\cos^2\alpha & -6l\cos\alpha \\ \text{sym.} & & & & & 4l^2 \end{bmatrix}$$
(1.49)

次に，図1.12の例題を解いてみます．まず，全体座標系を図1.12中に示す方向に定義します．この場合，AB, BC, CD 要素の角度 α は，それぞれ 90°, 0°, −90° となります．これを(1.49)式に代入して計算すると，それぞれの要素の全体座標系の剛性マトリクスが次のように求められます．

$$\mathbf{k}^{G(AB)} = \frac{EI}{L^3} \begin{bmatrix} 12 & 0 & -6L & -12 & 0 & -6L \\ 0 & 0 & 0 & 0 & 0 & 0 \\ -6L & 0 & 4L^2 & 6L & 0 & 2L^2 \\ -12 & 0 & 6L & 12 & 0 & 6L \\ 0 & 0 & 0 & 0 & 0 & 0 \\ -6L & 0 & 2L^2 & 6L & 0 & 4L^2 \end{bmatrix} \tag{1.50}$$

$$\mathbf{k}^{G(BC)} = \frac{EI}{2L^3} \begin{bmatrix} 0 & 0 & 0 & 0 & 0 & 0 \\ 0 & 3 & 3L & 0 & -3 & 3L \\ 0 & 3L & 4L^2 & 0 & -3L & 2L^2 \\ 0 & 0 & 0 & 0 & 0 & 0 \\ 0 & -3 & -3L & 0 & 3 & -3L \\ 0 & 3L & 2L^2 & 0 & -3L & 4L^2 \end{bmatrix} \tag{1.51}$$

$$\mathbf{k}^{G(CD)} = \frac{EI}{2L^3}\begin{bmatrix} 3 & 0 & 3L & -3 & 0 & 3L \\ 0 & 0 & 0 & 0 & 0 & 0 \\ 3L & 0 & 4L^2 & -3L & 0 & 2L^2 \\ -3 & 0 & -3L & 3 & 0 & -3L \\ 0 & 0 & 0 & 0 & 0 & 0 \\ 3L & 0 & 2L^2 & -3L & 0 & 4L^2 \end{bmatrix} \tag{1.52}$$

次に，全体剛性方程式への重ね合わせを行います．まず，AB 要素の剛性方程式を重ね合わせると，

$$\frac{EI}{L^3}\begin{bmatrix} 12 & 0 & -6L & -12 & 0 & -6L \\ 0 & 0 & 0 & 0 & 0 & 0 \\ -6L & 0 & 4L^2 & 6L & 0 & 2L^2 \\ -12 & 0 & 6L & 12 & 0 & 6L \\ 0 & 0 & 0 & 0 & 0 & 0 \\ -6L & 0 & 2L^2 & 6L & 0 & 4L^2 \\ & & & & & & & & & & \\ & & & & & & & & & & \\ & & & & & & & & & & \\ & & & & & & & & & & \\ & & & & & & & & & & \\ & & & & & & & & & & \end{bmatrix}\begin{Bmatrix} u_A^G \\ v_A^G \\ \theta_A \\ u_B^G \\ v_B^G \\ \theta_B \\ u_C^G \\ v_C^G \\ \theta_C \\ u_D^G \\ v_D^G \\ \theta_D \end{Bmatrix} = \begin{Bmatrix} F_{xAB} \\ F_{yAB} \\ M_{AB} \\ F_{xBA} \\ F_{yBA} \\ M_{BA} \\ \\ \\ \\ \\ \\ \end{Bmatrix}$$

次に，BC 要素の剛性方程式を重ね合わせ，節点での釣合（節点方程式）を考慮すると，

$$\frac{EI}{2L^3}\begin{bmatrix} 24 & 0 & -12L & -24 & 0 & -12L & & & & & & \\ 0 & 0 & 0 & 0 & 0 & 0 & & & & & & \\ -12L & 0 & 8L^2 & 12L & 0 & 4L^2 & & & & & & \\ -24 & 0 & 12L & 24 & 0 & 12L & 0 & 0 & 0 & & & \\ 0 & 0 & 0 & 0 & 3 & 3L & 0 & -3 & 3L & & & \\ -12L & 0 & 4L^2 & 12L & 3L & 12L^2 & 0 & -3L & 2L^2 & & & \\ & & & 0 & 0 & 0 & 0 & 0 & 0 & & & \\ & & & 0 & -3 & -3L & 0 & 3 & -3L & & & \\ & & & 0 & 3L & 2L^2 & 0 & -3L & 4L^2 & & & \\ & & & & & & & & & & & \\ & & & & & & & & & & & \\ & & & & & & & & & & & \end{bmatrix}\begin{Bmatrix} u_A^G \\ v_A^G \\ \theta_A \\ u_B^G \\ v_B^G \\ \theta_B \\ u_C^G \\ v_C^G \\ \theta_C \\ u_D^G \\ v_D^G \\ \theta_D \end{Bmatrix} = \begin{Bmatrix} F_{xAB} \\ F_{yAB} \\ M_{AB} \\ P \\ 0 \\ 0 \\ F_{xCB} \\ F_{yCB} \\ M_{CB} \\ \\ \\ \end{Bmatrix}$$

次に，CD 要素の剛性方程式を重ね合わせ，節点での釣合（節点方程式）を考慮し，さらに節点 A,D の境界条件を考慮すると，

$$\frac{EI}{2L^3}\begin{bmatrix} 24 & 0 & -12L & -24 & 0 & -12L & & & & & & \\ 0 & 0 & 0 & 0 & 0 & 0 & & & & & & \\ -12L & 0 & 8L^2 & 12L & 0 & 4L^2 & & & & & & \\ -24 & 0 & 12L & 24 & 0 & 12L & 0 & 0 & 0 & & & \\ 0 & 0 & 0 & 0 & 3 & 3L & 0 & -3 & 3L & & & \\ -12L & 0 & 4L^2 & 12L & 3L & 12L^2 & 0 & -3L & 2L^2 & & & \\ & & & 0 & 0 & 0 & 3 & 0 & 3L & -3 & 0 & 3L \\ & & & 0 & -3 & -3L & 0 & 3 & -3L & 0 & 0 & 0 \\ & & & 0 & 3L & 2L^2 & 3L & -3L & 8L^2 & -3L & 0 & 2L^2 \\ & & & & & & -3 & 0 & -3L & 3 & 0 & -3L \\ & & & & & & 0 & 0 & 0 & 0 & 0 & 0 \\ & & & & & & 3L & 0 & 2L^2 & -3L & 0 & 4L^2 \end{bmatrix}\begin{Bmatrix} 0 \\ 0 \\ 0 \\ u_B^G \\ v_B^G \\ \theta_B \\ u_C^G \\ v_C^G \\ \theta_C \\ 0 \\ 0 \\ \theta_D \end{Bmatrix} = \begin{Bmatrix} F_{xAB} \\ F_{yAB} \\ M_{AB} \\ P \\ 0 \\ 0 \\ 0 \\ 0 \\ 0 \\ F_{xDC} \\ F_{yDC} \\ 0 \end{Bmatrix}$$

(1.53)

(1.53)式の右辺（荷重項）が既知の行（節点変位が未知の行）を抜き出して整理すると，

$$\frac{EI}{2L^3}\begin{bmatrix} 24 & 0 & 12L & 0 & 0 & 0 & 0 \\ 0 & 3 & 3L & 0 & -3 & 3L & 0 \\ 12L & 3L & 12L^2 & 0 & -3L & 2L^2 & 0 \\ 0 & 0 & 0 & 3 & 0 & 3L & 3L \\ 0 & -3 & -3L & 0 & 3 & -3L & 0 \\ 0 & 3L & 2L^2 & 3L & -3L & 8L^2 & 2L^2 \\ 0 & 0 & 0 & 3L & 0 & 2L^2 & 4L^2 \end{bmatrix}\begin{Bmatrix} u_B^G \\ v_B^G \\ \theta_B \\ u_C^G \\ v_C^G \\ \theta_C \\ \theta_D \end{Bmatrix} = \begin{Bmatrix} P \\ 0 \\ 0 \\ 0 \\ 0 \\ 0 \\ 0 \end{Bmatrix} \quad (1.54)$$

ただし，(1.54)式はこのままでは解くことができません．なぜならば，(1.5)式は，要素の曲げ変形に対する剛性方程式であり，要素の軸方向の剛性が考慮されていないからです．しかし，たわみ角法では，(1.31)式の2つの節点方程式と，(1.32)式と(1.33)式の一番最後の式の計4式で解くことができました．これは，たわみ角法では，軸方向の変形が無視されているためです．すなわち，軸方向の剛性が無限大と仮定されているわけです．

そこで，(1.54)式に軸方向の変形がないとする条件を入れてみます．図1.12の例題で，各要素の軸方向変形がないものとすると，次式が成り立ちます．

$$v_B^G = 0, \quad v_C^G = 0, \quad u_B^G = u_C^G \tag{1.55}$$

(1.55)式の条件を(1.54)式に代入し，B, C, D 点の曲げモーメントに関する釣合式 (3,6,7 行目の式) と，x 方向の釣合式 (1 行目と 4 行目を足した式) を展開すると，

$$\begin{aligned} 6u_B^G + 6L\theta_B + L\theta_C &= 0 \\ 2L\theta_B + 3u_B^G + 8L\theta_C + 2L\theta_D &= 0 \\ 3u_B^G + 2L\theta_C + 4L\theta_D &= 0 \\ 27u_B^G + 12L\theta_B + 3L\theta_C + 3L\theta_D &= \frac{2PL^3}{EI} \end{aligned} \tag{1.56}$$

(1.56)式の 3 番目の式を変形すると，

$$u_C^G = -\frac{2L}{3}(\theta_C + 2\theta_D) \tag{1.57}$$

ここで，図 1.13 より，部材角 R は，$R = -u_C^G L$ で表されることから，(1.57)式は，たわみ角法の(1.34)式と一致することがわかります．また，(1.56)式の 1 番目と 2 番目の式に，(1.57)式を代入すると次のようになります．

$$\begin{aligned} 6\theta_B - 3\theta_C - 8\theta_D &= 0 \\ \theta_B + 3\theta_C - \theta_D &= 0 \end{aligned} \tag{1.58}$$

(1.58)式は，たわみ角法の(1.36)式の 1 番目と 2 番目の式（節点方程式）に一致しています．最後に，(1.56)式の 4 番目の式に(1.57)式を代入すると，

$$12\theta_B - 15\theta_C - 33\theta_D = 2PL^2/EI \tag{1.59}$$

となり，これは，(1.36)式の 3 番目の式（層方程式）と一致することがわかります．ただし，回転角の正負がたわみ角法とマトリクス法で逆になっているため符号が異なります．

1.3.3　マトリクス法とたわみ角法の違い

　以上のことから，たわみ角法は，節点移動がない場合は，最終的な方程式は，マトリクス法と同じであり，解き方も，マトリクスを利用して解くかどうかの違いだけであることがわかります．また，節点移動がある場合は，たわみ角法の方程式は，マトリクス法の軸方向変形がないとした式と一致します．また，解き方は，マトリクス法では，要素剛性マトリクスの座標変換が必要になるため，手計算には向きませんが，コンピュータを用いた計算には威力を発揮します．一方，たわみ角法では，節点方程式と最大 2 方向の層方程式によって解くことができるため，手計算向きですが，部材角の従属性を求めたり，層の方程式を組み立てる

ことがシステム的に行えないため，コンピュータを用いた計算には不向きであることがわかります．

　たわみ角法は，1910年代に提案された方法ですが，すでに有限要素法の考え方のもとになるものが含まれていることがわかります．たわみ角法を理解することで，有限要素法の基本原理が，変位の連続条件のもとに，節点での釣合条件を解いているに過ぎないことが理解できたと思います．

2章 マトリクス法による骨組解析

2.1 はじめに

　第1章に示したように，マトリクス法は，対象の構造を要素に分割し，各要素の節点変位と節点力の関係式を求め，再度，変位の連続条件を用いて結合し，節点での力の釣合式を組み立てて解く方法でした．したがって，節点変位と節点力の関係式さえ求まれば，後は，システム的に解くことができます．

　梁（棒）要素の節点力と節点変位の関係式（要素剛性方程式）の導出法に関しては，前著[1]に詳しく書いています．ただし，前著では，理解を容易にするために，2次元弾性理論から梁理論（1次元理論）を導きました．しかし，実際には，梁要素は3次元体ですから，2次元理論からの導出には若干の矛盾があることに気づかれた読者もおられたことと思います．そこで，本書では，3次元の弾性理論から立体骨組解析に用いられる梁理論（1次元理論）を導出したいと思います．

2.2 弾性論の基礎式

2.2.1 物体内部の力と応力

　一般に，構造物の設計を行うためには，物体の内部の力を知る必要があります．ただし，物体の内部の力は，互いに釣り合っていますから，物体を面で切って，2つに分けてみないと現れません．そこで，図2.1に示すように，物体内部の点Pの

力を知るために，P点を通る一つの面Sで物体を2つに分けます．このとき，S面上のP点に作用する力$\mathbf{t}$は，次式で表すことができます（詳しくは前著[1]を復習してみて下さい）．

$$\begin{Bmatrix} t_x \\ t_y \\ t_z \end{Bmatrix} = \begin{bmatrix} \sigma_{xx} & \sigma_{xy} & \sigma_{xz} \\ \sigma_{yx} & \sigma_{yy} & \sigma_{yz} \\ \sigma_{zx} & \sigma_{zy} & \sigma_{zz} \end{bmatrix} \begin{Bmatrix} n_x \\ n_y \\ n_z \end{Bmatrix} \tag{2.1}$$

ここに，t_x, t_y, t_zは，P点に作用する表面力$\mathbf{t}$のx, y, z方向（直交右手座標系）成分，σ_{ij}は，j方向に垂直な面に作用するi方向の力であり，これをコーシーの応力と呼びます（図2.2参照）．また，n_x, n_y, n_zは，S面の外向き法線ベクトル$\mathbf{n}$のx, y, z方向成分です．

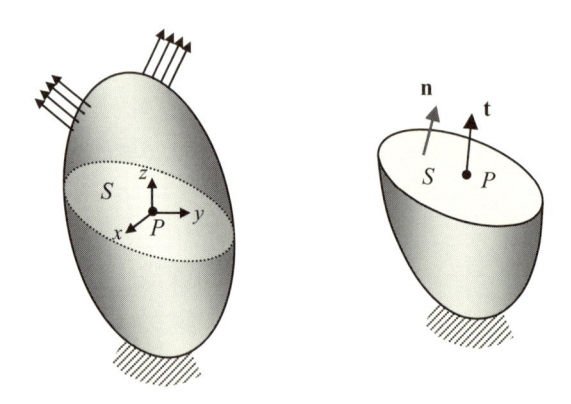

図2.1 物体内の1点に作用する力

また，(2.1)式の応力には，P点で回転が生じないという条件から，次式が成り立ちます．

$$\sigma_{xy} = \sigma_{yx}, \quad \sigma_{yz} = \sigma_{zy}, \quad \sigma_{zx} = \sigma_{xz} \tag{2.2}$$

(2.2)式の応力は，せん断応力と呼ばれ，通常τ_{ij}を用いて表します．そこで，以下では，(2.1)式の応力を$(\sigma_x, \sigma_y, \sigma_z, \tau_{xy}, \tau_{yz}, \tau_{zx})$の6成分で表します．ただし，$\sigma_x = \sigma_{xx}, \sigma_y = \sigma_{yy}, \sigma_z = \sigma_{zz}$．

(2.1)式より，P点の応力がわかれば，P点を通る任意の面で切った時のP点に

作用する力を求めることができます．したがって，次に応力を求める方法を示します．

2.2.2 基礎方程式

力が釣り合っている物体の内部では，任意の点で力が釣り合っています．したがって，図 2.2 に示すように，物体内部の微小 6 面体の力の釣合を考えると，応力に関して，次式の釣合式が導かれます[3]．

$$\frac{\partial \sigma_x}{\partial x} + \frac{\partial \tau_{xy}}{\partial y} + \frac{\partial \tau_{zx}}{\partial z} + \bar{X} = 0$$

$$\frac{\partial \tau_{xy}}{\partial x} + \frac{\partial \sigma_y}{\partial y} + \frac{\partial \tau_{yz}}{\partial z} + \bar{Y} = 0 \qquad (2.3)$$

$$\frac{\partial \tau_{zx}}{\partial x} + \frac{\partial \tau_{yz}}{\partial y} + \frac{\partial \sigma_z}{\partial z} + \bar{Z} = 0$$

ただし，$\bar{X}, \bar{Y}, \bar{Z}$ は，重力のように物体内部に直接作用する力（物体力）を表します（上付き横線は既知量を表します）．

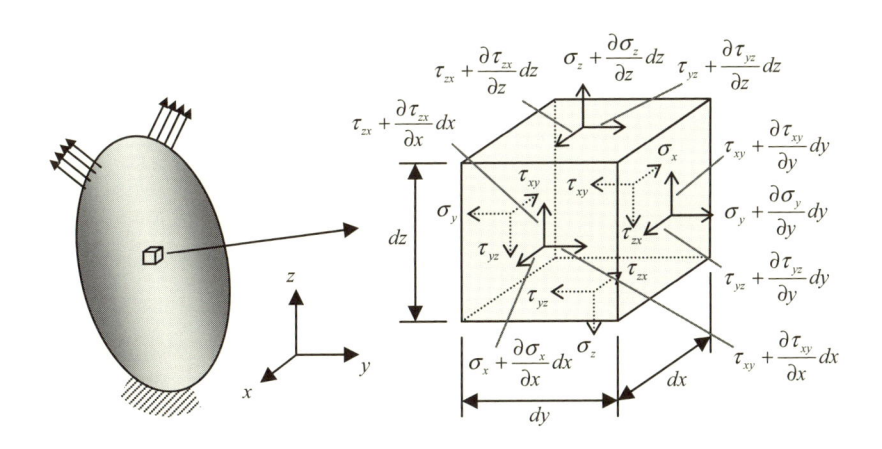

図 2.2 物体内部の微小 6 面体における応力の釣合

(2.3)式では，未知数である応力が 6 個あるのに対して，3 個の式しかないため，このままでは解くことができません．そこで，(2.3)式の応力を x, y, z 方向の変位

u, v, w で表すことを考えます（変位法）．

　応力を変位で表すためには，その仲介役として歪み（変形）という物理量が必要になります．弾性問題では，応力と歪みの間にフックの法則が成り立ち，応力－歪み関係式は次式で表されます．

$$\sigma = D\varepsilon \tag{2.4}$$

ここに，$\sigma = \lfloor \sigma_x \quad \sigma_y \quad \sigma_z \quad \tau_{xy} \quad \tau_{yz} \quad \tau_{zx} \rfloor$，$\varepsilon = \lfloor \varepsilon_x \quad \varepsilon_y \quad \varepsilon_z \quad \gamma_{xy} \quad \gamma_{yz} \quad \gamma_{zx} \rfloor$ であり，後者は歪みベクトルを表します．また，D は，6×6 の対称マトリクスで弾性マトリクスと呼ばれます．なお，弾塑性問題では，(2.4)式が非線形方程式となります．

　また，歪みと変位の関係式は，微小変位問題では，次式で表されます．

$$\begin{aligned}
\varepsilon_x &= \frac{\partial u}{\partial x} & \gamma_{xy} &= \frac{\partial v}{\partial x} + \frac{\partial u}{\partial y} \\
\varepsilon_y &= \frac{\partial v}{\partial y} & \gamma_{yz} &= \frac{\partial w}{\partial y} + \frac{\partial v}{\partial z} \\
\varepsilon_z &= \frac{\partial w}{\partial z} & \gamma_{zx} &= \frac{\partial u}{\partial z} + \frac{\partial w}{\partial x}
\end{aligned} \tag{2.5}$$

なお，大変形問題では，(2.5)式が非線形方程式となります．

　(2.3), (2.4), (2.5)式が，応力を求めるための基礎式であり，(2.3)式に，(2.4), (2.5)式を代入し，境界条件を考慮して解く方法を変位法と呼びます．なお，境界条件は，外力が規定される境界では $\mathbf{t} = \bar{\mathbf{t}}$，変位が規定される境界では $\mathbf{u} = \bar{\mathbf{u}}$ で与えられます．ただし，$\mathbf{t} = \lfloor t_x \quad t_y \quad t_z \rfloor$，$\bar{\mathbf{t}} = \lfloor \bar{t}_x \quad \bar{t}_y \quad \bar{t}_z \rfloor$，$\mathbf{u} = \lfloor u \quad v \quad w \rfloor$，$\bar{\mathbf{u}} = \lfloor \bar{u} \quad \bar{v} \quad \bar{w} \rfloor$ であり，上付き横線は既知量を表します．

2.2.3　仮想仕事の原理

　前節の基礎式（微分方程式）を直接解ける問題は限られており，通常は，変分原理を利用して近似解が求められます．ここでは，有限要素法（変位法）の基礎式となる仮想仕事の原理について説明します．

　いま，物体が釣合っている状態から任意の微小な仮想変位 $\delta u, \delta v, \delta w$ が生じるものとすると，次式が成り立ちます．

$$-\iiint_{\Omega}\left[\left(\frac{\partial \sigma_x}{\partial x}+\frac{\partial \tau_{xy}}{\partial y}+\frac{\partial \tau_{zx}}{\partial z}+\overline{X}\right)\delta u+\left(\frac{\partial \tau_{xy}}{\partial x}+\frac{\partial \sigma_y}{\partial y}+\frac{\partial \tau_{yz}}{\partial z}+\overline{Y}\right)\delta v\right.$$
$$\left.+\left(\frac{\partial \tau_{zx}}{\partial x}+\frac{\partial \tau_{yz}}{\partial y}+\frac{\partial \sigma_z}{\partial z}+\overline{Z}\right)\delta w\right]dxdydz+\iint_{S_\sigma}\left[\left(t_x-\overline{t}_x\right)\delta u+\left(t_y-\overline{t}_y\right)\delta v+\left(t_z-\overline{t}_z\right)\delta w\right]dS=0$$

(2.6)

ここに，Ω は物体の領域，S_σ は外力が規定される境界（自然境界）を表します（図 2.3 参照）．ただし，仮想変位は，変位が規定される境界 S_u（基本境界）における $\mathbf{u}=\overline{\mathbf{u}}$ の条件を常に満たすものとします．すなわち，境界 S_u 上では，$\delta u=0$, $\delta v=0$, $\delta w=0$ となります．

(2.6)式が，任意の δu, δv, δw に対して成立すれば，(2.6)式は，(2.3)式の平衡方程式（釣合方程式）と自然境界条件（$\mathbf{t}=\overline{\mathbf{t}}$ on S_σ）に等価となります．

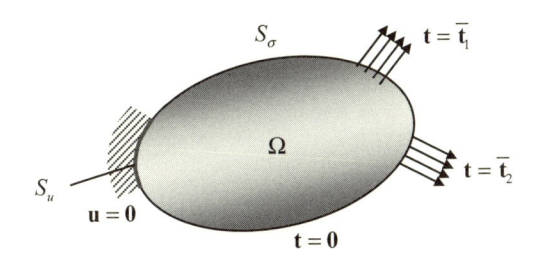

図 2.3 物体の領域と境界

(2.6)式を部分積分すると，次式が得られます．

$$\iiint_\Omega \left(\sigma_x \delta\varepsilon_x + \sigma_y \delta\varepsilon_y + \sigma_z \delta\varepsilon_z + \tau_{xy}\delta\gamma_{xy} + \tau_{yz}\delta\gamma_{yz} + \tau_{zx}\delta\gamma_{zx}\right)d\Omega$$
$$-\iiint_\Omega \left(\overline{X}\delta u + \overline{Y}\delta v + \overline{Z}\delta w\right)d\Omega - \iint_{S_\sigma}\left(\overline{t}_x \delta u + \overline{t}_y \delta v + \overline{t}_z \delta w\right)dS = 0$$

(2.7)

ここに，$d\Omega=dxdydz$ であり，

$$\delta\varepsilon_x = \delta\left(\frac{\partial u}{\partial x}\right) = \frac{\partial \delta u}{\partial x}, \quad \text{gg} \quad \delta\gamma_{xy} = \delta\left(\frac{\partial v}{\partial x}+\frac{\partial u}{\partial y}\right) = \frac{\partial \delta v}{\partial x}+\frac{\partial \delta u}{\partial y}, \quad \text{gg}$$

(2.8)

です．なお，(2.7)式の導出には，ガウスの発散定理が用いられています．ガウスの発散定理は，例えば，次のような式変形に用いられています[4]．

$$\iiint_\Omega \frac{\partial \sigma_x}{\partial x} \delta u\, dxdydz = \iint_S \sigma_x n_x dS - \iiint_\Omega \sigma_x \frac{\partial \delta u}{\partial x} dxdydz \qquad (2.9)$$

(2.7)式は，(2.3)式に比較して，微分の階数が1つ下がっています．このような方程式は弱形式と呼ばれます（これに対して(2.3)式の原微分方程式は強形式と呼ばれます）．

(2.7)式を内部の歪みエネルギーと外力のなす仕事量に分けて表すと，

$$\delta V = \delta W \qquad (2.10)$$

ここに，

$$\begin{aligned}\delta V &= \iiint_\Omega \left(\sigma_x \delta\varepsilon_x + \sigma_y \delta\varepsilon_y + \sigma_z \delta\varepsilon_z + \tau_{xy}\delta\gamma_{xy} + \tau_{yz}\delta\gamma_{yz} + \tau_{zx}\delta\gamma_{zx}\right)d\Omega \\ \delta W &= \iiint_\Omega \left(\overline{X}\delta u + \overline{Y}\delta v + \overline{Z}\delta w\right)d\Omega + \iint_{S_\sigma}\left(\overline{t_x}\delta u + \overline{t_y}\delta v + \overline{t_z}\delta w\right)dS\end{aligned} \qquad (2.11\text{a,b})$$

(2.10)式を仮想仕事の原理と呼びます．なお，(2.10)式の δV は，次式の歪みエネルギー V の第一変分（変位に関する1次近似変動量）となっています．

$$V = \frac{1}{2}\iiint_\Omega \left(\sigma_x \varepsilon_x + \sigma_y \varepsilon_y + \sigma_z \varepsilon_z + \tau_{xy}\gamma_{xy} + \tau_{yz}\gamma_{yz} + \tau_{zx}\gamma_{zx}\right)d\Omega \qquad (2.12)$$

(2.10)式は，後に示す有限要素法（変位法）の基礎式となります．

2.3 梁理論の基礎式[5), 6)]

前節までの理論は，3次元物体に関するものです．梁理論は，これを1次元化したもの（1方向の関数に置き換えたもの）と言えます．3次元問題を1次元化する場合，当然何らかの仮定（近似）を導入する必要があります．ここでは，1次元化するために導入された仮定に着目して，梁理論を展開してみます．

梁理論では，まず，図2.4に示す梁内部の任意点 (x, y, z) の変位 u, v, w が1次元化されます（1方向の関数に置き換えられます）．すなわち，物体内の変位 u, v, w は，本来 x, y, z の関数ですが，これを y, z に関する既知関数と，x に関する未知関数で表します．曲げ変形に対して，ベルヌーイ・オイラーの仮定（変形後の断面が変形後の材軸（図心軸）と直交するという仮定）が成り立つとすると，これは次式で表されます．

$$u(x,y,z) = u_0(x) - y\frac{dv_0(x)}{dx} - z\frac{dw_0(x)}{dx} + \omega\frac{d\theta_x(x)}{dx}$$
$$v(x,y,z) = v_0(x) - z\theta_x(x) \qquad (2.13)$$
$$w(x,y,z) = w_0(x) + y\theta_x(x)$$

ここに，u_0 は断面の図心（中心）の x 軸方向変位，v_0, w_0 は断面の図心の y, z 軸方向のたわみ（変位），θ_x は断面の x 軸まわりのねじり角です．ただし，ここで定義される y, z 座標は断面の図心を原点とし，断面の主軸方向に定義されているものとします．また，ω は，ねじりに関するゆがみ関数で，y, z の関数となりますが，断面形状が決まれば与えられる既知関数です．

(2.13)式では，式の左辺の変位 u, v, w は x, y, z の関数であるのに対し，右辺の変位 u_0, v_0, w_0 およびねじり角 θ_x はいずれも x のみの関数となっています．

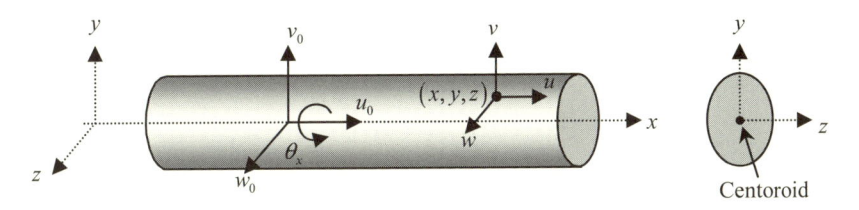

図 2.4 梁の内部の変位と梁断面の変位

ここで，(2.13)式において仮定されている事項について考察します．まず，断面内の任意点の変位 u, v, w が，断面の図心の x 軸方向変位 u_0 および y, z 軸方向のたわみ v_0, w_0 で表されるのは，一様引張・圧縮および曲げ変形において断面の変形が無い，すなわち断面剛が仮定されていることを示しています．

次に，(2.13)式の 1 番目の式の右辺第 2 項と第 3 項は，曲げ変形による x 軸方向変位を表します．ここでは，変形前に材軸（x 軸）に直交していた断面は，曲げ変形後も変形した材軸に直交するというベルヌーイ・オイラーの仮定が用いられています．例えば，z 軸まわりの曲げ変形では，図 2.5 に示すように，x 軸方向変位が $-yv_0'$ となります（ただし(')は x に関する微分を表します）．y 軸まわりの曲げ変形についても同様です．

また，(2.13)式の 1 番目の式の右辺第 4 項は，ねじり変形による x 軸方向変位で，

these はゆがみ関数 ω にねじり率 ($d\theta_x/dx$) を掛けたものとして仮定されます．なお，サンブナンねじり（一様ねじり）が仮定される場合は，$d\theta_x/dx = \alpha$ （α は定数）とされます．

最後に，(2.13)式の2番目と3番目の式の右辺第2項は，ねじり変形による y, z 軸方向の変位で，これは，断面剛の仮定の下で，図2.6に示すような幾何学的な関係により求められます．

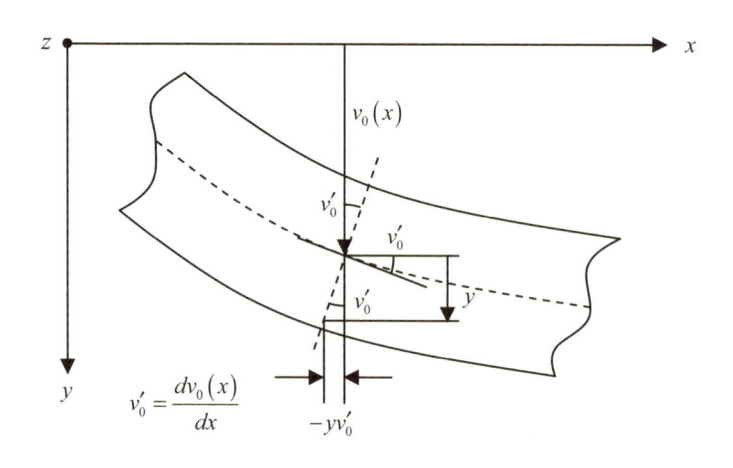

図 2.5 曲げ変形による x 軸方向変位

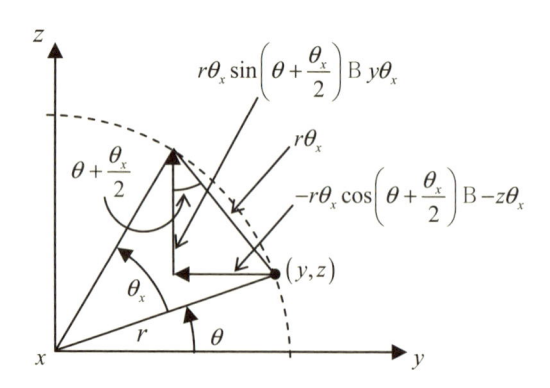

図 2.6 ねじり変形による y, z 軸方向変位

(2.13)式を3次元の歪み－変位関係式(2.5)に代入すると，次のようになります．

$$\varepsilon_x = \frac{\partial u}{\partial x} = \frac{du_0(x)}{dx} - y\frac{d^2v_0(x)}{dx^2} - z\frac{d^2w_0(x)}{dx^2} + \omega\frac{d^2\theta_x(x)}{dx^2}$$

$$\gamma_{xy} = \frac{\partial u}{\partial y} + \frac{\partial v}{\partial x} = \left(\frac{\partial \omega}{\partial y} - z\right)\frac{d\theta_x(x)}{dx} \quad (2.14)$$

$$\gamma_{zx} = \frac{\partial w}{\partial x} + \frac{\partial u}{\partial z} = \left(\frac{\partial \omega}{\partial z} + y\right)\frac{d\theta_x(x)}{dx}$$

$$\varepsilon_y = \varepsilon_z = \gamma_{yz} = 0$$

(2.14)式より，断面内の歪み（$\varepsilon_y, \varepsilon_z, \gamma_{yz}$）は0になることがわかります．また，ねじり変形が生じない場合，せん断歪み γ_{xy}, γ_{zx} も0になります．すなわち，曲げ変形によるせん断歪みが生じないことを示しています．また，ねじり変形を一様（サンブナンねじり）と仮定すると，(2.14)式は次式となります．

$$\varepsilon_x = \frac{du_0(x)}{dx} - y\frac{d^2v_0(x)}{dx^2} - z\frac{d^2w_0(x)}{dx^2}, \quad \gamma_{xy} = \left(\frac{\partial \omega}{\partial y} - z\right)\alpha, \quad \gamma_{zx} = \left(\frac{\partial \omega}{\partial z} + y\right)\alpha \quad (2.15)$$

また，応力－歪み関係式は，(2.4)式が成り立ち，材料が等方均質弾性体の場合は，次式となります．

$$\sigma_x = E\varepsilon_x, \quad \tau_{xy} = G\gamma_{xy}, \quad \tau_{zx} = G\gamma_{zx} \quad (2.16)$$

ただし，ここでは，断面内無応力の仮定（$\sigma_y = \sigma_z = \tau_{yz} = 0$）が用いられています．

(2.15)，(2.16)式を，歪みエネルギー式(2.12)に代入すると，

$$\begin{aligned} V &= \frac{1}{2}\iiint_\Omega \left(\sigma_x\varepsilon_x + \tau_{xy}\gamma_{xy} + \tau_{zx}\gamma_{zx}\right)d\Omega \\ &= \frac{1}{2}\iiint_\Omega E\left(\frac{du_0}{dx} - y\frac{d^2v_0}{dx^2} - z\frac{d^2w_0}{dx^2}\right)^2 dxdydz \\ &+ \frac{1}{2}\iiint_\Omega G\alpha^2\left\{\left(\frac{\partial \omega}{\partial y} - z\right)^2 + \left(\frac{\partial \omega}{\partial z} + y\right)^2\right\}dxdydz \end{aligned} \quad (2.17)$$

断面に関する積分を行うと，次式が得られます．

$$V = \frac{1}{2}\int_0^l \left\{ EA\left(\frac{du_0}{dx}\right)^2 + EI_z\left(\frac{d^2v_0}{dx^2}\right)^2 + EI_y\left(\frac{d^2w_0}{dx^2}\right)^2 + GK\left(\frac{d\theta_x}{dx}\right)^2 \right\}dx \quad (2.18)$$

ただし，l は梁の長さ，A, I_y, I_z, K は，

$$A = \iint_S dydz, \quad I_y = \iint_S z^2 dydz, \quad I_z = \iint_S y^2 dydz$$
$$K = \iint_S \left\{ \left(\frac{\partial \omega}{\partial y} - z \right)^2 + \left(\frac{\partial \omega}{\partial z} + y \right)^2 \right\} dydz \quad (2.19)$$

ここに，A は断面積，I_y, I_z は y および z 軸まわりの断面二次モーメント，K はサンブナンのねじり定数です．なお，(2.18)式の導出では，断面の y,z 座標軸が，図心を原点とし，断面の主軸方向に定義されているものとし，次式が成り立つことを用いています．

$$S_z = \iint_S ydydz = 0, \quad S_y = \iint_S zdydz = 0, \quad I_{yz} = \iint_S yzdydz = 0 \quad (2.20)$$

ここに，S_z, S_y は断面一次モーメント，I_{yz} は断面相乗モーメントと呼ばれます．

いま，簡単のため物体力を0とすると，(2.11)式の外力による仮想仕事量は次式となります．

$$\delta W = \iint_{S_\sigma} \left(\overline{t}_x \delta u + \overline{t}_y \delta v + \overline{t}_z \delta w \right) dS \quad (2.21)$$

また，(2.13)式の変位の仮定から，仮想変位は次式のように表されます．

$$\delta u = \delta u_0 - y\delta v'_0 - z\delta w'_0, \quad \delta v = \delta v_0 - z\delta \theta_x, \quad \delta w = \delta w_0 + y\delta \theta_x \quad (2.22)$$

ただし，(´) は x に関する微分を表します．なお，ここでは，サンブナンねじりを仮定しているため，$\delta \theta' = 0$ としています．(2.22)式を(2.21)式に代入すると，

$$\delta W = \iint_{S_\sigma} \overline{t}_x dS \cdot \delta u_0 + \iint_{S_\sigma} \overline{t}_y dS \cdot \delta v_0 + \iint_{S_\sigma} \overline{t}_z dS \cdot \delta w_0$$
$$- \iint_{S_\sigma} y\overline{t}_x dS \cdot \delta v'_0 - \iint_{S_\sigma} z\overline{t}_x dS \cdot \delta w'_0 + \iint_{S_\sigma} (y\overline{t}_z - z\overline{t}_y) dS \cdot \delta \theta_x \quad (2.23)$$

外力の加わる境界を，$x = 0$ と $x = l$ の断面のみとすると，(2.23)式は次のように書けます．

$$\delta W = \left[P_x \cdot \delta u_0 + Q_y \cdot \delta v_0 + Q_z \cdot \delta w_0 + M_z \cdot \delta v'_0 - M_y \cdot \delta w'_0 + M_x \cdot \delta \theta_x \right]_0^l \quad (2.24)$$

ただし，

$$P_x = \iint_{S_\sigma} \overline{t}_x dS, \quad Q_y = \iint_{S_\sigma} \overline{t}_y dS, \quad Q_z = \iint_{S_\sigma} \overline{t}_z dS$$
$$M_z = -\iint_{S_\sigma} y\overline{t}_x dS, \quad M_y = \iint_{S_\sigma} z\overline{t}_x dS, \quad M_x = \iint_{S_\sigma} (y\overline{t}_z - z\overline{t}_y) dS \quad (2.25)$$

ここに，P_x は軸方向力，Q_y, Q_z は y, z 方向のせん断力，M_x, M_y, M_z は x, y, z 軸まわりのモーメントを表します．

一方，(2.18)式より，

$$\delta V = \int_0^l EA u_0' \delta u_0' dx + \int_0^l EI_z v_0'' \delta v_0'' dx + \int_0^l EI_y w_0'' \delta w_0'' dx + \int_0^l GK \theta_x' \delta \theta_x' dx \qquad (2.26)$$

(2.26)式を部分積分すると，

$$\begin{aligned}\delta V &= \left[EA u_0' \delta u_0\right]_0^l - \int_0^l EA u_0'' \delta u_0 dx + \left[EI_z v_0'' \delta v_0'\right]_0^l - \left[EI_z v_0''' \delta v_0\right]_0^l + \int_0^l EI_z v_0'''' \delta v_0 dx \\ &+ \left[EI_y w_0'' \delta w_0'\right]_0^l - \left[EI_y w_0''' \delta w_0\right]_0^l + \int_0^l EI_y w_0'''' \delta w_0 dx + \left[GK \theta_x' \delta \theta_x\right]_0^l - \int_0^l GK \theta_x'' \delta \theta_x dx\end{aligned} \qquad (2.27)$$

(2.24)，(2.27)式を(2.10)式の仮想仕事の原理に代入すると，

$$\begin{aligned}\delta V - \delta W &= \left[(EA u_0' - P_x) \delta u_0\right]_0^l - \int_0^l EA u_0'' \delta u_0 dx \\ &+ \left[(EI_z v_0'' - M_z) \delta v_0'\right]_0^l - \left[(EI_z v_0''' + Q_y) \delta v_0\right]_0^l + \int_0^l EI_z v_0'''' \delta v_0 dx \\ &+ \left[(EI_y w_0'' + M_y) \delta w_0'\right]_0^l - \left[(EI_y w_0''' + Q_z) \delta w_0\right]_0^l + \int_0^l EI_y w_0'''' \delta w_0 dx \\ &+ \left[(GK \theta_x' - M_x) \delta \theta_x\right]_0^l - \int_0^l GK \theta_x'' \delta \theta_x dx = 0\end{aligned} \qquad (2.28)$$

(2.28)式より，次式に示す梁内部の平衡方程式と境界条件が求められます．

δu_0 に関して，

| | 梁内部 | $EA u_0'' = 0$ | (2.29a) |

梁境界　　$(EA u_0' - P_x) \delta u_0 = 0$ (2.29b)

δv_0 に関して，

梁内部　　$EI_z v_0'''' = 0$ (2.30a)

梁境界　　$(EI_z v_0'' - M_z) \delta v_0' = 0$, $-(EI_z v_0''' + Q_y) \delta v_0 = 0$ (2.30b)

δw_0 に関して，

梁内部　　$EI_y w_0'''' = 0$ (2.31a)

梁境界　　$(EI_y w_0'' + M_y) \delta w_0' = 0$, $-(EI_y w_0''' + Q_z) \delta w_0 = 0$ (2.31b)

$\delta \theta_z$ に関して，

梁内部　　$GK \theta_x'' = 0$ (2.32a)

梁境界　　$(GK \theta_x' - M_x) \delta \theta_x = 0$ (2.32b)

以上の方程式が，ベルヌーイ・オイラーの仮定にもとづく梁理論の基礎式となり

ます.

　なお，構造力学における曲げ変形に関するたわみ曲線の微分方程式は，部材内部の断面力を(2.25)式と同様に，次式で定義するところから導かれます.

$$M_z = -\iint_S y\sigma_x \, dS, \quad M_y = \iint_S z\sigma_x \, dS \tag{2.33}$$

ただし，S は断面領域を表します．なお，(2.25)式の断面力は，要素の境界断面に作用する外力ですが，(2.33)式の断面力は，要素内部の断面に作用する内力です．(2.33)式に，(2.15),(2.16)式を代入すると，

$$M_z = -\iint_S yE\left(\frac{du_0(x)}{dx} - y\frac{d^2v_0(x)}{dx^2} - z\frac{d^2w_0(x)}{dx^2}\right)dS$$
$$M_y = \iint_S zE\left(\frac{du_0(x)}{dx} - y\frac{d^2v_0(x)}{dx^2} - z\frac{d^2w_0(x)}{dx^2}\right)dS \tag{2.34}$$

(2.34)式に(2.20)式を考慮すると，次式が得られます．

$$M_z = EI_z v_0'', \quad M_y = -EI_y w_0'' \tag{2.35}$$

上式は，(2.30b),(2.31b)の曲げモーメントに関する自然境界条件をすでに満足しています．また，曲げモーメントとせん断力の関係式は，図 2.7 に示すような，梁の材軸に直交する断面で切りとった長さ dx の微小要素におけるモーメントの釣合から，次式のように導かれます．

$$-M_z + (M_z + dM_z) + Q_y dx = 0 \quad \Rightarrow \quad Q_y = -\frac{dM_z}{dx}$$
$$M_y - (M_y + dM_y) + Q_z dx = 0 \quad \Rightarrow \quad Q_z = \frac{dM_y}{dx} \tag{2.36}$$

ただし，図 2.7 では，方向余弦（n_x）が正となる断面で正の断面力を定義しています（曲げモーメントは回転軸の右ねじの方向が正）．

　(2.36)式に(2.35)式を代入すると，

$$Q_y = -EI_z v_0''', \quad Q_z = -EI_y w_0''' \tag{2.37}$$

となります．(2.37)式は，(2.30b),(2.31b)のせん断力に関する自然境界条件を満足しています．以上より，(2.35)式のたわみ曲線式は，(2.30a),(2.31a)の微分方程式が 2 階積分されて，自然境界条件が適用された式であると言えます．したがって，(2.35)式では，基本境界条件のみで問題が解かれるわけです．

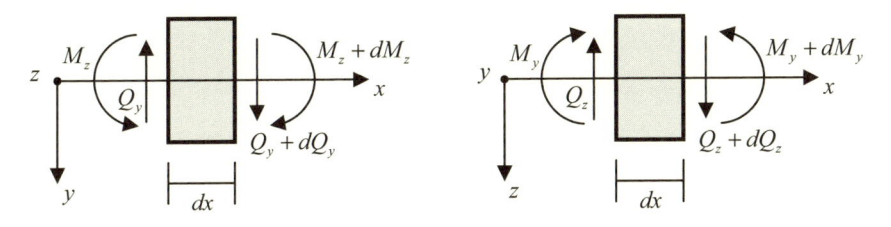

図 2.7 微小要素のモーメントの釣合

2.4 マトリクス法（有限要素法）

マトリクス法（有限要素法）は，2.2 節に示した微分方程式を解くための近似解法の一つです．有限要素法では，まず，対象とする物体を要素と呼ばれる小領域に分割します．そして，部分積分によって微分の階数を下げた弱形式の積分方程式（例えば仮想仕事式）を基礎式とし，この基礎式を，連続関数である要素内の変位を各要素の節点変位を未知数とする近似関数で近似することによって離散化します（ベクトル・マトリクス方程式で表します）．このようにして得られた要素の剛性方程式（節点変位と節点力の関係式）を節点変位の連続性と節点力の釣合を考慮して重ね合わせ，節点変位を未知数とする構造全体の剛性方程式（節点方程式）を作り，この連立方程式を解くことにより解を得る方法です．

まず，3 次元問題について，有限要素法の解法の概要を説明します．図 2.8 に示すように，有限要素法では，対象とする物体を要素（小領域）に分割し，その要素内の変位を，節点変位を未知数とする近似関数で近似します．これを式で表すと，次のようになります．

$$
\begin{aligned}
u(x,y,z) &= \mathbf{N}(x,y,z)\mathbf{u}^e \\
v(x,y,z) &= \mathbf{N}(x,y,z)\mathbf{v}^e \\
w(x,y,z) &= \mathbf{N}(x,y,z)\mathbf{w}^e
\end{aligned}
\quad (2.38)
$$

ここに，$\mathbf{N}$ は要素内の変位を，節点変位を用いて補間する補間関数で，形状関数と呼ばれます．$\mathbf{u}^e, \mathbf{v}^e, \mathbf{w}^e$ は，要素の各節点における変位を成分とする節点変位ベクトルです．例えば，図 2.8 に示す要素の場合，次のようになります．

$$\mathbf{u}^e = \lfloor u_i \quad u_j \quad u_k \rfloor, \quad \mathbf{v}^e = \lfloor v_i \quad v_j \quad v_k \rfloor, \quad \mathbf{w}^e = \lfloor w_i \quad w_j \quad w_k \rfloor \tag{2.39}$$

(2.39)式をさらにまとめると,

$$\mathbf{u} = \mathbf{N}_d \mathbf{d}^e \tag{2.40}$$

ここに,

$$\mathbf{u} = \begin{Bmatrix} u \\ v \\ w \end{Bmatrix}, \quad \mathbf{d}^e = \begin{Bmatrix} \mathbf{u}^e \\ \mathbf{v}^e \\ \mathbf{w}^e \end{Bmatrix}, \quad \mathbf{N}_d = \begin{bmatrix} \mathbf{N} & & \\ & \mathbf{N} & \\ & & \mathbf{N} \end{bmatrix} \tag{2.41}$$

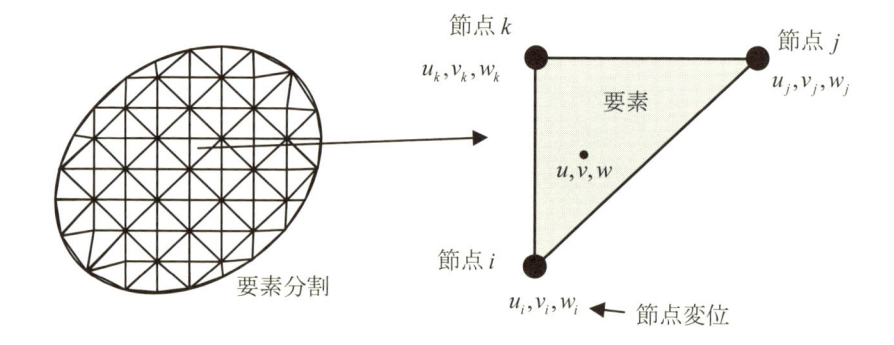

図 2.8 有限要素分割と要素および節点

(2.38)式を歪みー変位関係式(2.5)に代入すると,次式が得られます.

$$\begin{aligned}
\varepsilon_x &= \frac{\partial \mathbf{N}}{\partial x}\mathbf{u}^e, \quad \varepsilon_y = \frac{\partial \mathbf{N}}{\partial y}\mathbf{v}^e, \quad \varepsilon_z = \frac{\partial \mathbf{N}}{\partial z}\mathbf{w}^e \\
\gamma_{xy} &= \frac{\partial \mathbf{N}}{\partial x}\mathbf{v}^e + \frac{\partial \mathbf{N}}{\partial y}\mathbf{u}^e, \quad \gamma_{yz} = \frac{\partial \mathbf{N}}{\partial y}\mathbf{w}^e + \frac{\partial \mathbf{N}}{\partial z}\mathbf{v}^e, \quad \gamma_{zx} = \frac{\partial \mathbf{N}}{\partial z}\mathbf{u}^e + \frac{\partial \mathbf{N}}{\partial x}\mathbf{w}^e
\end{aligned} \tag{2.42}$$

(2.42)式をまとめると,

$$\boldsymbol{\varepsilon} = \mathbf{B}\mathbf{d}^e \tag{2.43}$$

ここに,

$$\boldsymbol{\varepsilon} = \begin{Bmatrix} \varepsilon_x \\ \varepsilon_y \\ \varepsilon_z \\ \gamma_{xy} \\ \gamma_{yz} \\ \gamma_{zx} \end{Bmatrix}, \quad \mathbf{B} = \begin{bmatrix} \partial \mathbf{N}/\partial x & 0 & 0 \\ 0 & \partial \mathbf{N}/\partial y & 0 \\ 0 & 0 & \partial \mathbf{N}/\partial z \\ \partial \mathbf{N}/\partial y & \partial \mathbf{N}/\partial x & 0 \\ 0 & \partial \mathbf{N}/\partial z & \partial \mathbf{N}/\partial y \\ \partial \mathbf{N}/\partial z & 0 & \partial \mathbf{N}/\partial x \end{bmatrix} \tag{2.44}$$

(2.44)式を応力-歪み関係式(2.4)に代入すると,

$$\boldsymbol{\sigma} = \mathbf{DB}\mathbf{d}^e \tag{2.45}$$

このとき, (2.12)式の歪みエネルギーは, 一つの要素に関して次式となります.

$$V^e = \frac{1}{2}\iiint_{\Omega^e}\boldsymbol{\varepsilon}^T\boldsymbol{\sigma}d\Omega = \frac{1}{2}\mathbf{d}^{eT}\iiint_{\Omega^e}\mathbf{B}^T\mathbf{DB}d\Omega\mathbf{d}^e \tag{2.46}$$

ただし, Ω^e は要素の領域を表します. (2.46)式を節点変位に関して変分をとると,

$$\delta V^e = \delta\mathbf{d}^{eT}\iiint_{\Omega^e}\mathbf{B}^T\mathbf{DB}d\Omega\mathbf{d}^e \tag{2.47}$$

一方, 要素境界に作用する外力の仮想仕事量は, (2.11b)式より次式となります.

$$\delta W^e = \iiint_{\Omega^e}\delta\mathbf{u}^T\overline{\mathbf{X}}d\Omega + \iint_{S_\sigma^e}\delta\mathbf{u}^T\overline{\mathbf{t}}dS = \delta\mathbf{d}^{eT}\left(\iiint_{\Omega^e}\mathbf{N}_d^T\overline{\mathbf{X}}d\Omega + \iint_{S_\sigma^e}\mathbf{N}_d^T\overline{\mathbf{t}}dS\right) \tag{2.48}$$

ここに, $\overline{\mathbf{X}} = \lfloor \overline{X} \;\; \overline{Y} \;\; \overline{Z} \rfloor$, S_σ^e は要素の自然境界を表します. (2.10)式の仮想仕事の原理に, (2.47), (2.48)式を代入すると,

$$\delta V^e - \delta W^e = \delta\mathbf{d}^{eT}\left(\iiint_{\Omega^e}\mathbf{B}^T\mathbf{DB}d\Omega\mathbf{d}^e - \iiint_{\Omega^e}\mathbf{N}_d^T\overline{\mathbf{X}}d\Omega - \iint_{S_\sigma^e}\mathbf{N}_d^T\overline{\mathbf{t}}dS\right) = 0 \tag{2.49}$$

(2.49)式の $\delta\mathbf{d}^e$ の任意性により, 次式の要素に関する方程式が導かれます.

$$\mathbf{k}^e\mathbf{d}^e = \mathbf{f}^e \tag{2.50}$$

ただし,

$$\begin{aligned}\mathbf{k}^e &= \iiint_{\Omega^e}\mathbf{B}^T\mathbf{DB}d\Omega \\ \mathbf{f}^e &= \iiint_{\Omega^e}\mathbf{N}_d^T\overline{\mathbf{X}}d\Omega + \iint_{S_\sigma^e}\mathbf{N}_d^T\overline{\mathbf{t}}dS\end{aligned} \tag{2.51}$$

ここに, $\mathbf{k}^e$ は要素剛性マトリクス, $\mathbf{f}^e$ は要素の等価節点力ベクトルを表します.

(2.50)式を節点変位の連続性と節点力の釣合を考慮して, 領域を分割したすべての要素について重ね合わせを行うと, 領域全体の剛性方程式

$$\mathbf{kd} = \mathbf{f} \tag{2.52}$$

が得られます．

(2.52)式を変位が与えられる境界条件（基本境界条件）および外力が与えられる境界条件（自然境界条件）を考慮して解くと，すべての節点変位が求められます．節点変位が求まれば，(2.45)式により各要素の応力を求めることができます．

以上が有限要素法の流れであり，次節以降に示すように，梁理論においても全く同様の手続きで定式化できます．

2.5 マトリクス法による立体骨組解析

2.5.1 要素剛性マトリクス

骨組解析においても，図 2.9 に示すように，対象とする骨組構造を梁要素に分割し，一つの梁要素に関して，(2.50)式のような要素剛性方程式（節点変位と節点力の関係式）を作ります．そして，節点での連続性と節点力の釣合を考慮して，重ね合わせを行い，(2.52)式と同様の全体剛性方程式を，境界条件を考慮して解きます．

梁理論では，(2.38)式の離散化は，1 次元化された変位に対して行います．ここでは，図 2.9 に示すように，一つの要素の節点数は 2 とし，節点番号を i, j とします．梁理論の歪みエネルギーは(2.18)式となるため，式中の 1 次元化された x 軸方向変位 u_0，y, z 軸方向のたわみ v_0, w_0，およびねじり角 θ_x を，i, j 節点の x 軸方向変位 u_i, u_j，y, z 軸方向のたわみ v_i, w_i, v_j, w_j とたわみ角 $\theta_{zi}, \theta_{yi}, \theta_{zj}, \theta_{yj}$，およびねじり角 θ_{xi}, θ_{xj} を用いて，次式のように近似します．

$$u_0(x) = \mathbf{N}_L \mathbf{u}^e, \quad v_0(x) = \mathbf{N}_E \mathbf{v}^e, \quad w_0(x) = \tilde{\mathbf{N}}_E \mathbf{w}^e, \quad \theta_x(x) = \mathbf{N}_L \boldsymbol{\theta}^e \quad (2.53)$$

ここに，

$$\mathbf{u}^e = \lfloor u_i \ u_j \rfloor, \quad \mathbf{v}^e = \lfloor v_i \ \theta_{zi} \ v_j \ \theta_{zj} \rfloor, \quad \mathbf{w}^e = \lfloor w_i \ \theta_{yi} \ w_j \ \theta_{yj} \rfloor, \quad \boldsymbol{\theta}^e = \lfloor \theta_{xi} \ \theta_{xj} \rfloor$$
$$\mathbf{N}_L = [1-\xi \ \xi], \quad \mathbf{N}_E = \left[1-3\xi^2+2\xi^3 \ \ l(\xi-2\xi^2+\xi^3) \ \ 3\xi^2-2\xi^3 \ \ l(-\xi^2+\xi^3) \right] \quad (2.54)$$

ただし，たわみ角は $\theta_z = v_0'$，$\theta_y = -w_0'$ であり，$\xi = x/l$ です．なお，(2.53)式の詳しい導出法については，前著を参照して下さい．また，$\theta_y = -w_0'$ となる理由は，w_0'（x に関する w_0 の傾き）が正となる時，y 軸まわりの回転角 θ_y が負になるためです．なお，$\tilde{\mathbf{N}}_E$ は $\mathbf{N}_E$ の 2 列と 4 列の成分の符号を負（−）にしたものです．

(2.53)式では，材軸方向変位とねじりに関しては1次多項式，たわみに関しては3次多項式で近似されています．これは，(2.29a)〜(2.32a)式の梁内部の方程式の解の次数と一致します．したがって，要素内部に分布荷重が作用しない場合，有限要素法で求められた解は，梁の微分方程式を解いた解と完全に一致します．したがって，分布荷重が作用しない問題では，最低限の要素分割を行えばよいわけです．ちなみに，分布荷重が作用する問題では，微分方程式の解が4次式となるため，若干誤差が生じます．したがって，精度の高い解を求めたい場合は，要素分割数を増やすことが必要です．

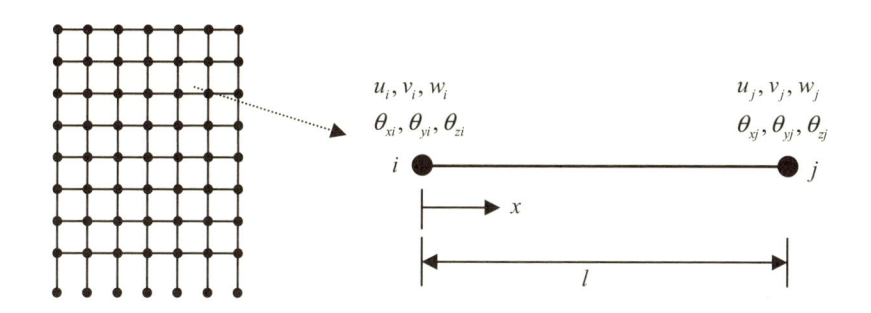

図 2.9 骨組構造の有限要素分割と梁要素

(2.53)式を歪みエネルギーの変分(2.26)式に代入すると，

$$\delta V^e = \delta \mathbf{u}^{eT} \int_0^l \mathbf{N}_L'^T EA \mathbf{N}_L' dx \cdot \mathbf{u}^e + \delta \mathbf{v}^{eT} \int_0^l \mathbf{N}_E''^T EI_z \mathbf{N}_E'' dx \cdot \mathbf{v}^e + \delta \mathbf{w}^{eT} \int_0^l \tilde{\mathbf{N}}_E''^T EI_y \tilde{\mathbf{N}}_E'' dx \cdot \mathbf{w}^e \\ + \delta \boldsymbol{\theta}^{eT} \int_0^l \mathbf{N}_L'^T GK \mathbf{N}_L' dx \cdot \boldsymbol{\theta}^e \tag{2.55}$$

また，(2.24)式の外力のなす仕事量より，

$$\delta W^e = \delta \mathbf{u}^{eT} \mathbf{f}_x^e + \delta \mathbf{v}^{eT} \mathbf{f}_y^e + \delta \mathbf{w}^{eT} \mathbf{f}_z^e + \delta \boldsymbol{\theta}^{eT} \mathbf{m}_x^e \tag{2.56}$$

ここに，

$$\mathbf{f}_x^e = \lfloor P_{xi} \quad P_{xj} \rfloor, \quad \mathbf{f}_y^e = \lfloor Q_{yi} \quad M_{zi} \quad Q_{yj} \quad M_{zj} \rfloor, \quad \mathbf{f}_z^e = \lfloor Q_{zi} \quad M_{yi} \quad Q_{zj} \quad M_{yj} \rfloor, \\ \mathbf{m}_x^e = \lfloor M_{xi} \quad M_{xj} \rfloor \tag{2.57}$$

ただし，$P_{xi}, P_{xj}, Q_{yi}, M_{zi} \cdots$ は，節点 i, j に作用する力およびモーメントです．

(2.55), (2.56)式を仮想仕事の原理に適用すると，次の 4 つの独立した方程式が得られます.

$$\mathbf{k}_u^e \mathbf{u}^e = \mathbf{f}_x^e, \quad \mathbf{k}_v^e \mathbf{v}^e = \mathbf{f}_y^e, \quad \mathbf{k}_w^e \mathbf{w}^e = \mathbf{f}_z^e, \quad \mathbf{k}_\theta^e \theta^e = \mathbf{m}_x^e \tag{2.58}$$

ここに,

$$\begin{aligned}
\mathbf{k}_u^e &= \int_0^l \mathbf{N}_L'^T EA \mathbf{N}_L' dx, \quad \mathbf{k}_v^e = \int_0^l \mathbf{N}_E''^T EI_z \mathbf{N}_E'' dx, \quad \mathbf{k}_w^e = \int_0^l \tilde{\mathbf{N}}_E''^T EI_y \tilde{\mathbf{N}}_E'' dx, \\
\mathbf{k}_\theta^e &= \int_0^l \mathbf{N}_L'^T GK \mathbf{N}_L' dx
\end{aligned} \tag{2.59}$$

(2.59)式の積分を行うと，

$$\mathbf{k}_u^e = \frac{EA}{l}\begin{bmatrix} 1 & -1 \\ -1 & 1 \end{bmatrix}, \quad \mathbf{k}_\theta^e = \frac{GK}{l}\begin{bmatrix} 1 & -1 \\ -1 & 1 \end{bmatrix}$$

$$\mathbf{k}_v^e = \frac{EI_z}{l^3}\begin{bmatrix} 12 & & & \text{sym.} \\ 6l & 4l^2 & & \\ -12 & -6l & 12 & \\ 6l & 2l^2 & -6l & 4l^2 \end{bmatrix}, \quad \mathbf{k}_w^e = \frac{EI_y}{l^3}\begin{bmatrix} 12 & & & \text{sym.} \\ -6l & 4l^2 & & \\ -12 & 6l & 12 & \\ -6l & 2l^2 & 6l & 4l^2 \end{bmatrix} \tag{2.60}$$

以上のように，骨組の静的問題では，軸方向変形，y, z 軸方向の曲げ変形，ねじり変形をそれぞれ独立に解くことができます．しかし，一般には，これらをまとめて解きます．すなわち，(2.59)式をまとめて表すと，

$$\mathbf{k}^e \mathbf{d}^e = \mathbf{f}^e \tag{2.61}$$

ここに，

$$\mathbf{k}^e = \begin{bmatrix}
k_{u11}^e & & & & & & & & & & & \text{sym.} \\
0 & k_{v11}^e & & & & & & & & & & \\
0 & 0 & k_{w11}^e & & & & & & & & & \\
0 & 0 & 0 & k_{\theta11}^e & & & & & & & & \\
0 & 0 & k_{w21}^e & 0 & k_{w22}^e & & & & & & & \\
0 & k_{v21}^e & 0 & 0 & 0 & k_{v22}^e & & & & & & \\
k_{u21}^e & 0 & 0 & 0 & 0 & 0 & k_{u22}^e & & & & & \\
0 & k_{v31}^e & 0 & 0 & 0 & k_{v32}^e & 0 & k_{v33}^e & & & & \\
0 & 0 & k_{w31}^e & 0 & k_{w32}^e & 0 & 0 & 0 & k_{w33}^e & & & \\
0 & 0 & 0 & k_{\theta21}^e & 0 & 0 & 0 & 0 & 0 & k_{\theta22}^e & & \\
0 & 0 & k_{w41}^e & 0 & k_{w42}^e & 0 & 0 & 0 & k_{w43}^e & 0 & k_{w44}^e & \\
0 & k_{v41}^e & 0 & 0 & 0 & k_{v42}^e & 0 & k_{v43}^e & 0 & 0 & 0 & k_{v44}^e
\end{bmatrix} \tag{2.62}$$

$$\mathbf{d}^e = \lfloor u_i \quad v_i \quad w_i \quad \theta_{xi} \quad \theta_{yi} \quad \theta_{zi} \quad u_j \quad v_j \quad w_j \quad \theta_{xj} \quad \theta_{yj} \quad \theta_{zj} \rfloor$$
$$\mathbf{f}^e = \lfloor P_{xi} \quad Q_{yi} \quad Q_{zi} \quad M_{xi} \quad M_{yi} \quad M_{zi} \quad P_{xj} \quad Q_{yj} \quad Q_{zj} \quad M_{xj} \quad M_{yj} \quad M_{zj} \rfloor$$
(2.63)

ただし, $k^e_{u11}, k^e_{v11}, \cdots$ は, (2.60)式の各マトリクスの成分を表します.
(2.61)式が, 3次元骨組を解析するための要素剛性方程式となります.

2.5.2 座標変換

後は, (2.61)式を節点変位の連続性を考慮して重ね合わせればよいのですが, 梁要素の場合, 図2.9に示すように, 要素固有の座標系のもとに定式化されています. したがって, (2.61)式は, 骨組全体に対して定められた全体座標系のものに変換する必要があります.

要素の座標系の変位を全体座標系の変位に変換する座標変換マトリクスを$\mathbf{T}$とすると, (2.61)式の節点変位ベクトル$\mathbf{d}^e$は, 次式によって全体座標系の節点変位ベクトル$\mathbf{d}^{Ge}$に変換されます.

$$\mathbf{d}^e = \mathbf{T}_d \mathbf{d}^{Ge} \quad (2.64)$$

ただし,

$$\mathbf{T}_d = \begin{bmatrix} \mathbf{T} & & & \\ & \mathbf{T} & & \\ & & \mathbf{T} & \\ & & & \mathbf{T} \end{bmatrix}, \quad \mathbf{T} = \begin{bmatrix} l_x & m_x & n_x \\ l_y & m_y & n_y \\ l_z & m_z & n_z \end{bmatrix} \quad (2.65)$$

ここに, l_x, m_x, n_x は要素座標のx軸の全体座標軸に対する方向余弦です. また, $l_y, m_y, \cdots, n_z$ についても同様です.

(2.65)式の$\mathbf{T}$の成分は, 次のようにして求められます. まず, 図2.10に示すように, 全体座標系を(x^G, y^G, z^G)で表し, 全体座標系における要素両端の節点座標を(x^G_i, y^G_i, z^G_i), (x^G_j, y^G_j, z^G_j)で表します. 3次元骨組で難しいのは, y, z軸の定義です. y, z軸は, 断面の主軸方向に定義されるため, 一般に全体座標軸と平行とは限りません. したがって, 全体座標系との関係を定めるためには, 断面の回転角を定義する必要があります. ここでは, これをコードアングルと呼びます. まず, 図2.10に示すように, 要素 (部材) のx軸に垂直な平面Pを考え, その平面P上で, $x^G y^G$平面に平行なy'軸を考えます. 次に, 要素x軸およびy'軸と右手

の関係をなす z' 軸を考えます．ここに，y' 軸の正方向は，z' 軸の正方向が全体 z^G 座標値が増大する方向を向くように定めます．そして，平面 P 上で，y' 軸から部材 y 軸へ測った角をコードアングル θ_A とします．ただし，この角度は，部材 x 軸まわりに右ねじ方向を正とします．

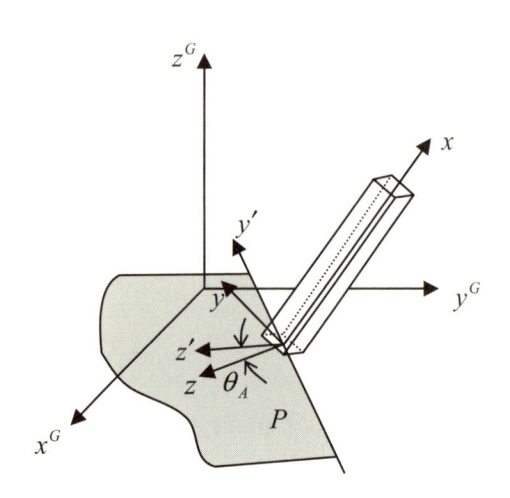

図 2.10 要素の座標系と全体座標系の関係

以上の定義にしたがえば，座標変換マトリクスの成分は次のようになります．

$$\begin{Bmatrix} l_x \\ m_x \\ n_x \end{Bmatrix} = \begin{Bmatrix} (x_j^G - x_i^G)/l \\ (y_j^G - y_i^G)/l \\ (z_j^G - z_i^G)/l \end{Bmatrix}, \quad l = \sqrt{(x_j^G - x_i^G)^2 + (y_j^G - y_i^G)^2 + (z_j^G - z_i^G)^2}$$

$$\begin{Bmatrix} l_y \\ m_y \\ n_y \end{Bmatrix} = \frac{1}{\lambda} \left(\begin{Bmatrix} -m_x \\ l_x \\ 0 \end{Bmatrix} \cos\theta_A + \begin{Bmatrix} -n_x l_x \\ -m_x n_x \\ \lambda^2 \end{Bmatrix} \sin\theta_A \right), \quad \lambda = \sqrt{l_x^2 + m_x^2} \qquad (2.66)$$

$$\begin{Bmatrix} l_z \\ m_z \\ n_z \end{Bmatrix} = \frac{1}{\lambda} \left(-\begin{Bmatrix} -m_x \\ l_x \\ 0 \end{Bmatrix} \sin\theta_A + \begin{Bmatrix} -n_x l_x \\ -m_x n_x \\ \lambda^2 \end{Bmatrix} \cos\theta_A \right)$$

ただし，要素の x 軸が全体 z^G 軸と平行な場合は，次式となります．

$$\begin{Bmatrix} l_y \\ m_y \\ n_y \end{Bmatrix} = \begin{Bmatrix} n_x \\ 0 \\ 0 \end{Bmatrix} \cos\theta_A + \begin{Bmatrix} 0 \\ 1 \\ 0 \end{Bmatrix} \sin\theta_A, \quad \begin{Bmatrix} l_z \\ m_z \\ n_z \end{Bmatrix} = -\begin{Bmatrix} n_x \\ 0 \\ 0 \end{Bmatrix} \sin\theta_A + \begin{Bmatrix} 0 \\ 1 \\ 0 \end{Bmatrix} \cos\theta_A \tag{2.67}$$

以上の詳しい導出法に関しては，文献 7), 8)を参照して下さい．参考のため，要素が全体座標軸上にあり，コードアングル 0 の場合の全体座標と要素座標の関係を図 2.11 に示しておきます．

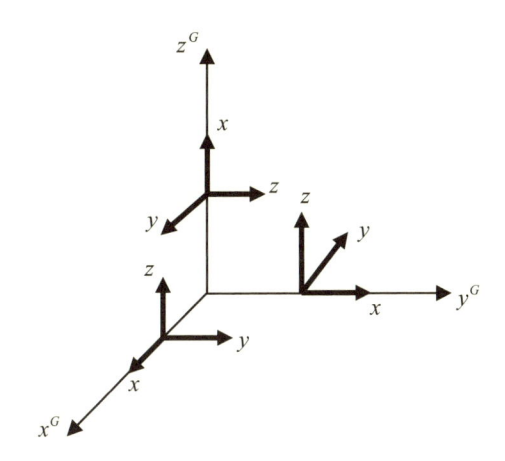

図 2.11 要素の座標系と全体座標系の関係

(2.64)式を(2.61)式に代入すると，

$$\mathbf{k}^e \mathbf{T}_d \mathbf{d}^{Ge} = \mathbf{f}^e \tag{2.68}$$

外力ベクトルについても同様の座標変換を行う必要がありますから，次式

$$\mathbf{f}^e = \mathbf{T}_d \mathbf{f}^{Ge} \tag{2.69}$$

を(2.68)式に代入すると，

$$\mathbf{k}^e \mathbf{T}_d \mathbf{d}^{Ge} = \mathbf{T}_d \mathbf{f}^{Ge} \tag{2.70}$$

ここで，$\mathbf{T}_d^{-1} = \mathbf{T}_d^T$ になることを考慮して，(2.70)式の両辺左から $\mathbf{T}_d^T$ を掛けると次式が得られます．

$$\mathbf{k}^{Ge} \mathbf{d}^{Ge} = \mathbf{f}^{Ge} \tag{2.71}$$

ここに，

$$\mathbf{k}^{Ge} = \mathbf{T}_d^T \mathbf{k}^e \mathbf{T}_d \tag{2.72}$$

2.5.3 全体剛性方程式と解法

(2.71)式を，節点変位の連続性と節点力の釣合を考慮して重ね合わせると，次式の全体剛性方程式が得られます．

$$\mathbf{k}^G \mathbf{d}^G = \mathbf{f}^G \tag{2.73}$$

上式を境界条件を考慮して解くと，すべての節点変位が求められます．

(2.73)式を解くには，まず，節点変位が既知のものと未知のもの，および外力が未知のものと既知のものが分離するように剛性マトリクスの成分を入れ換えます．すなわち，

$$\begin{bmatrix} \mathbf{k}^G_{AA} & \mathbf{k}^G_{AB} \\ \mathbf{k}^G_{BA} & \mathbf{k}^G_{BB} \end{bmatrix} \begin{Bmatrix} \overline{\mathbf{d}}^G_A \\ \mathbf{d}^G_B \end{Bmatrix} = \begin{Bmatrix} \mathbf{f}^G_A \\ \overline{\mathbf{f}}^G_B \end{Bmatrix} \tag{2.74}$$

ここで，上付バーは，既知量であることを表します．

(2.74)式は，次の2つのステップで解くことができます．まず，第1ステップでは，次式の連立方程式を解きます．

$$\mathbf{k}^G_{BB} \mathbf{d}^G_B = \overline{\mathbf{f}}^G_B - \mathbf{k}^G_{BA} \overline{\mathbf{d}}^G_A \tag{2.75}$$

第2ステップでは，(2.75)式で求められた$\mathbf{d}^G_B$を用いて，次式により反力を求めます．

$$\mathbf{f}^G_A = \mathbf{k}^G_{AA} \overline{\mathbf{d}}^G_A + \mathbf{k}^G_{AB} \mathbf{d}^G_B \tag{2.76}$$

2.5.4 断面力の計算

(2.75)式により，(2.73)式の$\mathbf{d}^G$が求められるため，これから(2.64)式を利用すれば，各要素の節点変位が求まります．また，要素内部の軸方向応力は，(2.15), (2.16)式より，次式によって計算されます．

$$\sigma_x = E\left(\mathbf{N}'_L \mathbf{u}^e - y\mathbf{N}''_E \mathbf{v}^e - z\mathbf{N}''_E \mathbf{w}^e\right) \tag{2.77}$$

これから，要素内部の断面力は，次式から計算できます．

$$P_x = \iint_S \sigma_x n_x \, dS, \quad M_z = -\iint_S y\sigma_x n_x \, dS, \quad M_y = \iint_S z\sigma_x n_x \, dS \tag{2.78}$$

ここに，n_xは，要素座標系の法線ベクトルのx方向成分です．ただし，せん断力は，(2.36)式を用いて計算します．

(2.78)式に，(2.77)式を代入し，せん断力に対して(2.36)式を適用すると，

$$P_x = EAn_x \mathbf{N}'_L \mathbf{u}^e, \quad M_z = EI_z n_x \mathbf{N}''_E \mathbf{v}^e, \quad M_y = -EI_y n_x \mathbf{N}''_E \mathbf{w}^e$$
$$Q_y = -EI_z n_x \mathbf{N}'''_E \mathbf{v}^e, \quad Q_z = -EI_y n_x \mathbf{N}'''_E \mathbf{w}^e \tag{2.79}$$

ただし,

$$\mathbf{N}'''_E = \frac{d^3 \mathbf{N}_E}{dx^3} = \frac{1}{l^3} \begin{bmatrix} 12 & 6l & -12 & 6l \end{bmatrix} \tag{2.80}$$

(2.79)式より,要素の i 端($x=0$, $n_x=-1$)と j 端($x=l$, $n_x=1$)の断面力を求めると次のようになります.

$$P_{xi} = \frac{EA}{l}(u_i - u_j), \quad P_{xj} = -P_{xi}$$
$$Q_{yi} = \frac{EI_z}{l^3}(12v_i + 6l\theta_{zi} - 12v_j + 6l\theta_{zj}), \quad Q_{yj} = -Q_{yi}$$
$$M_{zi} = \frac{EI_z}{l^3}(6lv_i + 4l^2\theta_{zi} - 6lv_j + 2l^2\theta_{zj})$$
$$M_{zj} = \frac{EI_z}{l^3}(6lv_i + 2l^2\theta_{zi} - 6lv_j + 4l^2\theta_{zj}) \tag{2.81}$$
$$Q_{zi} = \frac{EI_y}{l^3}(12w_i - 6l\theta_{yi} - 12w_j - 6l\theta_{yj}), \quad Q_{zj} = -Q_{zi}$$
$$M_{yi} = \frac{EI_y}{l^3}(-6lw_i + 4l^2\theta_{yi} + 6lw_j + 2l^2\theta_{yj})$$
$$M_{yj} = \frac{EI_y}{l^3}(-6lw_i + 2l^2\theta_{yi} + 6lw_j + 4l^2\theta_{yj})$$

ただし,$\theta_{zi} = v'_i$, $\theta_{yi} = -w'_i$, $\theta_{zj} = v'_j$, $\theta_{yj} = -w'_j$. (2.81)式は,(2.61)式と同じ式となっていることがわかると思います.したがって,ねじりモーメントが,次式から求まることは容易に類推できます.

$$M_{xi} = \frac{GA}{l}(\theta_{xi} - \theta_{xj}), \quad M_{xj} = -M_{xi} \tag{2.82}$$

興味ある読者は,(2.82)式の導出を試みて下さい.ヒントは,ねじりモーメントは次式で定義されることです.

$$M_x = \iint_{S_\sigma} (y\tau_{zx} - z\tau_{xy}) n_x dS \tag{2.83}$$

2.5.5 分布荷重が作用する場合

以上の定式化では，簡単のため，外力は，節点のみに作用するものとし，要素内に分布荷重が作用しないものとしていました．したがって，以下に，分布荷重が作用する場合の定式化について示します．

要素に分布荷重が作用する場合，(2.24)式の外力のなす仮想仕事量は，次のようになります．ただし，ここでは，モーメントに関する分布荷重はないものとします．

$$\delta W = \left[P_x \cdot \delta u_0 + Q_y \cdot \delta v_0 + Q_z \cdot \delta w_0 + M_z \cdot \delta v'_0 - M_y \cdot \delta w'_0 + M_x \cdot \delta \theta_x \right]_0^l \\ + \int_0^l \left(\bar{t}_x \delta u_0 + \bar{t}_y \delta v_0 + \bar{t}_z \delta w_0 \right) dx \quad (2.84)$$

ここに，$\bar{t}_x, \bar{t}_y, \bar{t}_z$ は，x, y, z 軸方向の分布荷重を表します．

(2.84)式の分布荷重の仮想仕事量に，(2.53)式を代入すると，次のようになります．

$$\int_0^l \left(\bar{t}_x \delta u_0 + \bar{t}_y \delta v_0 + \bar{t}_z \delta w_0 \right) dx = \delta \mathbf{u}^{eT} \int_0^l \mathbf{N}_L^T \bar{t}_x \, dx + \delta \mathbf{v}^{eT} \int_0^l \mathbf{N}_E^T \bar{t}_y \, dx + \delta \mathbf{w}^{eT} \int_0^l \mathbf{N}_E^T \bar{t}_z \, dx \quad (2.85)$$

ここで，図 2.12 に示すように，$\bar{t}_y$ は，要素内で線形に変化するものとし，両端の分布荷重値を w_{yi}, w_{yj} とします．また，$\bar{t}_x, \bar{t}_z$ についても同様に要素内で線形に変化するものとして，両端の分布荷重値を $w_{xi}, w_{xj}, w_{zi}, w_{zj}$ とします．

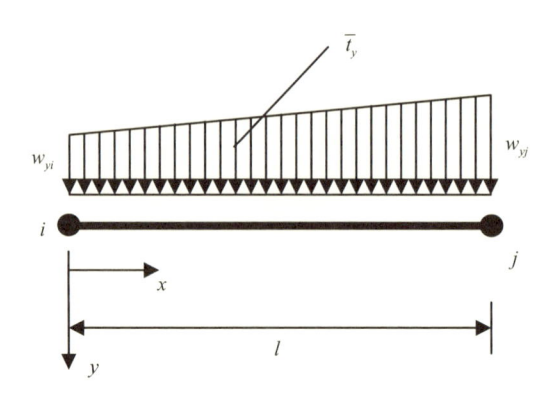

図 2.12 要素内に作用する y 方向分布荷重

このとき，$\overline{t}_x, \overline{t}_y, \overline{t}_z$ は，x の関数として，次のように表すことができます．

$$\overline{t}_x = \left(1 - \frac{x}{l}\right) w_{xi} + \frac{x}{l} w_{xj} = \mathbf{N}_L \begin{Bmatrix} w_{xi} \\ w_{xj} \end{Bmatrix} = \mathbf{N}_L \mathbf{w}_x$$

$$\overline{t}_y = \left(1 - \frac{x}{l}\right) w_{yi} + \frac{x}{l} w_{yj} = \mathbf{N}_L \begin{Bmatrix} w_{yi} \\ w_{yj} \end{Bmatrix} = \mathbf{N}_L \mathbf{w}_y \tag{2.86}$$

$$\overline{t}_z = \left(1 - \frac{x}{l}\right) w_{zi} + \frac{x}{l} w_{zj} = \mathbf{N}_L \begin{Bmatrix} w_{zi} \\ w_{zj} \end{Bmatrix} = \mathbf{N}_L \mathbf{w}_z$$

(2.86)式を(2.85)式に代入すると，

$$\delta \mathbf{u}^{eT} \int_0^l \mathbf{N}_L{}^T \overline{t}_x \, dx + \delta \mathbf{v}^{eT} \int_0^l \mathbf{N}_E{}^T \overline{t}_y \, dx + \delta \mathbf{w}^{eT} \int_0^l \mathbf{N}_E{}^T \overline{t}_z \, dx$$

$$= \delta \mathbf{u}^{eT} \int_0^l \mathbf{N}_L{}^T \mathbf{N}_L \, dx \, \mathbf{w}_x + \delta \mathbf{v}^{eT} \int_0^l \mathbf{N}_E{}^T \mathbf{N}_L \, dx \, \mathbf{w}_y + \delta \mathbf{w}^{eT} \int_0^l \mathbf{N}_E{}^T \mathbf{N}_L \, dx \, \mathbf{w}_z \tag{2.87}$$

$$= \delta \mathbf{u}^{eT} \begin{Bmatrix} \dfrac{l}{6}(2w_{xi} + w_{xj}) \\ \dfrac{l}{6}(w_{xi} + 2w_{xj}) \end{Bmatrix} + \delta \mathbf{v}^{eT} \begin{Bmatrix} \dfrac{l}{20}(7w_{yi} + 3w_{yj}) \\ \dfrac{l^2}{60}(3w_{yi} + 2w_{yj}) \\ \dfrac{l}{20}(3w_{yi} + 7w_{yj}) \\ -\dfrac{l^2}{60}(2w_{yi} + 3w_{yj}) \end{Bmatrix} + \delta \mathbf{w}^{eT} \begin{Bmatrix} \dfrac{l}{20}(7w_{zi} + 3w_{zj}) \\ \dfrac{l^2}{60}(3w_{zi} + 2w_{zj}) \\ \dfrac{l}{20}(3w_{zi} + 7w_{zj}) \\ -\dfrac{l^2}{60}(2w_{zi} + 3w_{zj}) \end{Bmatrix}$$

(2.87)式を(2.56)式に加えると，(2.61)式の $\mathbf{f}^e$ は次のようになります．

$$\mathbf{f}^e = \begin{Bmatrix} P_{xi} \\ Q_{yi} \\ Q_{zi} \\ M_{xi} \\ M_{yi} \\ M_{zi} \\ P_{xj} \\ Q_{xj} \\ Q_{zj} \\ M_{xj} \\ M_{yj} \\ M_{zj} \end{Bmatrix} + \begin{Bmatrix} (l/6)(2w_{xi} + w_{xj}) \\ (l/20)(7w_{yi} + 3w_{yj}) \\ (l/20)(7w_{zi} + 3w_{zj}) \\ 0 \\ (-l^2/60)(3w_{zi} + 2w_{zj}) \\ (l^2/60)(3w_{yi} + 2w_{yj}) \\ (l/6)(w_{xi} + 2w_{xj}) \\ (l/20)(3w_{yi} + 7w_{yj}) \\ (l/20)(3w_{zi} + 7w_{zj}) \\ 0 \\ (l^2/60)(2w_{zi} + 3w_{zj}) \\ (-l^2/60)(2w_{yi} + 3w_{yj}) \end{Bmatrix} \tag{2.88}$$

したがって，分布荷重が作用する場合は，分布荷重が作用する各要素について，(2.88)式の $\mathbf{f}^e$ を計算し，全体の外力ベクトル $\mathbf{f}^G$ に重ね合わせを行えばよいことになります．

なお，要素に分布荷重が作用する場合，(2.81)式で求められる要素端部の断面力は，(2.88)式の分布荷重による節点力（右辺第 2 項）が加わった形で釣合っています．しかし，分布荷重の場合，実際に節点に集中荷重があるわけではないので，この節点力を断面力から除かなければ，正しい断面力とはなりません．したがって，分布荷重が加わる場合，(2.81)式で得られる断面力値から，(2.88)式の第 2 項を引く必要があります．すなわち，断面力は次式から計算されます．

$$\begin{Bmatrix} P^b_{xi} \\ Q^b_{yi} \\ Q^b_{zi} \\ M^b_{xi} \\ M^b_{yi} \\ M^b_{zi} \\ P^b_{xj} \\ Q^b_{yj} \\ Q^b_{zj} \\ M^b_{xj} \\ M^b_{yj} \\ M^b_{zj} \end{Bmatrix} = \begin{Bmatrix} P_{xi} \\ Q_{yi} \\ Q_{zi} \\ M_{xi} \\ M_{yi} \\ M_{zi} \\ P_{xj} \\ Q_{yj} \\ Q_{zj} \\ M_{xj} \\ M_{yj} \\ M_{zj} \end{Bmatrix} - \begin{Bmatrix} (l/6)(2w_{xi} + w_{xj}) \\ (l/20)(7w_{yi} + 3w_{yj}) \\ (l/20)(7w_{zi} + 3w_{zj}) \\ 0 \\ (-l^2/60)(3w_{zi} + 2w_{zj}) \\ (l^2/60)(3w_{yi} + 2w_{yj}) \\ (l/6)(w_{xi} + 2w_{xj}) \\ (l/20)(3w_{yi} + 7w_{yj}) \\ (l/20)(3w_{zi} + 7w_{zj}) \\ 0 \\ (l^2/60)(2w_{zi} + 3w_{zj}) \\ (-l^2/60)(2w_{yi} + 3w_{yj}) \end{Bmatrix} \quad (2.89)$$

なお，(2.89)式は，第 1 章のたわみ角法で，断面力に固定端モーメントが加わる式（たわみ角法基本式）に相当しています．

2.6 まとめ

第 2 章では，3 次元弾性論の縮退（1 次元化）として，梁理論を整理し，縮退の過程における梁理論の近似についてまとめました．また，有限要素法（変位法）による定式化を示し，3 次元問題の定式化と同様に，梁理論の方程式が導けることを示しました．

次章以降では，以上の理論にもとづくプログラミングについて解説します．

3章　立体骨組解析プログラム

3.1　はじめに

　3章では，立体（3次元）骨組解析プログラムをExcel VBAを用いて作成します．本章のプログラミングを学ぶことで，2章の理論もより明解に理解できるものと思います．
　まず，本章3.2節では，骨組解析に必要なデータ入力シートを作成するためのユーザーフォームを作成します．3.3節以降では，マトリクス法（有限要素法）による立体骨組解析のプログラミングについて説明します．
　立体骨組の解析では，前著[1]に示した平面骨組に比較して，マトリクスのサイズが大きくなります．したがって，本書では，連立方程式の解法として，スカイライン法を用います．また，前著の平面骨組では，荷重の代わりに強制変位が与えられる問題は扱いませんでしたが，本書では，このような問題も扱えるようにします．

3.2　データ入力設定フォーム

　まず，マトリクス法による骨組解析で必要なデータを以下に列挙します．
　　1.　節点の座標値
　　2.　節点の境界条件（外力規定－0，変位規定－1）

3. 外力値（または強制変位値）
4. 要素両端の節点番号
5. 要素の材料定数と断面定数
6. 要素に加わる分布荷重値

　まず，Excel VBA のユーザーフォームを用いて，以上のようなデータを入力するためのデータ入力シートを作成するプログラムを作ってみましょう．なお，Excel VBA の知識が不十分な読者は，前著の 1 章，または，Excel VBA の入門書を読んで頂ければと思います．

　まず，Excel を起動し，Excel のメニューバーの［ツール］-［マクロ］-［セキュリティ］を選択し，セキュリティレベルを"中"に変更して下さい（通常は"高"に設定されています）．次に，メニューバーの［ツール］-［マクロ］-［Visual Basic Editor］を選択し，Visual Basic のエディターを表示させて下さい．

　以上の準備を行った後，まず，Excel のシート上に，データ入力を行うためのラベル（項目名）を表示するユーザーフォームを作成します．まず，図 3.1 に示すように，Visual Basic エディターのメニューバーの［挿入］-［ユーザーフォーム］を選択し，新しいユーザーフォームを挿入します．

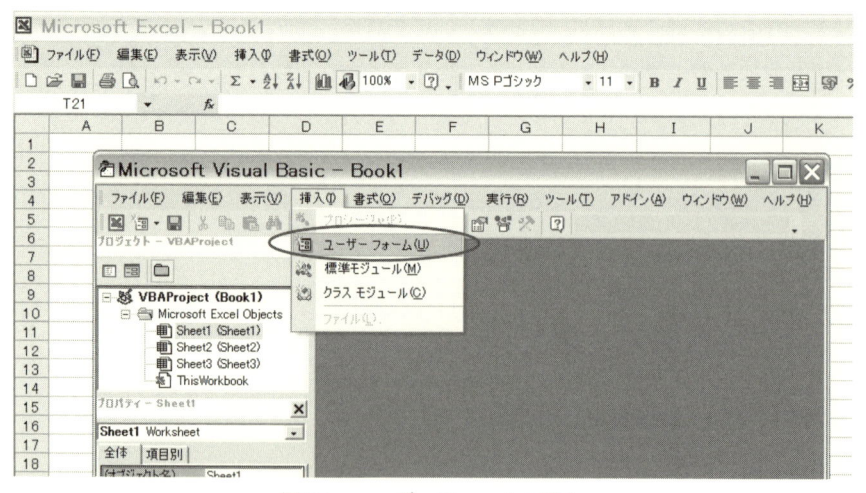

図 3.1　ユーザーフォームの挿入

次に，ユーザーフォームのツールボックスのコントロールタグから，テキストボックスボタンを選択し，ユーザーフォーム上にテキストボックスを4つ作ります．次に，コマンドボタンを選択し，ユーザーフォーム上にコマンドボタンを3つ作ります．そして，CommandButton1 のプロパティの Caption を"OK"，CommandButton2 の Caption を"終了"，CommandButton3 の Caption を"データ削除"に書き換えます．次に，コントロールタグから，オプションボタンを選択し，ユーザーフォーム上にオプションボタンを2つ作り，OptionButton1 のプロパティの Caption を"骨組（曲げ変形）"，OptionButton2 の Caption を"トラス"に書き換えます．次に，ラベルを選択し，4つのテキストボックスの横に，ラベルを貼り付け，それぞれの Caption を"節点数="，"要素数="，"材料数="，"要素特性数="にします．最後に，UserForm1 の Caption を"データ入力設定"とします．

以上の作業により，図 3.2 に示すようなユーザーフォームができます．

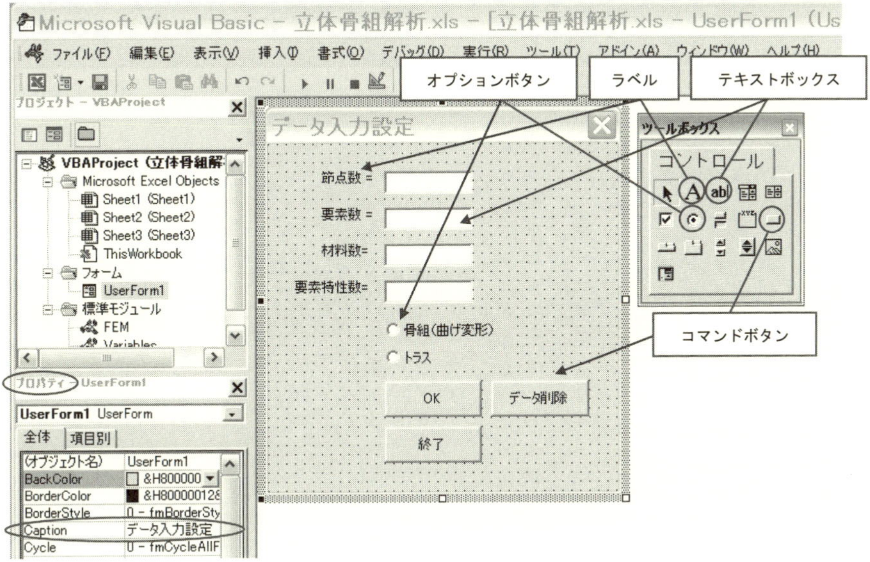

図 3.2　ユーザーフォームの作成

図3.2で,"骨組(曲げ変形)"と"トラス"のオプションがあるのは,部材と部材が剛に接合される骨組と,ピン接合となるトラスでは,データのデフォルト値(初期に与える標準値)が異なるからです.すなわち,トラス問題では,部材の両端がピン接のため,部材には曲げモーメントが生じません.このため,トラス問題では,部材(要素)の断面2次モーメントを0にし,回転に関する自由度をすべて拘束します.

次に,各コマンドボタンがマウスでクリックされた時に実行されるプログラムを書きます.まず,[OK]ボタンがクリックされたときのプログラムを図3.3に示します.ユーザーフォームの[OK]ボタンをダブルクリックし,そこに表示されるサブルーチン内に,図3.3に示すプログラムを書いてみて下さい.

図3.3のプログラムにおいて,nodは節点数,nelは要素数,nmtは材料数,nprは要素特性数を表します.なお,材料数と要素特性数は,要素の材料定数(ヤング係数,せん断弾性係数)と断面定数(断面積,断面2次モーメント,サンブナンねじり定数)の種別数を表します.これは,立体骨組では,要素数が多くなるため,データ入力を効率よく行うための工夫です.

プログラムでは,まず,節点数,要素数,材料数,特性数(要素特性数)をExcelシートのセル上に出力しています.

次に,材料定数の入力を行うための項目(ラベル)と,各データのデフォルト値をセル上に出力しています."材料番号"は,材料番号が出力される列の項目,"E"はヤング係数,"G"はせん断弾性係数が入力される列の項目です.また,ヤング係数のデフォルト値は20600 (kN/cm^2),せん断弾性係数のデフォルト値は7923 (kN/cm^2) に設定しています.

次に,断面定数(要素特性)の入力を行うための項目とデータのデフォルト値を出力しています."特性番号"は,要素特性番号が出力される項目で,"A","Iy","Iz","K"は,断面積,y,z軸まわりの断面2次モーメント,サンブナンねじり定数が入力される列の項目です.断面積のデフォルト値は100 (cm^2),y,z軸まわりの断面2次モーメントのデフォルト値は833 (cm^4),サンブナンねじり定数のデフォルト値は1666 (cm^4) に設定しています.ただし,オプションボタンでトラスが選択された場合は,断面2次モーメントとサンブナンねじり定数のデフォルト値は0になります.

```
Private Sub CommandButton1_Click()

nod = TextBox1.Value
nel = TextBox2.Value
nmt = TextBox3.Value
npr = TextBox4.Value

Cells(1, 1) = "入力データ"

n0 = 3

Cells(n0, 1) = "節点数="
Cells(n0, 2) = nod
Cells(n0 + 1, 1) = "要素数="
Cells(n0 + 1, 2) = nel
Cells(n0, 3) = "材料数="
Cells(n0, 4) = nmt
Cells(n0 + 1, 3) = "特性数="
Cells(n0 + 1, 4) = npr

n1 = n0 + 3

Cells(n1, 1) = "材料番号"
Cells(n1, 2) = "E"
Cells(n1, 3) = "G"

For i = 1 To nmt
 Cells(n1 + i, 1) = i
 Cells(n1 + i, 2) = 20600#
 Cells(n1 + i, 3) = 7923#
Next i

n2 = n1 + nmt + 2

Cells(n2, 1) = "特性番号"
Cells(n2, 2) = "A"
Cells(n2, 3) = "Iy"
Cells(n2, 4) = "Iz"
Cells(n2, 5) = "K"

For i = 1 To npr
 Cells(n2 + i, 1) = i
 Cells(n2 + i, 2) = 100#
 Cells(n2 + i, 3) = 833#
 Cells(n2 + i, 4) = 833#
 Cells(n2 + i, 5) = 1666#
 If OptionButton2.Value = True Then
  Cells(n2 + i, 3) = 0#
  Cells(n2 + i, 4) = 0#
  Cells(n2 + i, 5) = 0#
 End If
Next i

n3 = n2 + npr + 2

Cells(n3, 1) = "節点番号"
Cells(n3, 2) = "x 座標"
Cells(n3, 3) = "y 座標"
Cells(n3, 4) = "z 座標"
Cells(n3, 5) = "x 変位"
Cells(n3, 6) = "y 変位"
Cells(n3, 7) = "z 変位"
Cells(n3, 8) = "x 軸回転"
Cells(n3, 9) = "y 軸回転"
Cells(n3, 10) = "z 軸回転"
Cells(n3, 11) = "Fx(u)値"
Cells(n3, 12) = "Fy(v)値"
Cells(n3, 13) = "Fz(w)値"
Cells(n3, 14) = "Mx(θx)値"
Cells(n3, 15) = "My(θy)値"
Cells(n3, 16) = "Mz(θz)値"

For i = 1 To nod
 Cells(n3 + i, 1) = i
 For j = 5 To 10
  Cells(n3 + i, j) = 0
 Next j
 For j = 11 To 16
  Cells(n3 + i, j) = 0#
 Next j
Next i

If OptionButton2.Value = True Then
 For i = 1 To nod
  For j = 1 To 3
   Cells(n3 + i, 7 + j) = 1
  Next j
 Next i
End If

n4 = n3 + nod + 2

Cells(n4, 1) = "要素番号"
Cells(n4, 2) = "節点 1"
Cells(n4, 3) = "節点 2"
Cells(n4, 4) = "材料番号"
Cells(n4, 5) = "特性番号"
Cells(n4, 6) = "wxi"
Cells(n4, 7) = "wxj"
Cells(n4, 8) = "wyi"
Cells(n4, 9) = "wyj"
Cells(n4, 10) = "wzi"
Cells(n4, 11) = "wzj"

For i = 1 To nel
 Cells(n4 + i, 1) = i
 Cells(n4 + i, 4) = 1
 Cells(n4 + i, 5) = 1
 For j = 6 To 11
  Cells(n4 + i, j) = 0#
 Next j
Next i

CommandButton2.SetFocus

End Sub
```

図 3.3　データ入力シート作成プログラム

次に，節点に関するデータ入力を行うためのラベルとデフォルト値を出力しています．"節点番号"は，節点番号が出力される列の項目です．"x座標"，"y座標"，"z座標"は，節点の全体座標系の座標値を入力する列の項目です．"x変位"，"y変位"，"z変位"，"x軸回転"，"y軸回転"，"z軸回転"は，節点の境界条件を入力する項目です．"x変位"，"y変位"，"z変位"は全体座標系の節点変位u,v,wを，"x軸回転"，"y軸回転"，"z軸回転"は節点回転角$\theta_x,\theta_y,\theta_z$を表し，各セルにこれらの節点変位，節点回転角が規定されているか（与えられているか）どうかを入力します．この場合，変位または回転角が規定されていれば1，規定されていなければ0が入力されます．また，"Fx(u)値"，"Fy(v)値"，"Fz(w)値"，"Mx(θx)値"，"My(θy)値"，"Mz(θz)値"は，節点に加わるx,y,z方向荷重値（またはx,y,z方向強制変位値）と，x,y,z軸まわりのモーメント荷重値（またはx,y,z軸まわりの強制回転角値）を入力する項目です．これらの値が荷重になるか変位になるかは，節点の境界条件によって決まります．すなわち，変位規定(1)ならば変位値になり，その以外(0)ならば荷重値になります．また，変位規定(1)で変位値が0であれば，それは拘束条件となります．なお，モーメント荷重（回転角）の値は座標軸の正方向に右ねじに回転する方向を正として入力します．また，プログラムでは，節点の境界条件（0 or 1）および荷重値（変位値）は，デフォルト値を0としています．ただし，図3.2のユーザーフォームでトラスのオプションが選択された場合は，節点の回転角のデフォルト値をすべて1にしています．

次に，要素に関するデータ入力を行うためのラベルとデフォルト値を出力しています．"要素番号"は，要素番号が出力される列の項目です．"節点1"，"節点2"は要素両端の節点番号を入力する項目です．"材料番号"は，ヤング係数とせん断弾性係数の種別番号を入力する項目です．"特性番号"は，要素特性（断面積，y軸とz軸まわりの断面2次モーメント，サンブナンのねじり定数）の種別番号を入力する項目です．なお，材料番号と特性番号のデフォルト値は1としています．また，"wxi"，"wxj"，"wyi"，"wyj"，"wzi"，"wzj"は，要素に加わる分布荷重を入力する項目です．なお，分布荷重は要素内で直線的に変化するものとし，全体座標系で，要素両端のx,y,z方向の分布荷重値を入力します．なお，分布荷重値のデフォルト値は0としています．

最後に，図 3.2 の［終了］ボタンに，フォーカスが移るようにしています．これは，このフォームを一旦終了しないと，Excel のシート上でデータ入力が行えないためです（ただし，ユーザーフォームのプロパティの ShowModal を False にすれば，フォームを表示させたままシート上の入力が可能になります）．

次に，［**終了**］のコマンドボタンがクリックされた時に実行されるサブルーチンを図 3.4 に示します．

また，［**データ削除**］のコマンドボタンがクリックされた時に実行されるサブルーチンを図 3.5 に示します．ここでは，データを誤って削除することを防ぐために，メッセージボックスによって，削除するかどうかを確認した後に，データを削除するようにしています．

次に，ユーザーフォームが起動した時に，デフォルトで OptionButton1 がオンになるように設定しておきます．これを行うには，ユーザーフォームをダブルクリックし，右上の項目（初期状態では Click が表示されているところ）から Initialize を選択します．そして，図 3.6 に示すプログラムを書きます．

```
Private Sub CommandButton2_Click()
End
End Sub
```

図 3.4　ユーザーフォームを終了させるサブルーチン

```
Private Sub CommandButton3_Click()
sakujyo = MsgBox("削除しますか？", vbYesNo)
If sakujyo = vbYes Then
    Range("a:z").Delete
    TextBox1.SetFocus
End If

End Sub
```

図 3.5　データを削除するサブルーチン

```
Private Sub UserForm_Initialize()
OptionButton1.Value = True
End Sub
```

図 3.6　ユーザーフォームの起動とともに実行されるサブルーチン

ここで，図 3.7 に示す例題について，図 3.2 のユーザーフォームを実行してデータ入力を行ってみます．図に示す例題は，600cm×600cm×400cm の立体骨組で，節点数は 8，要素数は 8 で，図中に節点番号と要素番号が示されています．荷重は，節点 5 の x 方向に 10kN の力が加わっています．ヤング係数と断面定数はデフォルト値を用います．

図 3.2 のユーザーフォームを実行して，節点数に 8，要素数に 8，材料数 1，要素特性数 1 を入力して，［OK］ボタンをクリックすると，Excel のシート上に，図 3.8 に示すような項目およびデータのデフォルト値が表示されます．

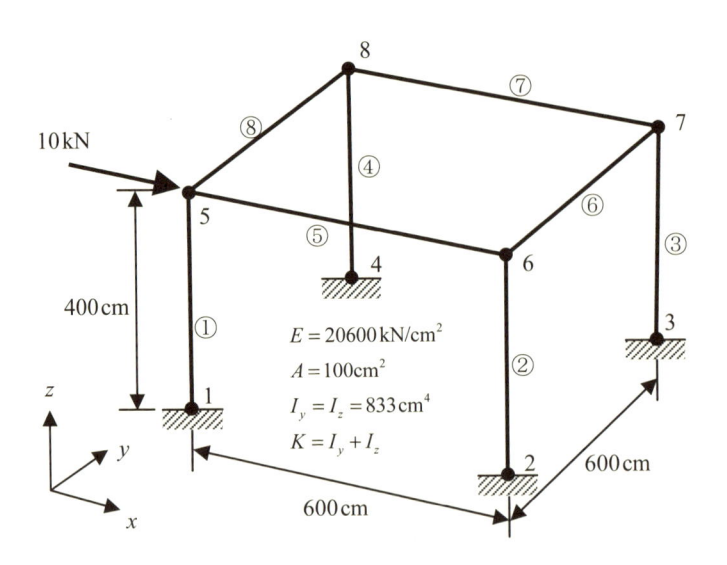

図 3.7 立体骨組の例題

$E = 20600\,\mathrm{kN/cm^2}$
$A = 100\,\mathrm{cm^2}$
$I_y = I_z = 833\,\mathrm{cm^4}$
$K = I_y + I_z$

図 3.8 データ入力前の Excel シート

次に，[**終了**] ボタンをクリックして，ユーザーフォームを終了し，Excel のシート上に，図 3.7 の例題に関して必要なデータを入力します．図 3.7 の例題では，

節点 1, 2, 3, 4 の変位・回転角が拘束（規定）されています．また，節点 5 の x 軸の正方向に 10 kN の荷重が作用しています．以上を考慮してデータ入力を行うと，図 3.9 のようになります．

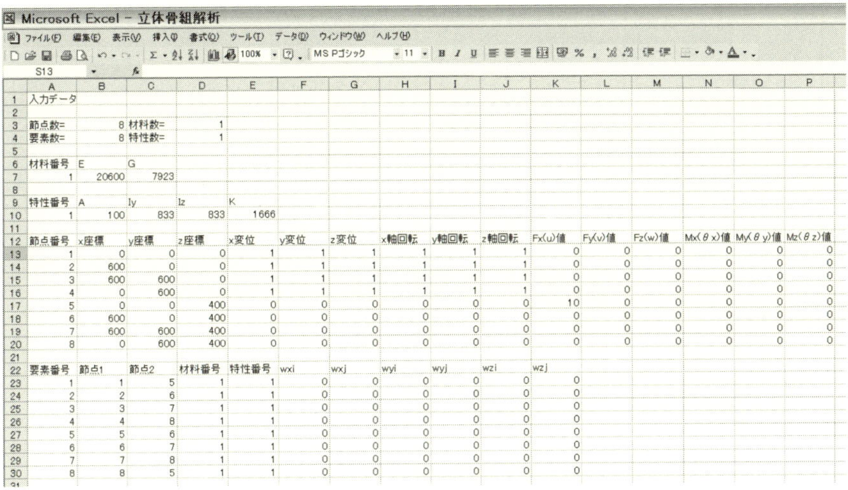

Microsoft Excel - 立体骨組解析

	A	B	C	D	E	F	G	H	I	J	K	L	M	N	O	P
1	入力データ															
2																
3	節点数=	8	材料数=	1												
4	要素数=	8	特性数=	1												
5																
6	材料番号	E	G													
7	1	20600	7923													
8																
9	特性番号	A	Iy	Iz	K											
10	1	100	833	833	1666											
11																
12	節点番号	x座標	y座標	z座標	x変位	y変位	z変位	x軸回転	y軸回転	z軸回転	Fx(u)値	Fy(v)値	Fz(w)値	Mx(θx)値	My(θy)値	Mz(θz)値
13	1	0	0	0	1	1	1	1	1	1	0	0	0	0	0	0
14	2	600	0	0	1	1	1	1	1	1	0	0	0	0	0	0
15	3	600	600	0	1	1	1	1	1	1	0	0	0	0	0	0
16	4	0	600	0	1	1	1	1	1	1	0	0	0	0	0	0
17	5	0	0	400	0	0	0	0	0	0	10	0	0	0	0	0
18	6	600	0	400	0	0	0	0	0	0	0	0	0	0	0	0
19	7	600	600	400	0	0	0	0	0	0	0	0	0	0	0	0
20	8	0	600	400	0	0	0	0	0	0	0	0	0	0	0	0
21																
22	要素番号	節点1	節点2	材料番号	特性番号	wxi	wxj	wyi	wyj	wzi	wzj					
23	1	1	5	1	1	0	0	0	0	0	0					
24	2	2	6	1	1	0	0	0	0	0	0					
25	3	3	7	1	1	0	0	0	0	0	0					
26	4	4	8	1	1	0	0	0	0	0	0					
27	5	5	6	1	1	0	0	0	0	0	0					
28	6	6	7	1	1	0	0	0	0	0	0					
29	7	7	8	1	1	0	0	0	0	0	0					
30	8	8	5	1	1	0	0	0	0	0	0					

図 3.9　データ入力後の Excel シート

3.3　データ入力

前節のユーザーフォームで，マトリクス法による立体骨組解析に必要なデータが Excel のシート上に入力されたので，これらのデータを利用して，マトリクス法のプログラムを作成していきます．

まず，マトリクス法のプログラムは，標準モジュールに書いていきます．このため，Visual Basic Editor のメニューバーの［挿入］－［標準モジュール］を選択します．すると，Module1 という標準モジュールが挿入されます．次に，Module1 のプロパティの中のオブジェクト名を“FEM”と書き換えます．

マトリクス法のプログラムでは，まず，図 3.9 のように作成されたデータを読み込んで，それぞれのデータをプログラムで使用する変数に置き換える必要があります．まず，このようなプログラムを図 3.10 に示します．

```
Sub データ入力()

  'nnd:1 要素の節点数
  'ndg:1 節点の自由度数
  nnd = 2
  ndg = 6

  '節点数，要素数，材料数，特性数の読み込み
  n0 = 3
  nod = Cells(n0, 2)
  nel = Cells(n0 + 1, 2)
  nmt = Cells(n0, 4)
  npr = Cells(n0 + 1, 4)

  '材料定数の読み込み
  n1 = n0 + 3
  For i = 1 To nmt
    eyg(i) = Cells(n1 + i, 2)
    gsh(i) = Cells(n1 + i, 3)
  Next i

  '断面定数の読み込み
  n2 = n1 + nmt + 2
  For i = 1 To npr
    are(i) = Cells(n2 + i, 2)
    siy(i) = Cells(n2 + i, 3)
    siz(i) = Cells(n2 + i, 4)
    sk(i) = Cells(n2 + i, 5)
  Next i

  '節点座標の読み込み
  n3 = n2 + npr + 2
  For i = 1 To nod
    xd(i) = Cells(n3 + i, 2)
    yd(i) = Cells(n3 + i, 3)
    zd(i) = Cells(n3 + i, 4)
  Next i

  '要素の両端節点番号の読み込み
  n4 = n3 + nod + 2
  For i = 1 To nel
    indv(i, 1) = Cells(n4 + i, 2)
    indv(i, 2) = Cells(n4 + i, 3)
  Next i

  '材料番号，特性番号の読み込み
  For i = 1 To nel
    imt(i) = Cells(n4 + i, 4)
    ipr(i) = Cells(n4 + i, 5)
  Next i

End Sub
```

図3.10 データ入力プログラム

図3.10の"データ入力"サブルーチンでは，まず，1つの要素の節点数と1つの節点の自由度数をnnd, ndgとして定義しています．

n0, n1, n2, n3, n4は，Excelのシート上の行番号を定義している変数です．nodは節点数，nelは要素数，nmtは材料数，nprは特性数を表す変数です．eyg(i), gsh(i)は，i番目材料のヤング係数とせん断弾性係数，are(i), siy(i), siz(i), sk(i)は，i番目特性の断面積，y,z軸まわりの断面2次モーメント，サンブナンのねじり定数を表す変数です．xd(i), yd(i), zd(i)はi番目節点の全体座標系の座標値を表す変数です．また，indv(i,1), indv(i,2)は，i番目要素の両端の節点番号を表す変数で，"個々の"要素という意味でindividualの略を用いています．また，imt(i), ipr(i)は，i番目要素の材料番号と特性番号を表す変数で，mtはmaterial，prはpropertyの略を用いています．

なお，このサブルーチン内では，ベクトルおよび行列のディメンジョンが宣言

されていません.これらのディメンジョンは,他のサブルーチンでも使用しますから,すべてのサブルーチンで共通に利用できる変数として Global 宣言文で宣言します.ここでは,Global 宣言文は,別の標準モジュールに書きます.まず,メニューバーの[挿入]-[標準モジュール]を選択し,新しい標準モジュールを挿入します.そして,挿入された Module2 のオブジェクト名を Variables に変更します.次に,このモジュールに,図 3.11 に示すプログラムを書きます.

　ここでは,最大節点数および最大要素数を 10000,最大材料数および最大特性数を 50 として,ディメンジョンを宣言しています.したがって,さらに規模の大きな問題を解く場合は,ここの設定を変更する必要があります.なお,ここでは,nnd, ndg, nod, nel, nmt, npr などの変数も他のサブルーチンで利用するため,共通変数として宣言しています.

```
'どのサブルーチンでも使える変数の宣言

'最大節点数 10000, 最大要素数 10000
'最大材料数　　50, 最大特性数　　50

'マトリクス法データ
Global nnd, ndg
Global nod, nel, nmt, npr
Global eyg(50), gsh(50)
Global are(50), siy(50), siz(50), sk(50)
Global xd(10000), yd(10000), zd(10000)
Global indv(10000, 2), imt(10000), ipr(10000)

'入力データ関連
Global n0, n1, n2, n3, n4
```

図 3.11　全サブルーチンで共通の変数の宣言

3.4　要素剛性マトリクス

3.4.1　局所座標系における要素剛性マトリクス

　次に,(2.62)式に示す要素剛性マトリクスを作成するプログラムを書きます.要素剛性マトリクスを作成するためには,ヤング係数,断面積,断面 2 次モーメント,サンブナンねじり定数,要素長さが必要です.前節のデータ入力サブルーチンで,必要な変数にデータが入力されるので,これらを用いて要素剛性マトリクスを作ります.

まず，要素長さは，要素両端の節点座標から次式を用いて計算します．

$$l = \sqrt{(x_j - x_i)^2 + (y_j - y_i)^2 + (z_j - z_i)^2} \tag{3.1}$$

ただし，i, j は要素両端の節点番号を表します．また，要素両端の節点番号は，indv を用いて取得することができます．

図 3.12 が要素剛性マトリクスを作るサブルーチンです．

```
Sub 要素剛性マトリクス(ne)

Dim ke(12, 12), tke(12, 12), t(3, 3)

'材料番号と特性番号
kmt = imt(ne)
kpr = ipr(ne)

'要素長さの計算
xi = xd(indv(ne, 1))
yi = yd(indv(ne, 1))
zi = zd(indv(ne, 1))
xj = xd(indv(ne, 2))
yj = yd(indv(ne, 2))
zj = zd(indv(ne, 2))
L = Sqr((xj - xi) ^ 2 + (yj - yi) ^ 2 + (zj - zi) ^ 2) '要素長

'[ke]のゼロクリアー
nem = nnd * ndg   'マトリクスのサイズ
For i = 1 To nem
  For j = 1 To nem
    ke(i, j) = 0#
  Next j
Next i

'要素剛性マトリックス[ke]
'軸方向
cu = eyg(kmt) * are(kpr) / L
ke(1, 1) = cu
ke(7, 7) = cu
ke(7, 1) = -cu
ke(1, 7) = -cu

'z 軸まわりの曲げ
cz = eyg(kmt) * siz(kpr) / L ^ 3
ke(2, 2) = 12# * cz
ke(8, 8) = ke(2, 2)
ke(8, 2) = -ke(2, 2)
ke(2, 8) = -ke(2, 2)

ke(6, 2) = 6# * L * cz
ke(2, 6) = ke(6, 2)

ke(8, 6) = -ke(6, 2)
ke(6, 8) = -ke(6, 2)
ke(12, 2) = ke(6, 2)
ke(2, 12) = ke(6, 2)
ke(12, 8) = -ke(6, 2)
ke(8, 12) = -ke(6, 2)

ke(6, 6) = 4# * L ^ 2 * cz
ke(12, 12) = ke(6, 6)

ke(12, 6) = 2# * L ^ 2 * cz
ke(6, 12) = ke(12, 6)

'y 軸まわりの曲げ
cy = eyg(kmt) * siy(kpr) / L ^ 3
ke(3, 3) = 12# * cy
ke(9, 9) = ke(3, 3)
ke(9, 3) = -ke(3, 3)
ke(3, 9) = -ke(3, 3)

ke(5, 3) = -6# * L * cy
ke(3, 5) = ke(5, 3)
ke(9, 5) = -ke(5, 3)
ke(5, 9) = -ke(5, 3)
ke(11, 3) = ke(5, 3)
ke(3, 11) = ke(5, 3)
ke(11, 9) = -ke(5, 3)
ke(9, 11) = -ke(5, 3)

ke(5, 5) = 4# * L ^ 2 * cy
ke(11, 11) = ke(5, 5)

ke(11, 5) = 2# * L ^ 2 * cy
ke(5, 11) = ke(11, 5)

'x 軸まわりのねじり
cx = gsh(kmt) * sk(kpr) / L
ke(4, 4) = cx
ke(10, 10) = cx
ke(10, 4) = -cx
ke(4, 10) = -cx

(つづく)
```

図 3.12　要素剛性マトリクス作成プログラム

63

　図 3.12 のプログラムを見ると，サブルーチン名の後の()の中に，変数 ne があります．この ne は，要素番号を表す変数です．サブルーチン名の後の()の中の変数は，このサブルーチンを呼んで実行する側のサブルーチンから変数の値が引き渡されるため，これを引数と呼びます．この引数がどのように役立つかは，後の重ね合わせのプログラムを作る時により明解になると思います．ここでは，要素の番号が，外から（サブルーチンを呼ぶ側から）与えられると理解しておいて下さい．

　次に，要素番号から ne 番目要素の材料番号と特性番号を kmt, kpr に代入しています．次に，要素長さを計算しています．xi, yi, xj, yj, zi, zj は，ne 番目の要素の両端の節点座標を表す変数です．これは，節点の全体座標値 xd, yd, zd と，要素両端の節点番号を表す indv を用いて与えることができます．L は，要素長さで，(3.1)式により計算されていることがわかります．

　次に，要素剛性マトリクスを ke とし，マトリクスの全成分に 0 を代入しています（ゼロクリアー）．このとき，要素剛性マトリクスのサイズ（1 要素の節点数×1 節点の自由度数）が nem という変数に代入されています．なお，この場合の自由度数（ndg）は，$u_i, v_i, w_i, \theta_{xi}, \theta_{yi}, \theta_{zi}$ の 6 となります（3 方向の並進変位と 3 軸まわりの回転角）．

　次に，(2.60)式の $\mathbf{k}_u^e$ の成分を計算し，(2.62)式の要素剛性マトリクスに代入しています．同様に，(2.60)式の $\mathbf{k}_v^e$，$\mathbf{k}_w^e$，$\mathbf{k}_\theta^e$ の成分を計算し，要素剛性マトリクスに代入しています．

　なお，図 3.12 のプログラムで，整数の後に付く#の記号は，実数であることを表すもので，Visual Basic Editor では，ピリオドを打つと自動的に#に変化します．

3.4.2　全体座標系における要素剛性マトリクス

　以上で，(2.62)式の要素剛性マトリクスができましたが，最終的には，全体座標系に座標変換を行った(2.72)式の要素剛性マトリクスを求める必要があります．そこで，次にこの座標変換を行います．（このため，図 3.12 のプログラムでは"つづく"と書かれています．）

　座標変換を行うためには，(2.65)式の座標変換マトリクス T を計算する必要があります．T の成分は(2.66)式で示されます．(2.66)式を計算するためには，コー

64　第3章　立体骨組解析プログラム

ドアングル θ_A が必要になりますが，一般に θ_A は 0 の場合が多いため，ここではコードアングルは 0 とします．

次に，(2.65)式の $\mathbf{T}$ と $\mathbf{T}_d$ を求め，(2.72)式の計算（マトリクスとマトリクスの掛け算）を行えば，全体座標系の要素剛性マトリクス $\mathbf{k}^{Ge}$ を求めることができます．ただし，$\mathbf{T}_d$ を用いて計算すると，0 を掛ける掛け算を沢山行うことになりますから，計算効率を考えて，プログラムでは $\mathbf{T}$ を直接用いて計算を行っています．

図 3.13 は，以上の計算のプログラムを示します．なお，このプログラムは，図 3.12 のプログラムの後に続けて書いています．

```
'座標変換マトリックス[T]の成分
lx = (xj - xi) / L
mx = (yj - yi) / L
nx = (zj - zi) / L
ram = Sqr(lx ^ 2 + mx ^ 2)

t(1, 1) = lx
t(1, 2) = mx
t(1, 3) = nx

If ram <> 0# Then
  t(2, 1) = -mx / ram
  t(2, 2) = lx / ram
  t(2, 3) = 0#
  t(3, 1) = -nx * lx / ram
  t(3, 2) = -mx * nx / ram
  t(3, 3) = ram
Else
  t(2, 1) = nx
  t(2, 2) = 0#
  t(2, 3) = 0#
  t(3, 1) = 0#
  t(3, 2) = 1#
  t(3, 3) = 0#
End If

'[T]t[ke]の計算
For ip = 1 To 4
ib = 3 * (ip - 1)
  For jp = 1 To 4
  jb = 3 * (jp - 1)
    For i = 1 To 3
      For j = 1 To 3
        s = 0#
        For k = 1 To 3
          s = s + t(k, i) * ke(ib + k, jb + j)
        Next k
        tke(ib + i, jb + j) = s
      Next j
    Next i
  Next jp
Next ip

'([T]t[ke])[T]の計算
For ip = 1 To 4
ib = 3 * (ip - 1)
  For jp = 1 To 4
  jb = 3 * (jp - 1)
    For i = 1 To 3
      For j = 1 To 3
        s = 0#
        For k = 1 To 3
          s = s + tke(ib + i, jb + k) * t(k, j)
        Next k
        kge(ib + i, jb + j) = s
      Next j
    Next i
  Next jp
Next ip

End Sub
```

図 3.13　要素剛性マトリクスの座標変換プログラム

図 3.13 のプログラムでは，(2.65)式の座標変換マトリクス $\mathbf{T}$ を変数 t（6×6 のマトリクス）とし，(2.66)式により，その成分を計算しています．なお，t のディ

メンションは，図 3.12 のプログラムの Dim 文（2 行目）で宣言されています．

次に，$\mathbf{T}_d^T\mathbf{k}^e$ のマトリクスとマトリクスの掛け算が行われ，この結果が tke に代入されます．そして，最後に，$(\mathbf{T}_d^T\mathbf{k}^e)\mathbf{T}_d$ のマトリクスとマトリクスの掛け算が行われ，この結果が kge に代入されます．ただし，ここでは，3×3 のブロックごとにマトリクスの掛け算を行っています．

最後の kge は，マトリクスの重ね合わせを行うサブルーチンに必要な変数なので，図 3.11 の共通変数の宣言文に，「Global kge(12, 12)」の一文を付加します．

以上で，要素剛性マトリクスを作成するプログラムは完成です．

3.5 全体剛性マトリクス

3.5.1 スカイライン高さの計算

次に，前節で作成した要素剛性マトリクスを，1 章に示したように，節点での変位の連続性を考慮して，全体剛性マトリクスに重ね合わせます．この重ね合わせの作業は，システム的に行えるため，プログラムに書くと容易です．

ただし，立体骨組解析では，節点数が多くなるため，(2.73)式の全体剛性マトリクス成分の記憶容量を節約し，また，連立方程式を効率よく解く必要があります．このような連立方程式の記憶容量と計算効率を改善する方法は，色々提案されていますが，ここでは，スカイライン法と呼ばれる方法を用います．

ここで用いるスカイライン法のプログラムは，文献 9)に示されているものです．したがって，スカイライン法による連立方程式の解き方については文献 9)を参照して下さい．ここでは，このプログラムをツールとして利用するために必要な事項について説明します．

まず，全体剛性マトリクスのスカイライン構造について説明するために，図 3.14 に示す簡単な例題を取り上げます．図 3.14 の例題で，各要素の剛性マトリクスの全成分を要素番号で表して，これを重ね合わせると，図 3.15 のようになります．成分が重なる部分は番号を並べて書いています．図からわかるように，剛性マトリクスには，0 の成分が多く含まれます．したがって，この 0 の成分をカットして計算すれば，記憶容量も節約できるし，掛け算の数が減るため，計算効率もよくなります．また，全体剛性マトリクスは対称マトリクス（$\mathbf{k}^G = \mathbf{k}^{GT}$）ですから，

上三角の成分のみで計算することが可能です．したがって，スカイライン法では，図に示すスカイライン（地平線）内の対角項を含む上三角部分（図のグレー部分）の成分のみを用いて計算を行います．

図3.14 剛性マトリクスのスカイライン構造を確かめるための例題

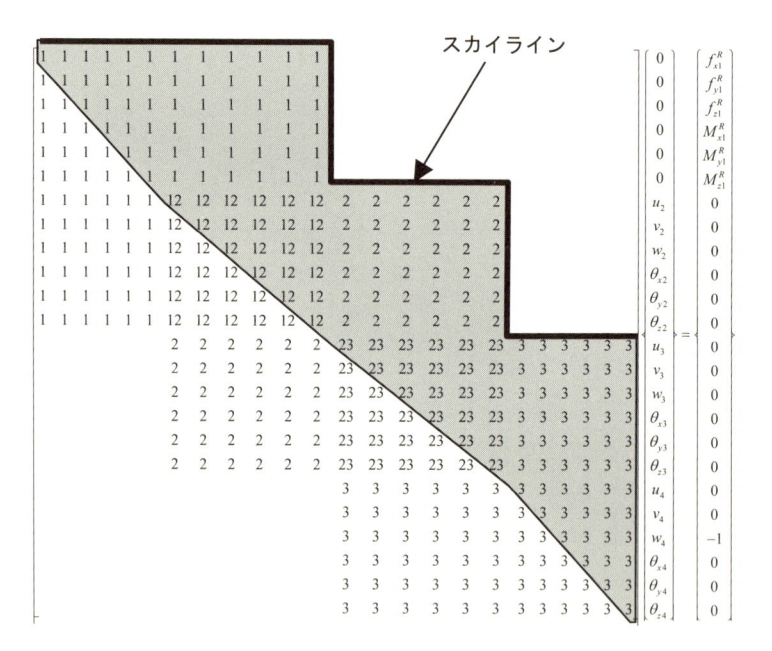

図3.15 全体剛性マトリクスのスカイライン

スカイライン法による連立方程式の解法を利用するためには，全体剛性マトリクスの各列の対角項からスカイラインまでの高さ(行数)を知る必要があります．このスカイライン高さを計算するサブルーチンを図3.15に示します．なお，本プ

ログラムは，文献9)に掲載されているプログラムをVisual Basicに直したものです．したがって，詳しい解説は文献9)を参照して下さい．

```
Sub スカイライン高さ()

Dim Lo(12)

ndf = nod * ndg
For i = 1 To ndf
  indsk(i) = 0
Next i

nsf = ndg * nnd
For ne = 1 To nel

  For j = 1 To nnd
    jb = ndg * (j - 1)
    l = indv(ne, j)
    n = ndg * (l - 1)
    For k = 1 To ndg
      Lo(jb + k) = n + k
    Next k
  Next j

For jp = 1 To nsf
  jt = Lo(jp)
  j = jt
  If j = 0 Then GoTo skip1
  jh = 0
  For ip = 1 To nsf
    it = Lo(ip)
    i = it
    If i = 0 Then GoTo skip2
    jj = j - i
    If jj > jh Then jh = jj
skip2:
  Next ip
  If jh > indsk(j) Then indsk(j) = jh
skip1:
  Next jp
Next ne

jj = 0
For i = 1 To ndf
  jj = jj + indsk(i) + 1
  indsk(i) = jj
Next i

End Sub
```

図 3.16　スカイライン高さを計算するサブルーチン

図 3.16 のサブルーチンでは，indsk に各列のスカイライン高さが計算されて代入されます．ただし，最終的に，indsk の値は，その列に至るまでのスカイライン高さの総計が加算されたものになっています．すなわち，図 3.14 の例題を例にとると，図 3.17 の対角項の数値が indsk に保存されるようになっています．したがって，indsk(nod*ndg)に，マトリクス成分の総計が保存されることがわかります．

なお，図 3.16 のプログラムは，連立方程式の解法に関するものであり，他の解法との交換の可能性も考慮して，オブジェクト名を Solver とする新たな標準モジュールを挿入して，そこに書いています．

また，indsk のディメンジョンは，図 3.11 の共通変数の宣言文に，「Global indsk(1000000)」として加えます．ここでは，最大 1000000 成分の問題が解けるように設定しています．

図3.17の行列表示：

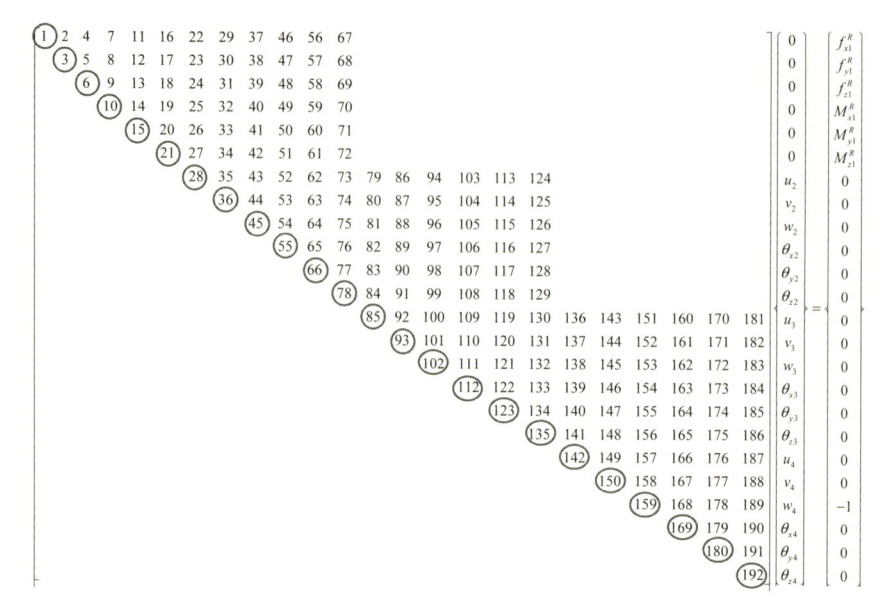

$$\begin{Bmatrix} 0 \\ 0 \\ 0 \\ 0 \\ 0 \\ 0 \\ u_2 \\ v_2 \\ w_2 \\ \theta_{x2} \\ \theta_{y2} \\ \theta_{z2} \\ u_3 \\ v_3 \\ w_3 \\ \theta_{x3} \\ \theta_{y3} \\ \theta_{z3} \\ u_4 \\ v_4 \\ w_4 \\ \theta_{x4} \\ \theta_{y4} \\ \theta_{z4} \end{Bmatrix} = \begin{Bmatrix} f_{x1}^R \\ f_{y1}^R \\ f_{z1}^R \\ M_{x1}^R \\ M_{y1}^R \\ M_{z1}^R \\ 0 \\ 0 \\ 0 \\ 0 \\ 0 \\ 0 \\ 0 \\ 0 \\ 0 \\ 0 \\ 0 \\ 0 \\ 0 \\ 0 \\ -1 \\ 0 \\ 0 \\ 0 \end{Bmatrix}$$

図 3.17 indsk に保存される値

3.5.2 重ね合わせ

要素剛性マトリクスの重ね合わせは，プログラムで書けば簡単です．ただし，連立方程式の解法にスカイライン法を用いる場合，全体剛性マトリクス成分を図3.17に示すような構造で保存していく必要があります．

図 3.18 は，このような重ね合わせのプログラムを示したものです．ここでは，kg を全体剛性マトリクスとしています．全体剛性マトリクスの容量（成分数）は，前項で示したように，indsk(nod*ndg)となります．まず最初の文では，これを利用して，kg のすべての成分に 0 を代入しています．

次に，要素番号 ne を 1〜要素数（nel）まで繰り返します．そして，要素番号 ne の要素剛性マトリクスを，前節で作成したプログラムを呼び出すことで計算します．Call 文を見ると，サブルーチン名の後に(ne)があります．この ne が，要素剛性マトリクスのサブルーチンに引き渡されるわけです．次の ip は，要素の一方の節点が 1，他方の節点が 2 として繰り返す変数です．次の i は，節点で x,y,z 方向，x,y,z 軸回転の順に自由度を変化させて繰り返す変数です．

次の iG は全体剛性マトリクスの行番号を表す変数です．また，iL は要素剛性マトリクスの行番号を表す変数です．ここで，iG は，要素の両端の節点番号（indv）によって行番号が決まっています．次の jp, j, jG, jL も，同様の意味を持っています．ただし，jG は全体剛性マトリクスの列番号を表し，jL は要素剛性マトリクスの列番号を表します．また，「k = indsk(jG) + iG − jG」は，全体剛性マトリクスの行番号・列番号と図 3.17 に示すスカイライン構造の成分番号との対応を表す式です．ただし，この場合は，全体剛性マトリクスの対角項を含む上三角行列部分（iG <= jG）のみが保存されるようになっています．

次の「kg(k) = kg(k) + kge(iL, jL)」の文では，要素剛性マトリクスの成分を全体剛性マトリクスの成分に代入し，しかも重なるところは加算されるようになっています．

```
Sub 全体剛性マトリクス()
'ゼロクリアー
For i = 1 To indsk(nod * ndg)
  kg(i) = 0#
Next i

'重ね合わせ
For ne = 1 To nel
  Call 要素剛性マトリクス(ne)
  'マトリクスの行
  For ip = 1 To nnd
    For i = 1 To ndg
      iG = ndg * (indv(ne, ip) - 1) + i
      iL = ndg * (ip - 1) + i
      'マトリクスの列
      For jp = 1 To nnd
        For j = 1 To ndg
          jG = ndg * (indv(ne, jp) - 1) + j
          jL = ndg * (jp - 1) + j
          If iG <= jG Then
            k = indsk(jG) + iG - jG
            kg(k) = kg(k) + kge(iL, jL)
          End If
        Next j
      Next jp
    Next i
  Next ip
Next ne

End Sub
```

図 3.18　要素剛性マトリクスの重ね合わせを行うサブルーチン

なお，全体剛性マトリクス kg のディメンジョンは，図 3.11 の共通変数の宣言文に，「Global kg(1000000)」として加えます．

3.6　外力ベクトルと変位ベクトル

次に，(2.73)式の外力ベクトル $\mathbf{f}^G$ を作成するプログラムを作ります．1 章に示したように，外力ベクトルは，節点変位が既知の場合は，反力となり，節点変位が未知の場合は，外力となります．また，各要素の節点力を重ね合わせると，節点方程式により，荷重（外力）が作用していなければ 0 となり，荷重が作用していれば，その荷重値となります．また，分布荷重が作用すると，節点力と固定端モーメントが加わりますが，これについては後の節で説明します．また，強制変

位問題の場合は，変位ベクトル $\mathbf{d}^G$ に強制変位値を代入しておく必要があります．

以上をプログラムに書くと，図 3.19 のようになります．

```
Sub 外力と変位ベクトル()

'ゼロクリアー
nt = nod * ndg
For i = 1 To nt
  fg(i) = 0#
  dg(i) = 0#
Next i

'全自由度の番号付け
For i = 1 To nt
  idof(i) = i
Next i

'境界条件の識別
For nd = 1 To nod
  For i = 1 To ndg
    iG = (nd - 1) * ndg + i
    ic = Cells(n3 + nd, 4 + i)
    If ic = 1 Then idof(iG) = -idof(iG)
  Next i
Next nd

'外力ベクトルと変位ベクトル
For nd = 1 To nod
  For i = 1 To ndg
    iG = ndg * (nd - 1) + i
    If idof(iG) > 0 Then
      fg(iG) = Cells(n3 + nd, 10 + i)
    Else
      dg(iG) = Cells(n3 + nd, 10 + i)
    End If
  Next i
Next nd

End Sub
```

図 3.19　外力ベクトルと変位ベクトルを作成するプログラム

図 3.19 のプログラムでは，外力ベクトルを fg で，変位ベクトルを dg で定義しています．まず，ベクトル fg, dg のすべての成分に 0 を代入しています．ただし，fg, dg のサイズは，［節点数］×［1 節点の自由度数］となります．

次に，各方向の節点変位が，規定されているかどうかを判定する idof という変数を用意します．そして，この変数に自由度番号を代入します．

次に，Excel のセルから，節点の境界条件（変位規定かどうかの識別）を読み込み，もし，変位規定自由度であれば，idof の番号（自由度番号）をマイナスにします．ここで，nd は，1 から節点数（nod）まで繰り返しています．その内側で，i が 1 から 1 節点の自由度数（ndg）まで繰り返しています．そして，iG が，ベクトルの行番号を表す変数です．また，「ic = Cells(n3 + nd, 4 + i)」の文は，Excel 上のセルから，"x 変位"，"y 変位"，"z 変位"，"x 軸回転"，"y 軸回転"，"z 軸回転"の値を読みとっています．そして，これらの値が 1 であれば，idof の値をマイナスにしています．

次に，同様のプログラムで，節点荷重または節点変位（"Fx(u)値"，"Fy(v)値"，"Fz(w)値"，"Mx(θx)値"，"My(θy)値"，"Mz(θz)値"）を読み込んでいます．この場合，idof が正なら節点荷重として fg に代入し，負ならば節点変位 dg に代入しています．なお，外力ベクトルの反力部分および変位ベクトルの未知変位部分は 0 のままになっています．

fg, dg, idofのディメンジョンは，図3.11 の共通変数の宣言文に，「Global fg(60000), dg(60000), idof(60000)」として加えます．

3.7 連立方程式の解法

以上で，全体剛性マトリクスおよび外力ベクトル，変位ベクトルが作成されたので，次にこれを解きます．

(2.73)式の連立方程式を解くためには，まず，(2.74)式のような分解を行い，(2.75)式の右辺の計算を行う必要があります．その後，(2.75)式の連立方程式を解きます．

まず，(2.73)式の分解は，前節の idof を用いれば容易に行えます．(2.75)式の計算も通常のマトリクスであれば容易ですが，スカイライン法の場合，やや複雑になります．ここでは，(2.75)式の右辺の計算および連立方程式の計算は，文献 9)に示されるサブルーチンを利用して行います．

図 3.20 は，スカイライン構造をもつマトリクスとベクトルの掛け算のサブルーチンを示したものです．また，図 3.21 は，スカイライン構造をもつマトリクスとベクトルの連立方程式の解を求めるサブルーチンを示したものです．いずれも，文献9)に示される Fortran プログラムを Visual Basic に書き直したものです．この 2 つのプログラムの内容に関する説明は，文献 9)を参照して下さい．ここでは，これらのサブルーチンの利用法について説明します．

まず，図 3.20 のマトリクスとベクトルの掛け算では，引数 a が，スカイライン構造を有するマトリクス，x がマトリクスと掛けられる変位ベクトル，y が右辺の外力ベクトルを表します．また，nd は，マトリクスおよびベクトルのサイズ（自由度数）です．なお，Visual Basic では，引き数のディメンジョンは，このサブルーチンを Call する（呼び出す）サブルーチンで定義されます．

次の idx, idy は 1, 0, −1 で与えられます．idy が 1 の場合は，idof が正の行のみが計算され，idy が−1 の場合は，idof が負の行のみが計算されます．idy が 0 の場合，すべての行が計算されます．また，idx が 1 の場合は，idof が正の列成分のみが x ベクトルと掛けられ，idx が−1 の場合は，idof が負の列成分のみが x ベクトルと掛けられます．idx が 0 の場合は，すべての列成分が x と掛けられます．

次の isw も，−1, 0, −1 で与えられます．isw が−1 の場合，マトリクスとベクトルを掛けた値が右辺ベクトル y から引かれます．0 の場合は，その値が y に代入されます．1 の場合は，その値が y に加算されます．

図 3.21 のスカイライン解法の引数 a は，スカイライン構造を有するマトリクス，y は右辺の外力ベクトル，nd は，マトリクスおよびベクトルのサイズ（自由度）を表します．

なお，図 3.20, 図 3.21 のプログラム内の idof, indsk のディメンジョンは，すでに global 宣言されています．

```
Sub マトリクス掛け算(a, x, y, nd, idx, idy, isw)
For i = 1 To nd
  If idof(i) * idy < 0 Then GoTo L10
  yi = 0#
  If i = 1 Then GoTo L20
  indi = indsk(i)
  ik = indi - indsk(i - 1)
  jj1 = i - ik + 1
  If jj1 = i Then GoTo L20
  i1 = i - 1
  For j = jj1 To i1
    If idof(j) * idx < 0 Then GoTo L40
    k = indi + j - i
    yi = yi + x(j) * a(k)
L40:
    k = k + 1
  Next j
L20:
  For j = i To nd
    If idof(j) * idx < 0 Then GoTo L50
    indj = indsk(j)
    If j = 1 Then GoTo L60
    jt = j - indj + indsk(j - 1) + 1
    If i < jt Then GoTo L50
L60:
    k = indj + i - j
    yi = yi + x(j) * a(k)
L50:
  Next j
  If isw < 0 Then
    y(i) = y(i) - yi
  ElseIf isw = 0 Then
    y(i) = yi
  Else
    y(i) = y(i) + yi
  End If
L10:
Next i

End Sub
```

図 3.20 マトリクスとベクトルの掛け算を行うサブルーチン

図 3.22 は，図 3.20 のプログラムを利用して，(2.75)式の右辺の計算 ($\bar{\mathbf{f}}_B^G - \mathbf{k}_{BA}^G \bar{\mathbf{d}}_A^G$) を行い，図 3.21 のプログラムを利用して，(2.75)式の $\mathbf{d}_B^G$ を求めるプログラムです．また，プログラムの後半では，得られた節点変位を Excel のセル上に出力しています．

```
Sub スカイライン解法(a, y, nd)                    For i = 1 To nd
                                                   If idof(i) <= 0 Then GoTo L100
  For j = 2 To nd                                    indi = indsk(i)
    If idof(j) <= 0 Then GoTo L10                    If i = 1 Then GoTo L110
    indj = indsk(j)                                  indh = indsk(i - 1)
    jh = indj - indsk(j - 1)                         jk = indi - indh
    jjh = j - jh + 1                                 jh = i - jk + 1
    For i = jjh To j                                 k = indh + 1
      If idof(i) <= 0 Then GoTo L20                  If jh = i Then GoTo L110
      If i = 1 Then GoTo L20                         im1 = i - 1
      indi = indsk(i)                                For j = jh To im1
      ih = indi - indsk(i - 1)                         If idof(j) <= 0 Then GoTo L130
      jhp = jh + i - j                                 y(i) = y(i) - a(k) * y(j)
      ip = ih                                      L130:
      If jhp < ih Then ip = jhp                        k = k + 1
      If ip <= 1 Then GoTo L20                       Next j
      ipp = i - ip + 1                             L110:
      kh = indj + i - j                              y(i) = y(i) / a(indi)
      kh1 = indj + ipp - j                         L100:
      kh2 = indi + ipp - i                         Next i
      im1 = i - 1
      For n = ipp To im1                           For ic = 2 To nd
        If idof(n) <= 0 Then GoTo L60                i = nd - ic + 1
        indn = indsk(n)                              If idof(i) <= 0 Then GoTo L200
        If a(indn) <> 0# Then GoTo L40               s = 0#
        error1 = MsgBox("instability error -- END？",  j1 = i + 1
vbYesNo)                                             For j = j1 To nd
        If error1 = vbYes Then                         If idof(j) <= 0 Then GoTo L210
          End                                          indj = indsk(j)
        Else                                           jt = j - indj + indsk(j - 1) + 1
          a(indn) = 0.0000000001                       If i < jt Then GoTo L210
        End If                                         k = indj + i - j
L40:                                                   s = s + a(k) * y(j)
        a(kh) = a(kh) - a(kh1) * a(kh2) / a(indn)  L210:
L60:                                                 Next j
        kh1 = kh1 + 1                                indi = indsk(i)
        kh2 = kh2 + 1                                y(i) = y(i) - s / a(indi)
      Next n                                       L200:
L20:                                               Next ic
    Next i
L10:                                               End Sub
  Next j
```

図 3.21　LU 分解法により連立方程式を解くプログラム [9]

図 3.22 のプログラムでは，まず，マトリクスのサイズ（自由度）を nt に代入しています．次の右辺ベクトルの計算では，$\overline{\mathbf{f}}_B^G - \mathbf{k}_{BA}^G \overline{\mathbf{d}}_A^G$ を計算するために，idx を−1, idy を 1, isw を−1 にして，図 3.20 のプログラムを呼んでいます．ここで，kg は全体剛性マトリクス，dg は節点変位ベクトル，fg は外力ベクトルです．次の連立方程式の計算では，図 3.21 のプログラムにより，$\mathbf{k}_{BB}^G \mathbf{d}_B^G = \overline{\mathbf{f}}_B^G - \mathbf{k}_{BA}^G \overline{\mathbf{d}}_A^G$ の連

74   第3章　立体骨組解析プログラム

立方程式を解いています．なお，このプログラムでは，計算結果は fg に保存されます．次の変位ベクトルの作成では，得られた $\mathbf{d}_B^G$ を $\mathbf{d}^G$ に代入しています．次の節点変位の出力では，得られた節点変位を Excel のシート上に出力しています．

```
Sub 節点変位の計算()

nt = nod * ndg

'右辺ベクトルの計算
idx = -1    'idof がマイナスになる列成分をベクトルと掛ける
idy = 1     'idof がプラスになる行成分のみ計算を行う
isw = -1    '結果を{fa}-[kab]{ub}の形で返す
Call マトリクス掛け算(kg, dg, fg, nt, idx, idy, isw)

'連立方程式の計算
Call スカイライン解法(kg, fg, nt)

'変位ベクトルの作成
For i = 1 To nt
  If idof(i) > 0 Then
    dg(i) = fg(i)
  End If
Next i

'節点変位の出力
Cells(n4 + nel + 2, 1) = "出力データ"

n5 = n4 + nel + 4
Cells(n5, 1) = "節点番号"
Cells(n5, 2) = "u"
Cells(n5, 3) = "v"
Cells(n5, 4) = "w"
Cells(n5, 5) = "θx"
Cells(n5, 6) = "θy"
Cells(n5, 7) = "θz"
For i = 1 To nod
  Cells(n5 + i, 1) = i
  For j = 1 To ndg
    Cells(n5 + i, 1 + j) = dg(ndg * (i - 1) + j)
  Next j
Next i

End Sub
```

図 3.22　節点変位の計算プログラム

3.8　断面力の計算

次に，2章の 2.4.4 節に示した断面力の計算を行います．断面力の計算は，(2.81)，(2.82)式によって行うことができます．(2.81)，(2.82)式を計算するためには，まず，前節で求められた全体座標系の全節点変位 $\mathbf{d}^G$ から，各要素の節点変位 $\mathbf{d}^{Ge}$ を求める必要があります．次に，(2.64)式により，要素座標系の節点変位 $\mathbf{d}^e$ を求めます．そして，(2.81)，(2.82)式により，要素両端の断面力を計算します．

図 3.23 は，以上をプログラムに書いたものです．まず，最初の Dim 文で，dge は $\mathbf{d}^{Ge}$ を，t は座標変換マトリクス $\mathbf{T}$ を de は $\mathbf{d}^e$ を表します．n6 は，計算された断面力を出力する時の断面力名を表示する Excel シートの行番号を示します．

次に，断面力の計算に入る前に，断面力の表記をセル上に出力しています．断面力の計算では，まず，要素番号 ne を 1 から要素数まで繰り返します．次に，$\mathbf{d}^G$ から $\mathbf{d}^{Ge}$ を抽出しています．次に，座標変換マトリクスを計算するため，ne 番目の要素の両端の節点座標を抽出し，要素の長さを計算しています．

```
Sub 断面力の計算()
Dim dge(12), de(12), t(3, 3)

n6 = n4 + nel + 4 + nod + 2
'出力表記
Cells(n6, 1) = "要素番号"
Cells(n6, 2) = "Ni"
Cells(n6, 3) = "Nj"
Cells(n6, 4) = "Qyi"
Cells(n6, 5) = "Qyj"
Cells(n6, 6) = "Mzi"
Cells(n6, 7) = "Mzj"
Cells(n6, 8) = "Qzi"
Cells(n6, 9) = "Qzj"
Cells(n6, 10) = "Myi"
Cells(n6, 11) = "Myj"
Cells(n6, 12) = "Mxi"
Cells(n6, 13) = "Mxj"

nem = nnd * ndg

'断面力計算
For ne = 1 To nel

'材料番号と特性番号
 kmt = imt(ne)
 kpr = ipr(ne)

'要素節点変位の抽出
 For ip = 1 To nnd
  For i = 1 To ndg
   iL = (ip - 1) * ndg + i
   iG = (indv(ne, ip) - 1) * ndg + i
   dge(iL) = dg(iG)
  Next i
 Next ip

'要素長さの計算
 xi = xd(indv(ne, 1))
 yi = yd(indv(ne, 1))
 zi = zd(indv(ne, 1))
 xj = xd(indv(ne, 2))
 yj = yd(indv(ne, 2))
 zj = zd(indv(ne, 2))
 L = Sqr((xj - xi) ^ 2 + (yj - yi) ^ 2 + (zj - zi) ^ 2)

'座標変換マトリックス[T]の成分
 lx = (xj - xi) / L
 mx = (yj - yi) / L
 nx = (zj - zi) / L
 ram = Sqr(lx ^ 2 + mx ^ 2)

 t(1, 1) = lx
 t(1, 2) = mx
 t(1, 3) = nx

 If ram <> 0# Then
  t(2, 1) = -mx / ram
  t(2, 2) = lx / ram
  t(2, 3) = 0#
  t(3, 1) = -nx * lx / ram
  t(3, 2) = -mx * nx / ram
  t(3, 3) = ram
 Else
  t(2, 1) = nx
  t(2, 2) = 0#
  t(2, 3) = 0#
  t(3, 1) = 0#
  t(3, 2) = 1#
  t(3, 3) = 0#
 End If

'要素座標系への変換
 For ip = 1 To 4
  ib = 3 * (ip - 1)
  For i = 1 To 3
   s = 0#
   For j = 1 To 3
    s = s + t(i, j) * dge(ib + j)
   Next j
   de(ib + i) = s
  Next i
 Next ip

'断面力の計算
 cu = eyg(kmt) * are(kpr) / L
 cz = eyg(kmt) * siz(kpr) / L ^ 3
 cy = eyg(kmt) * siy(kpr) / L ^ 3
 cx = gsh(kmt) * sk(kpr) / L

 Pxi = cu * (de(1) - de(7))
 Pxj = -Pxi
 Qyi = cz * (12# * de(2) + 6# * L * de(6) - 12# * de(8) + 6# * L * de(12))
 Qyj = -Qyi
 Mzi = cz * (6# * L * de(2) + 4# * L * L * de(6) - 6# * L * de(8) + 2# * L * L * de(12))
 Mzj = cz * (6# * L * de(2) + 2# * L * L * de(6) - 6# * L * de(8) + 4# * L * L * de(12))
 Qzi = cy * (12# * de(3) - 6# * L * de(5) - 12# * de(9) - 6# * L * de(11))
 Qzj = -Qzi
 Myi = cy * (-6# * L * de(3) + 4# * L * L * de(5) + 6# * L * de(9) + 2# * L * L * de(11))
 Myj = cy * (-6# * L * de(3) + 2# * L * L * de(5) + 6# * L * de(9) + 4# * L * L * de(11))
 Mxi = cx * (de(4) - de(10))
 Mxj = -Mxi

'構造力学の定義
 Pxi = -Pxi
 Pxj = Pxj
 Qyi = Qyi
 Qyj = -Qyj
 Mzi = -Mzi
 Mzj = Mzj
 Qzi = Qzi
 Qzj = -Qzj
 Myi = Myi
 Myj = -Myj
 Mxi = -Mxi
 Mxj = Mxj

 If Abs(Pxi) < 0.00000000001 Then Pxi = 0#
 If Abs(Pxj) < 0.00000000001 Then Pxj = 0#
 If Abs(Qyi) < 0.00000000001 Then Qyi = 0#
 If Abs(Qyj) < 0.00000000001 Then Qyj = 0#
 If Abs(Mzi) < 0.00000000001 Then Mzi = 0#
 If Abs(Mzj) < 0.00000000001 Then Mzj = 0#
 If Abs(Qzi) < 0.00000000001 Then Qzi = 0#
 If Abs(Qzj) < 0.00000000001 Then Qzj = 0#
 If Abs(Myi) < 0.00000000001 Then Myi = 0#
 If Abs(Myj) < 0.00000000001 Then Myj = 0#
 If Abs(Mxi) < 0.00000000001 Then Mxi = 0#
 If Abs(Mxj) < 0.00000000001 Then Mxj = 0#

 Cells(n6 + ne, 1) = ne
 Cells(n6 + ne, 2) = Pxi
 Cells(n6 + ne, 3) = Pxj
 Cells(n6 + ne, 4) = Qyi
 Cells(n6 + ne, 5) = Qyj
 Cells(n6 + ne, 6) = Mzi
 Cells(n6 + ne, 7) = Mzj
 Cells(n6 + ne, 8) = Qzi
 Cells(n6 + ne, 9) = Qzj
 Cells(n6 + ne, 10) = Myi
 Cells(n6 + ne, 11) = Myj
 Cells(n6 + ne, 12) = Mxi
 Cells(n6 + ne, 13) = Mxj

Next ne

End Sub
```

図 3.23　断面力の計算プログラム

次に，座標変換マトリクス **T** の各成分を計算しています．次に，$\mathbf{d}^e = \mathbf{T}\mathbf{d}^{Ge}$ から $\mathbf{d}^e$ を求めています．次の断面力の計算では，(2.81), (2.82)式により，要素両端断面の断面力を計算しています．しかし，この断面力の定義は，構造力学の教科書等で用いている定義と符号が異なるため，構造力学の定義との符号の整合性をとっています．すなわち，軸力は引張が正，圧縮が負，せん断力は，左端は正向き，右端は負向き（↑↓），曲げモーメントは正負はありませんが，一般の教科書と符号が合うようにしています．

最後に，断面力の絶対値が非常に小さい場合は 0 にして，セル上に出力しています．

3.9　分布荷重に関する計算

次に，分布荷重が作用する場合の計算方法を示します．分布荷重が作用する場合は，2 章の(2.88)式にしたがい，外力ベクトルに，分布荷重による節点力を付加します．分布荷重の入力データは，図 3.3 のプログラムの説明でも述べたように，要素両端節点の分布荷重値を全体座標系の値として入力します．したがって，(2.88)式の計算の前に，分布荷重値を要素座標系に変換する必要があります．また，得られた節点力も，全体座標系に変換して，外力ベクトルに重ね合わせる必要があります．

以上のプログラムを作成したものを図 3.24 に示します．図 3.24 のプログラムでは，まず，座標変換マトリクスを計算し，要素端部の分布荷重値を Excel シートのセルから読み込んでいます．次に，要素端部の分布荷重値を要素座標系に変換しています．次に，(2.88)式にしたがって，節点力（等価節点力）を求め，この節点力を全体座標系に変換しています．最後に，全体座標系の節点力ベクトルを全節点の外力ベクトルに重ね合わせています．ここで，fg(iG)が両辺にあることに注意して下さい．なお，fe に掛けられている sng は，サブルーチンの引数で，このサブルーチンを呼ぶ時に，1#または−1#を与えるようにしています．これは，ここでは，分布荷重の節点力を外力ベクトルに加えていますが（sng=1#），次節の反力の計算では，逆に分布荷重値を外力ベクトルから除く（sng=−1#）必要があるからです．

```
Sub 分布荷重(sng)

Dim t(3, 3), fge(12)

For ne = 1 To nel

'要素長さの計算
    xi = xd(indv(ne, 1))
    yi = yd(indv(ne, 1))
    zi = zd(indv(ne, 1))
    xj = xd(indv(ne, 2))
    yj = yd(indv(ne, 2))
    zj = zd(indv(ne, 2))
    L = Sqr((xj - xi) ^ 2 + (yj - yi) ^ 2 + (zj - zi) ^ 2)

'座標変換マトリックス[T]の成分
    lx = (xj - xi) / L
    mx = (yj - yi) / L
    nx = (zj - zi) / L
    ram = Sqr(lx ^ 2 + mx ^ 2)

    t(1, 1) = lx
    t(1, 2) = mx
    t(1, 3) = nx

    If ram <> 0# Then
        t(2, 1) = -mx / ram
        t(2, 2) = lx / ram
        t(2, 3) = 0#
        t(3, 1) = -nx * lx / ram
        t(3, 2) = -mx * nx / ram
        t(3, 3) = ram
    Else
        t(2, 1) = nx
        t(2, 2) = 0#
        t(2, 3) = 0#
        t(3, 1) = 0#
        t(3, 2) = 1#
        t(3, 3) = 0#
    End If

'分布荷重値(全体座標系)の読み込み
    wxgi = Cells(n4 + ne, 6)
    wxgj = Cells(n4 + ne, 7)
    wygi = Cells(n4 + ne, 8)
    wygj = Cells(n4 + ne, 9)
    wzgi = Cells(n4 + ne, 10)
    wzgj = Cells(n4 + ne, 11)

'分布荷重値の要素座標系への変換
    wxi = t(1, 1) * wxgi + t(1, 2) * wygi + t(1, 3) * wzgi
    wyi = t(2, 1) * wxgi + t(2, 2) * wygi + t(2, 3) * wzgi
    wzi = t(3, 1) * wxgi + t(3, 2) * wygi + t(3, 3) * wzgi
    wxj = t(1, 1) * wxgj + t(1, 2) * wygj + t(1, 3) * wzgj
    wyj = t(2, 1) * wxgj + t(2, 2) * wygj + t(2, 3) * wzgj
    wzj = t(3, 1) * wxgj + t(3, 2) * wygj + t(3, 3) * wzgj

'節点力の計算
    Pxib = L / 6# * (2# * wxi + wxj)
    Qyib = L / 20# * (7# * wyi + 3# * wyj)
    Mzib = L ^ 2 / 60# * (3# * wyi + 2# * wyj)
    Qzib = L / 20# * (7# * wzi + 3# * wzj)
    Myib = -L ^ 2 / 60# * (3# * wzi + 2# * wzj)
    Pxjb = L / 6# * (wxi + 2# * wxj)
    Qyjb = L / 20# * (3# * wyi + 7# * wyj)
    Mzjb = -L ^ 2 / 60# * (2# * wyi + 3# * wyj)
    Qzjb = L / 20# * (3# * wzi + 7# * wzj)
    Myjb = L ^ 2 / 60# * (2# * wzi + 3# * wzj)

'節点力の全体座標系への変換
    fge(1) = t(1, 1) * Pxib + t(2, 1) * Qyib + t(3, 1) * Qzib
    fge(2) = t(1, 2) * Pxib + t(2, 2) * Qyib + t(3, 2) * Qzib
    fge(3) = t(1, 3) * Pxib + t(2, 3) * Qyib + t(3, 3) * Qzib
    fge(4) = t(2, 1) * Myib + t(3, 1) * Mzib
    fge(5) = t(2, 2) * Myib + t(3, 2) * Mzib
    fge(6) = t(2, 3) * Myib + t(3, 3) * Mzib
    fge(7) = t(1, 1) * Pxjb + t(2, 1) * Qyjb + t(3, 1) * Qzjb
    fge(8) = t(1, 2) * Pxjb + t(2, 2) * Qyjb + t(3, 2) * Qzjb
    fge(9) = t(1, 3) * Pxjb + t(2, 3) * Qyjb + t(3, 3) * Qzjb
    fge(10) = t(2, 1) * Myjb + t(3, 1) * Mzjb
    fge(11) = t(2, 2) * Myjb + t(3, 2) * Mzjb
    fge(12) = t(2, 3) * Myjb + t(3, 3) * Mzjb

'外力ベクトルへの重ね合わせ
    For ip = 1 To nnd
        For i = 1 To ndg
            iG = ndg * (indv(ne, ip) - 1) + i
            iL = ndg * (ip - 1) + i
            fg(iG) = fg(iG) + sng * fge(iL)
        Next i
    Next ip

Next ne

End Sub
```

図 3.24　分布荷重の節点力の計算と外力ベクトルへの重ね合わせ

また，(2.89)式に示すように，分布荷重が加わる場合，3.8節で計算される断面力から，分布荷重の節点力を引く必要があります．したがって，図 3.23 に示すプ

ログラムの"構造力学の定義"のコメント文の前に，図 3.25 に示すプログラムを付加します．

```
Sub 断面力の計算()

 (中略)

'分布荷重値（全体座標系）の読み込み
 wxgi = Cells(n4 + ne, 6)
 wxgj = Cells(n4 + ne, 7)
 wygi = Cells(n4 + ne, 8)
 wygj = Cells(n4 + ne, 9)
 wzgi = Cells(n4 + ne, 10)
 wzgj = Cells(n4 + ne, 11)

'分布荷重値の要素座標系への変換
 wxi = t(1, 1) * wxgi + t(1, 2) * wygi + t(1, 3) * wzgi
 wyi = t(2, 1) * wxgi + t(2, 2) * wygi + t(2, 3) * wzgi
 wzi = t(3, 1) * wxgi + t(3, 2) * wygi + t(3, 3) * wzgi
 wxj = t(1, 1) * wxgj + t(1, 2) * wygj + t(1, 3) * wzgj
 wyj = t(2, 1) * wxgj + t(2, 2) * wygj + t(2, 3) * wzgj
 wzj = t(3, 1) * wxgj + t(3, 2) * wygj + t(3, 3) * wzgj

'節点力の計算
 Pxib = L / 6# * (2# * wxi + wxj)
 Qyib = L / 20# * (7# * wyi + 3# * wyj)
 Mzib = L ^ 2 / 60# * (3# * wyi + 2# * wyj)
 Qzib = L / 20# * (7# * wzi + 3# * wzj)
 Myib = -L ^ 2 / 60# * (3# * wzi + 2# * wzj)
 Pxjb = L / 6# * (wxi + 2# * wxj)
 Qyjb = L / 20# * (3# * wyi + 7# * wyj)
 Mzjb = -L ^ 2 / 60# * (2# * wyi + 3# * wyj)
 Qzjb = L / 20# * (3# * wzi + 7# * wzj)
 Myjb = L ^ 2 / 60# * (2# * wzi + 3# * wzj)

'断面力の修正
 Pxi = Pxi - Pxib
 Pxj = Pxj - Pxjb
 Qyi = Qyi - Qyib
 Qyj = Qyj - Qyjb
 Mzi = Mzi - Mzib
 Mzj = Mzj - Mzjb
 Qzi = Qzi - Qzib
 Qzj = Qzj - Qzjb
 Myi = Myi - Myib
 Myj = Myj – Myjb

'構造力学の定義
 (以後省略)
```

図 3.25　断面力の修正（分布荷重による節点力の除去）

3.10　反力の計算

最後に，反力を求めるプログラムを作成します．反力の計算は，2 章の(2.76)式によって求めることができます．ただし，全体剛性マトリクスは，連立方程式を解く時に書き変わっていますので，再計算する必要があります．また，分布荷重が作用する場合は，反力を含む外力ベクトルから，実際には作用しない分布荷重の等価節点力を除く必要があります．

図 3.26 は，反力計算のプログラムを示したものです．まず，最初の出力表記では，"Rx"，"Ry"，"Rz"を x, y, z 軸方向反力，"Rmx"，"Rmy"，"Rmz"を x, y, z 軸まわりのモーメント反力とし，これを Excel のセル上に出力しています（断面力結果の下）．次に，"全体剛性マトリクス"を再度実行することにより，全体剛性

マトリックス（kg）を作成しています．次に，図 3.20 のプログラムにより，全体剛性マトリクスと節点変位ベクトルを掛けることにより（$\mathbf{k}^G \mathbf{d}^G$），反力を含めたすべての外力ベクトル（$\mathbf{f}^G$）の成分を計算しています．なお，この場合，図 3.20 のプログラムの引数 idx, idy, isw は，すべて 0 になります．次に，図 3.24 に示すサブルーチン"分布荷重"の引数（sng）を－1#にして呼ぶことにより，分布荷重の等価節点力を外力ベクトルから差し引きます．

```
Sub 反力の計算()                                      ncl = 0
                                                     For nd = 1 To nod
n7 = n4 + nel + 4 + nod + 2 + nel + 2                '変位規定節点のチェック
'出力表記                                              For i = 1 To ndg
Cells(n7, 1) = "節点番号"                                iG = ndg * (nd - 1) + i
Cells(n7, 2) = "Rx"                                     ic = idof(iG)
Cells(n7, 3) = "Ry"                                     If ic < 0 Then GoTo L100
Cells(n7, 4) = "Rz"                                   Next i
Cells(n7, 5) = "Rmx"                                  GoTo L200
Cells(n7, 6) = "Rmy"                                 L100:
Cells(n7, 7) = "Rmz"                                 '反力の出力
                                                       ncl = ncl + 1
'全体剛性マトリクスの再計算                                  For i = 1 To ndg
Call 全体剛性マトリクス                                     iG = ndg * (nd - 1) + i
                                                        ic = idof(iG)
'反力を含めた外力ベクトルの計算                                If ic > 0 Then GoTo L300
Call マトリクス掛け算(kg, dg, fg, nod * ndg, 0, 0, 0)       s = fg(iG)
                                                        If Abs(s) < 0.00000000001 Then s = 0#
'分布荷重に関する補正                                         Cells(n7 + ncl, 1) = nd
Call 分布荷重(-1#)                                        Cells(n7 + ncl, i + 1) = s
                                                     L300:
                                                       Next i
                                                     L200:
                                                     Next nd

                                                     End Sub
```

図 3.26　反力計算のプログラム

次の ncl=0 以下では，変位が規定されている節点のみを選択し，その節点番号と反力値を出力するようにしています．まず，ncl は，変位が規定されている節点のみを出力するための Excel のセルの行番号を指定するための変数です．変位規定節点のチェックでは，nd 番目の節点に変位規定自由度があるかどうかをチェックしています．変位規定自由度があれば L100 に飛ばします．なければ L200 に飛びます．次に，変位規定自由度のある節点に対して Excel シートのセル上に節点番号と反力値を出力します．なお，変位規定のない自由度では，L200 に飛ばすこ

とで，外力値を出力しないようにしています．

以上で，すべての支持点での反力が出力されます．

3.11 メインルーチン

最後に，これまで示したサブルーチンを実行するメインルーチンを図 3.27 に示します．図 3.7 の例題に対して，図 3.27 のメインルーチンを実行すると，図 3.28 に示すような結果が得られます．

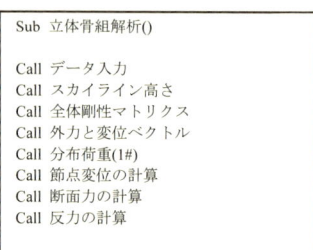

```
Sub 立体骨組解析()

    Call データ入力
    Call スカイライン高さ
    Call 全体剛性マトリクス
    Call 外力と変位ベクトル
    Call 分布荷重(1#)
    Call 節点変位の計算
    Call 断面力の計算
    Call 反力の計算

End Sub
```

図 3.27 メインルーチン

32	出力データ											
33												
34	節点番号	u	v	w	θx	θy	θz					
35	1	0	0	0	0	0	0					
36	2	0	0	0	0	0	0					
37	3	0	0	0	0	0	0					
38	4	0	0	0	0	0	0					
39	5	2.092289	-0.23158	0.000373	0.000385	0.003743	0.001643					
40	6	2.090834	0.231581	-0.00037	-0.00038	0.00374	0.001641					
41	7	0.395146	0.231581	-0.00015	-0.00038	0.000922	0.001641					
42	8	0.395146	-0.23158	0.000145	0.000385	0.000922	0.001643					
43												
44	要素番号	Ni	Nj	Qyi	Qyj	Mzi	Mzj	Qzi	Qzj	Myi	Myj	Mxi	Mxj
45	1	1.919168	1.919168	-4.32299	-4.32299	1025.19	-704.007	0.497548	0.497548	-116.013	83.00602	54.20398	54.20398
46	2	-1.91917	-1.91917	-4.32073	-4.32073	1024.576	-703.716	-0.49755	-0.49755	116.0132	-83.006	54.1515	54.1515
47	3	-0.7473	-0.7473	-0.67825	-0.67825	175.1907	-96.1079	-0.49755	-0.49755	116.0132	-83.006	54.1515	54.1515
48	4	0.747301	0.747301	-0.67803	-0.67803	175.1624	-96.0513	0.497548	0.497548	-116.013	83.00602	54.20398	54.20398
49	5	-4.99863	-4.99863	0.497548	0.497548	-149.31	149.2189	-2.13943	-2.13943	641.9375	-641.722	-16.9266	-16.9266
50	6	0	0	-0.6779	-0.6779	203.3704	-203.37	-0.22026	-0.22026	66.07943	-66.0794	-61.9936	-61.9936
51	7	-0.00035	-0.00035	0.497548	0.497548	-149.219	149.3099	0.527036	0.527036	-158.101	158.1204	-16.9266	-16.9266
52	8	0	0	-0.67838	-0.67838	203.5139	-203.514	-0.22026	-0.22026	66.07943	-66.0794	-62.0691	-62.0691
53												
54	節点番号	Rx	Ry	Rz	Rmx	Rmy	Rmz					
55	1	-4.32299	0.497548	-1.91917	-116.013	-1025.19	-54.204					
56	2	-4.32073	-0.49755	1.919168	116.0132	-1024.58	-54.1515					
57	3	-0.67825	-0.49755	0.747301	116.0132	-175.191	-54.1515					
58	4	-0.67803	0.497548	-0.7473	-116.013	-175.162	-54.204					
59												

図 3.28 図 3.7 の例題の出力データ

また，図 3.29 は，これまで示した Global 宣言文をまとめたものです．ディメンジョンがオーバーフローする場合は，ここを変更する必要があります．

```
'どのサブルーチンでも使える変数の宣言

'最大節点数 10000, 最大要素数 10000
'最大材料数   50, 最大特性数   50
'最大マトリクスサイズ 1000000
'最大自由度数 60000

'マトリクス法データ
Global nnd, ndg
Global nod, nel, nmt, npr
Global eyg(50), gsh(50)
Global are(50), siy(50), siz(50), sk(50)
Global xd(10000), yd(10000), zd(10000)
Global indv(10000, 2), imt(10000), ipr(10000)
Global kge(12, 12)
Global kg(1000000), indsk(1000000)
Global fg(60000), dg(60000), idof(60000)

'入力データ関連
Global n0, n1, n2, n3, n4
```

図 3.29　グローバル宣言文

4章 骨組のグラフィックス

4.1 はじめに

4章では，3章の入力データから立体骨組図（透視図）や荷重・境界条件を表示したり，解析結果として得られる骨組の変位，軸力，せん断力，曲げモーメントを表示するプログラムの作り方を説明します．

4.2 図形表示枠の作成

ここでは，Excel のシート上に，骨組図を表示する図枠を設定し，どのような座標値で入力されても，骨組図が，その図枠内に収まるように表示できるプログラムを考えます．

まず，図枠の大きさは，ユーザーによって自由に設定できる方が望ましいため，図枠の位置と大きさを入力するユーザーフォーム（UserForm2）を新たに作成します．ただし，この UserForm2 の Caption は"グラフィックス"とし，これにより，次節以降に示す骨組図や解析結果の表示も同時に行えるようにします．したがって，このユーザーフォームには，図 4.1 に示すようにツールボックスからマルチページを選択して貼り付けます．そして，page1 の Caption を"枠の設定"とし，page2 の Caption を"骨組表示"とします．そして，page1 に，図枠の原点と図枠の横と縦の長さを入力するテキストボックスを貼り付け，また，図に示すよ

うなラベルと［OK］ボタンを貼り付けます．

また，UserForm2 の方にも，3 章の立体骨組解析プログラムを実行するための［**計算実行**］ボタンとユーザーフォームを終了するための［**終了**］ボタンを貼り付けます．なお，［計算実行］ボタンの Click 時に実行されるサブルーチンには「Call 立体骨組解析」を，［終了］ボタンの Click 時実行サブルーチンには「End」を書き込みます．

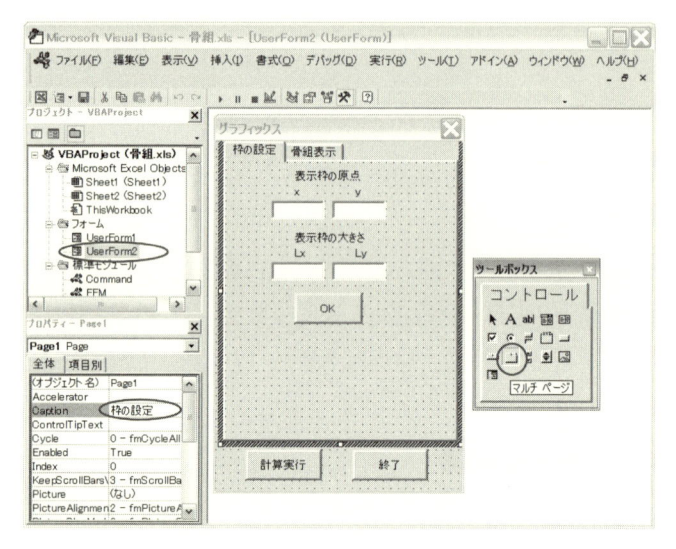

図 4.1　表示枠の原点と大きさを入力するユーザーフォーム

次に，図 4.1 の［OK］ボタンをクリックした時に実行されるサブルーチンに，図枠をグラフィックス表示するプログラムを書き込みます．図枠は，四角形を描けば良いので，このコマンドをマクロ記録を用いて取得します．まず，Excel のメニューバーで，［ツール］－［マクロ］－［新しいマクロの記録］を選択します．そうするとマクロ記録のフォームが表示されるので，［OK］ボタンをクリックします．次に，図 4.2 に示す図形描画のツールバーの中から，四角形を選択します．そして，図 4.3 に示すように，Excel のシート上に四角形を描画し，マクロ記録の終了ボタンをクリックします．次に，Visual Basic Editor を起動し，記録されたプログラムを表示すると，図 4.4 のようになります．

図 4.4 のプログラムを見ると，長方形の描画は，msoShapeRectangle というコマンドで行えることがわかります．また，その後の 3.6, 4.2 は，長方形の描画の始点の座標を示しています．その後の 212.4, 192.6 は，長方形の始点からの x, y 方向の長さを示しています．ただし，グラフィックスの座標では，図 4.3 に示すように，y 軸の正方向は下向きになります．

図 4.2　図形描画ツールバー

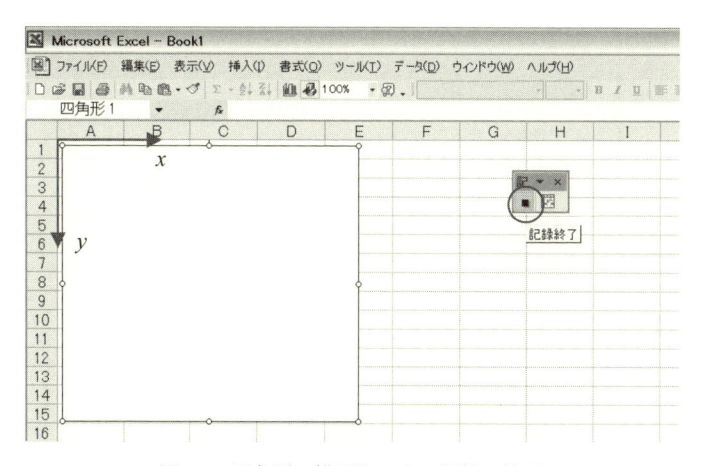

図 4.3　四角形の描画とマクロ記録の終了

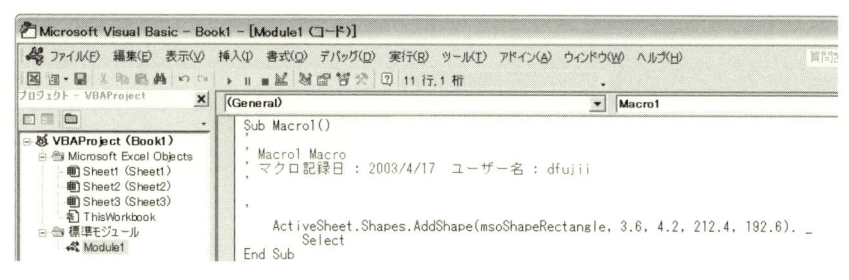

図 4.4　記録されたマクロプログラム

また，図 4.4 の一番右端の"_"は，プログラムを途中で折り返す場合に使う記号です．

図 4.4 のコマンドを用いて，図 4.1 の［OK］ボタンがクリックされた時に実行されるプログラムを書くと，図 4.5 のようになります．プログラムでは，まず，すでに描かれている図をすべて削除する文を加えています．次に，テキストボックスに入力された値を変数に代入しています．ここで，boxx, boxy は，図枠の原点，boxlx, boxly は，図枠の x, y 方向の長さを表す変数です．次に，図 4.4 の四角形を描くコマンドを用いて，図枠を表示しています．そして，テキストで読み込んだ値を Excel シートのセル上に出力しています．

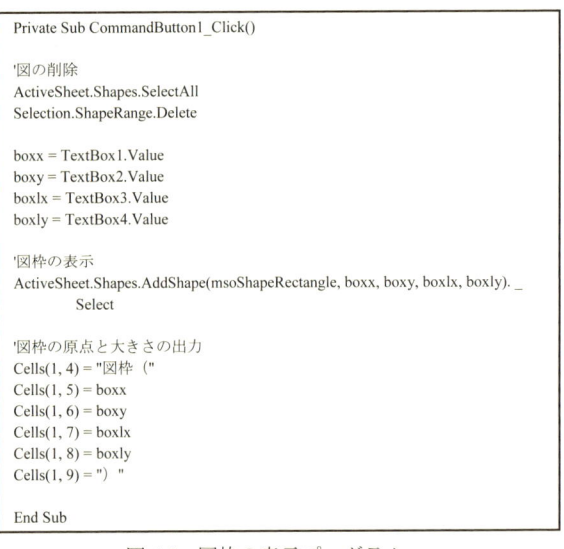

```
Private Sub CommandButton1_Click()

'図の削除
ActiveSheet.Shapes.SelectAll
Selection.ShapeRange.Delete

boxx = TextBox1.Value
boxy = TextBox2.Value
boxlx = TextBox3.Value
boxly = TextBox4.Value

'図枠の表示
ActiveSheet.Shapes.AddShape(msoShapeRectangle, boxx, boxy, boxlx, boxly). _
    Select

'図枠の原点と大きさの出力
Cells(1, 4) = "図枠（"
Cells(1, 5) = boxx
Cells(1, 6) = boxy
Cells(1, 7) = boxlx
Cells(1, 8) = boxly
Cells(1, 9) = "）"

End Sub
```

図 4.5　図枠の表示プログラム

また，図 4.1 のユーザーフォームが実行された時に，図枠の原点と大きさを指定するテキストボックスにデフォルト値が表示されると便利です．そこで，図 4.6 に示すように，UserForm2 が起動された時に実行されるサブルーチン（initialize）に，これらのデフォルト値をテキストボックスに表示させるプログラムを書きます．なお，ここでは，Excel のシート上に，すでに図枠の大きさが書かれている場合は，そちらを読み込んで，テキストボックスに表示するようにしています．

また，図 4.5 のプログラムで，Excel のシート上に図が描かれていない状態で，図の削除を実行するとエラーが生じます．したがって，図 4.6 のプログラムでは，図枠を一度描いて削除し，再度図枠を描くプログラムを加えています．

また，boxx, boxy, boxlx, boxly は，骨組表示の縮尺を決めるために使うため，「Global boxx As Single, boxy As Single, boxlx As Single, boxly As Single」の文を標準モジュール（Variables）に加えておきます．なお，これらの変数は文字変数として読まれることを避けるため，単精度の実数として（As Single）として宣言します．

UserForm2 を実行すると，図 4.7 に示すような図枠が表示されます．

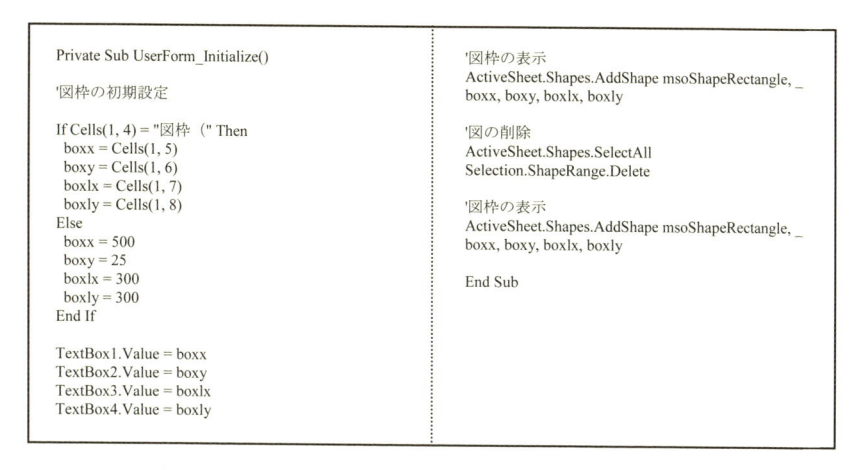

```
Private Sub UserForm_Initialize()
'図枠の初期設定

If Cells(1, 4) = "図枠(" Then
  boxx = Cells(1, 5)
  boxy = Cells(1, 6)
  boxlx = Cells(1, 7)
  boxly = Cells(1, 8)
Else
  boxx = 500
  boxy = 25
  boxlx = 300
  boxly = 300
End If

TextBox1.Value = boxx
TextBox2.Value = boxy
TextBox3.Value = boxlx
TextBox4.Value = boxly

'図枠の表示
ActiveSheet.Shapes.AddShape msoShapeRectangle, _
boxx, boxy, boxlx, boxly

'図の削除
ActiveSheet.Shapes.SelectAll
Selection.ShapeRange.Delete

'図枠の表示
ActiveSheet.Shapes.AddShape msoShapeRectangle, _
boxx, boxy, boxlx, boxly

End Sub
```

図 4.6　図枠の原点とサイズのテキストボックスへの表示

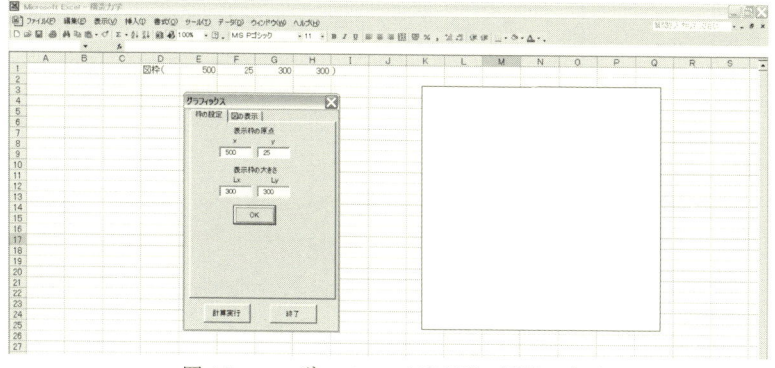

図 4.7　ユーザーフォーム実行時の図枠の表示

4.3 透視変換

次に，第3章で作成した立体骨組解析の入力データから，骨組図を表示するプログラムを作成していきます．まず，Excel のシート上に入力されたデータを読み込むには，第3章の図 3.10 のデータ入力プログラムが利用できます．

立体骨組を表示するためには，3次元の座標を 2 次元の座標に変換するための透視変換のプロセスが必要になります．透視変換を行うためには，まず，視点位置 (x_v, y_v, z_v) と図形の注視点位置 (x_c, y_c, z_c)（視点の回転中心）を定める必要があります（図 4.8 参照）．ここでは，注視点位置は，骨組図の図心（領域の中心）とします．また，視点と注視点の距離を d_v とし，d_v の xy 平面への射影長さを d_p とします．また，d_v のベクトルと d_p のベクトルのなす角度を ϕ，d_p のベクトルと x 軸のなす角度を θ とします．

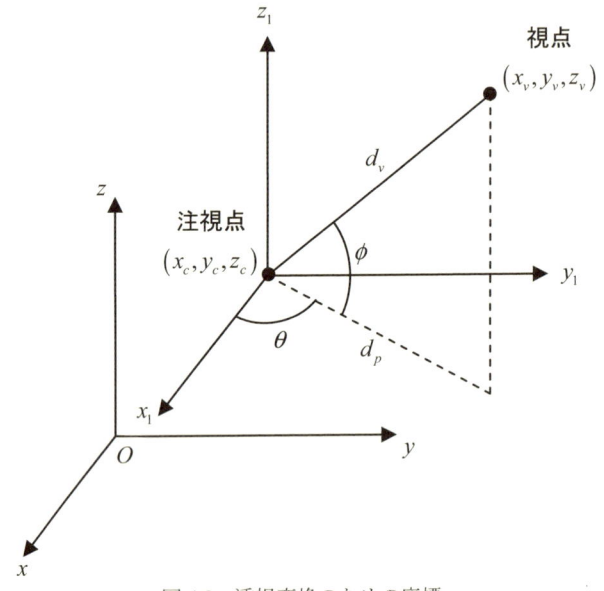

図 4.8　透視変換のための座標

透視変換を行うには，まず，次式により，骨組図の座標 (x, y, z) を注視点 (x_c, y_c, z_c) が原点になるように変換します．

$$\begin{Bmatrix} x_1 \\ y_1 \\ z_1 \end{Bmatrix} = \begin{Bmatrix} x - x_c \\ y - y_c \\ z - z_c \end{Bmatrix} \tag{4.1}$$

次に，次式により，骨組図を視点方向に回転させます．

$$\begin{Bmatrix} x_2 \\ y_2 \\ z_2 \end{Bmatrix} = \begin{Bmatrix} x_1 \cos(-\theta) - y_1 \sin(-\theta) \\ x_1 \sin(-\theta) + y_1 \cos(-\theta) \\ z_1 \end{Bmatrix} \tag{4.2}$$

$$\begin{Bmatrix} x_3 \\ y_3 \\ z_3 \end{Bmatrix} = \begin{Bmatrix} x_2 \cos(-\phi) - z_2 \sin(-\phi) \\ y_2 \\ x_2 \sin(-\phi) + z_2 \cos(-\phi) \end{Bmatrix} \tag{4.3}$$

以上の変換により，視点方向は，x_1 軸方向となります．このとき，y_3, z_3 を透視図として，2 次元平面に描けば良いわけです．したがって，ここでは，次式により，(y_3, z_3) が (x_4, y_4) となるように変換します．

$$\begin{Bmatrix} x_4 \\ y_4 \\ z_3 \end{Bmatrix} = \begin{Bmatrix} y_3 \\ z_3 \\ x_3 \end{Bmatrix} \tag{4.4}$$

最後に，遠近処理として，次式の変換を行います．

$$\begin{Bmatrix} x_5 \\ y_5 \\ z_5 \end{Bmatrix} = \frac{d_v}{d_v - z_4} \begin{Bmatrix} x_4 \\ y_4 \\ z_4 \end{Bmatrix} \tag{4.5}$$

(4.5)式により，視点から遠いほど図が小さくなります．

図 4.9 に示すプログラムでは，透視変換に必要となる (x_c, y_c, z_c)，d_v, θ, ϕ の初期値を計算しています．プログラムでは，まず，視点位置と注視点（図心）間の距離（dv0）の設定を行い，次に図心（xc, yc, zc）位置の計算を行っています．ここでは，初期の視点位置は，図心から骨組図の大きさの約 5 倍遠ざかった位置としています．また，θ, ϕ の初期値（tht0, phi0）は，両方 45° としています．なお，xc, yc, zc, dv0, tht0, phi0 は，Global 変数として定義し，また，dv0, tht0, phi0 は dv, tht, phi に置き換えて，このサブルーチンの引数としても返しています．ただし，tht, phi はラジアン単位に直しています．

また，図 4.10 は，第 3 章の図 3.10 で読み込まれる骨組の節点座標（xd, yd, zd）に対して，(4.1)式から(4.5)式の透視変換を行うプログラムを示しています．この

プログラムでは，d_v, θ, ϕ（dv, tht, phi）が引数となっています．また，2次元平面に透視された座標を xs, ys に保存しています．なお，xs, ys は，Global 変数として定義しています（Global xs(10000), ys(10000)）．

　以上のプログラムで，骨組の節点の3次元座標を2次元座標に透視変換できます．なお，図 4.9, 4.10 のプログラムは，オブジェクト名を Perspect とした標準モジュールに収めています．

```
'視点と注視点間距離の初期設定
xmin = xd(1): xmax = xd(1)
ymin = yd(1): ymax = yd(1)
zmin = zd(1): zmax = zd(1)
For i = 2 To nod
  d1 = xd(i)
  d2 = yd(i)
  d3 = zd(i)
  If d1 > xmax Then xmax = d1
  If d2 > ymax Then ymax = d2
  If d3 > zmax Then zmax = d3
  If d1 < xmin Then xmin = d1
  If d2 < ymin Then ymin = d2
  If d3 < zmin Then zmin = d3
Next i
xw = xmax - xmin
yw = ymax - ymin
zw = zmax - zmin
dv0 = 5# * Sqr(xw ^ 2 + yw ^ 2 + zw ^ 2)

'図心の計算
xc = (xmax + xmin) / 2#
yc = (ymax + ymin) / 2#
zc = (zmax + zmin) / 2#

'視点と注視点を結ぶベクトルの角度の初期設定
tht0 = 45#
phi0 = 45#

'視点設定
Pi = 3.14159265358979
dv = dv0
tht = tht0 / 180# * Pi
phi = phi0 / 180# * Pi

End Sub
```

図 4.9　透視変換のための初期値計算

```
Sub 骨組透視変換(dv, tht, phi)

For i = 1 To nod

  x1 = xd(i) - xc
  y1 = yd(i) - yc
  z1 = zd(i) - zc

  x2 = x1 * Cos(-tht) - y1 * Sin(-tht)
  y2 = x1 * Sin(-tht) + y1 * Cos(-tht)
  z2 = z1

  x3 = x2 * Cos(-phi) - z2 * Sin(-phi)
  y3 = y2
  z3 = x2 * Sin(-phi) + z2 * Cos(-phi)

  x4 = y3
  y4 = z3
  z4 = x3

  xs(i) = x4 * dv / (dv - z4)
  ys(i) = y4 * dv / (dv - z4)

Next i

End Sub
```

図 4.10　骨組節点の透視変換

4.4　骨組の表示スケールの計算

4.3 節の透視変換で，骨組節点の 3 次元座標が 2 次元座標に変換されます．本節では，この変換された 2 次元節点座標（xs, ys）を利用して，骨組全体が 4.2 節で設定した図枠内に収まるように，骨組図のスケール（縮尺）を計算します．

骨組の表示スケールの計算プログラムを図 4.11 に示します．まず，節点座標の最小値と最大値を計算するために，最小値と最大値の初期値に，節点 1 の座標を代入しています．そして，全節点の座標に関して，最小値と最大値を求めます．

```
Sub スケール変更(scalefig)

'座標の最大・最小値の計算
xmin = xs(1): xmax = xs(1)
ymin = ys(1): ymax = ys(1)

For i = 2 To nod
  If xs(i) < xmin Then xmin = xs(i)
  If xs(i) > xmax Then xmax = xs(i)
  If ys(i) < ymin Then ymin = ys(i)
  If ys(i) > ymax Then ymax = ys(i)
Next i

'モデルの x,y 方向の最大長さ
xleng = xmax - xmin
yleng = ymax - ymin

'倍率の計算
If xleng > 0 Then
  xbai = boxlx * scalefig / xleng
Else
  xbai = 0
End If
If yleng > 0 Then
  ybai = boxly * scalefig / yleng
Else
  ybai = 0
End If

sbai = xbai
If ybai > 0 And ybai < sbai Then sbai = ybai
If ybai > 0 And sbai = 0 Then sbai = ybai

'原点位置の計算
xorg = boxx + boxlx / 2#
yorg = boxy + boxly / 2#

End Sub
```

図 4.11　骨組の表示スケールを計算するプログラム

次に，節点座標の最大値と最小値から，x, y 軸方向の最大長さを計算しています．次に，図 4.5 の図枠設定で入力した図枠の x, y 軸方向の長さ boxlx, boxly を骨組図の最大長さ xleng, yleng で割り，これに，scalefig を掛けて，図の倍率（縮尺）xbai, ybai を計算します．この scalefig が 1 の場合，骨組が枠一杯に表示されます．1 より小さくすれば，枠に余白ができます．デフォルト値としては，0.6 程度が良いと思われます．なお，scalefig は，このサブルーチンを呼ぶ時に与えるものとし，全サブルーチン共通の変数として，Global 宣言をしておきます．なお，x, y 軸方

向の倍率を別々に設定すると，図の縦横比が変化するため，縮小率が大きい方を sbai として採用します．

最後に，骨組図の原点位置を定めています．原点位置は図枠の中心とします．

なお，sbai, xorg, yorg は，同様なスケーリングを行う時に利用するため，Global 変数として定義しておきます．

図 4.11 のプログラムは，オブジェクト名を Graphics とした標準モジュールに収めています．なお，以下のプログラムも，図形描画に関連したプログラムは，Graphics に，透視変換に関連したプログラムは，Perspect に収めることにします．

4.5 骨組図の表示

4.5.1 要素の表示

4.4 節では，骨組の節点座標を図枠内に収めるために，節点座標の縮尺と原点を計算しました．本節では，これと節点座標を用いて，骨組図を描くプログラムを作成します．骨組図は，要素両端の節点番号の情報（indv）を利用して，マトリクス法の要素を描くことにより描きます．

図 4.12 は，作成したプログラムを示したものです．プログラムでは，まず，Excel シートのすべての図を選択して消去し，新たに図枠を描いています．

```
Sub 骨組表示()

'図の削除
ActiveSheet.Shapes.SelectAll
Selection.ShapeRange.Delete

'図枠の表示
ActiveSheet.Shapes.AddShape msoShapeRectangle, boxx, boxy, boxlx, boxly

'骨組図の表示
For i = 1 To nel
  x1 = xs(indv(i, 1)) * sbai + xorg
  y1 = -ys(indv(i, 1)) * sbai + yorg
  x2 = xs(indv(i, 2)) * sbai + xorg
  y2 = -ys(indv(i, 2)) * sbai + yorg
  ActiveSheet.Shapes.AddLine(x1, y1, x2, y2).Select
  Selection.ShapeRange.Line.ForeColor.SchemeColor = 0
Next i

End Sub
```

図 4.12　骨組図を描くプログラム

次に，図枠内に収まるように倍率を掛けた要素両端の節点座標を用いて，骨組の要素を 1 つずつ描いていきます．なお，線を描くコマンドは，「AddLine(x1, y1, x2, y2)」で，(x1,y1)が始点の座標，(x2,y2)が終点の座標となります．また，その後の「Selection.ShapeRange.Line.ForeColor.SchemeColor = 0」は，線の色を指定するコマンドです．この場合，黒色に設定しています．

なお，以上のコマンドは，Excel メニューのマクロ記録を利用して，図 4.13 に示す Excel の図形描画コマンドを用いて，適当な線を描き，線の色を設定することにより取得しました．

図 4.13　図形描画コマンドによる線の描画と色の設定

4.5.2　境界条件の表示

次に，骨組の節点の境界条件（支持条件）を表示するプログラムを作ります．

節点の境界条件は，3 章の図 3.9 に示す，"x 変位"，"y 変位"，"z 変位"，"x 軸回転"，"y 軸回転"，"z 軸回転"がすべて 1 の場合は，図 4.14(a)に示すような完全固定となります．また，"x 変位"，"y 変位"，"z 変位"が 1 で，"x 軸回転"，"y 軸回転"，"z 軸回転"が 0 の場合は，図 4.14(b)に示すようなピン支持となります．

"x 変位"，"y 変位"，"z 変位"の 1 つが 1 で，他 が 0 の場合は，図 4.14(c)に示すようなローラー支持となります．

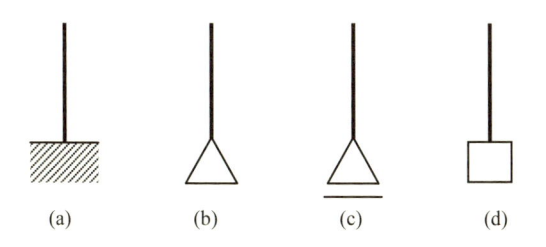

(a)　　　　(b)　　　　(c)　　　　(d)

図 4.14　境界条件（支持条件）の種類

```
Sub 境界表示()

'トラスかどうかの判定
nc = 0
For i = 1 To nod
  For j = 1 To 3
    nc = nc + Cells(n3 + i, 4 + j)
  Next j
Next i

ntruss = 0
If nc / (nod * 3) = 1 Then ntruss = 1

'支持図形の大きさの設定
sb = boxlx * scalefig / 40#

'拘束条件の読み込みおよび表示
For i = 1 To nod

  k1 = Cells(n3 + i, 5) * 100000 + Cells(n3 + i, 6) * 10000 + Cells(n3 + i, 7) * 1000
  k2 = Cells(n3 + i, 8) * 100 + Cells(n3 + i, 9) * 10 + Cells(n3 + i, 10) * 1
  kousoku = k1 + k2 * (1 - ntruss)

  xp = xs(i) * sbai + xorg
  yp = -ys(i) * sbai + yorg

  '完全固定支持
  If kousoku = 111111 Then
      ActiveSheet.Shapes.AddShape(msoShapeRectangle, xp - sb, yp, sb * 2, sb).Select
      Selection.ShapeRange.Line.Visible = msoFalse
      Selection.ShapeRange.Fill.Patterned msoPatternLightDownwardDiagonal
      ActiveSheet.Shapes.AddLine xp - sb, yp, xp + sb, yp
  'ピン支持
  ElseIf kousoku = 111000 Then
      ActiveSheet.Shapes.AddShape(msoShapeIsoscelesTriangle, xp - sb / 2#, yp, sb, sb).Select
  'ローラー支持
  ElseIf kousoku Mod 1000 = 0 And kousoku >= 1000 Then
      ActiveSheet.Shapes.AddShape(msoShapeIsoscelesTriangle, xp - sb / 2#, yp, sb, sb).Select
      ActiveSheet.Shapes.AddLine xp - sb * 1.2 / 2#, yp + sb * 1.2, xp + sb * 1.2 / 2#, yp + sb * 1.2
  'その他の支持
  ElseIf kousoku > 0 Then
    ActiveSheet.Shapes.AddShape(msoShapeRectangle, xp - sb / 2#, yp, sb, sb).Select
  End If

Next i

End Sub
```

図 4.15　境界条件（支持条件）を表示するプログラム

　境界条件に関して，その他のバリエーションも沢山考えられますが，ここでは簡単のため，その他の支持条件は，図 4.14(d)のように表すことにします．
　図 4.15 は，図 4.14 に示すような境界条件を表示するプログラムです．なお，3

章の図 3.3 のプログラムの説明で述べたように，トラス解析の場合，節点の"x軸回転"，"y軸回転"，"z軸回転"をすべて1に設定します．しかし，これは，回転自由度に関する剛性マトリックス成分を除くためで，実際の節点の回転角が規定されるわけではありません．したがって，回転自由度がすべて1になっている場合は，トラス解析と見なし，支持図形の表示をしないようにします．

支持図形の大きさは，図枠幅の 1/40 に scalefig（骨組のスケール）を掛けた値に設定します．次に変位規定情報を6桁の数値に変換します．すなわち"x 変位"は 100000 の位，"y 変位"は 10000 の位，"z 変位"は 1000 の位，"x 軸回転"は100 の位，"y 軸回転"は 10 の位，"z 軸回転"は 1 の位とし，どの自由度が規定されているかを判定する数値とします．そして，図 4.14 に示すように支持条件を4種類に分けて，それぞれ図 4.14 に示すような形状を節点に表示するようにします．なお，「kousoku Mod 1000」は，kousoku を 1000 で割った時の余りを与えます．すなわち，Mod は，A Mod B の A を B で割った時の余りを与える関数です．

また，それぞれの支持図形は，Excel のマクロ記録を設定し，描画コマンドを取得します．例えば，完全固定支持では，まず四角形を描き，図 4.16 に示すように塗りつぶしの効果を選択します．そして，パターンタグを選択し，斜線のパターンを選択します．以上のマクロ記録から，コマンドを取得し，図 4.14 の完全固定支持に示すプログラムを作成します．

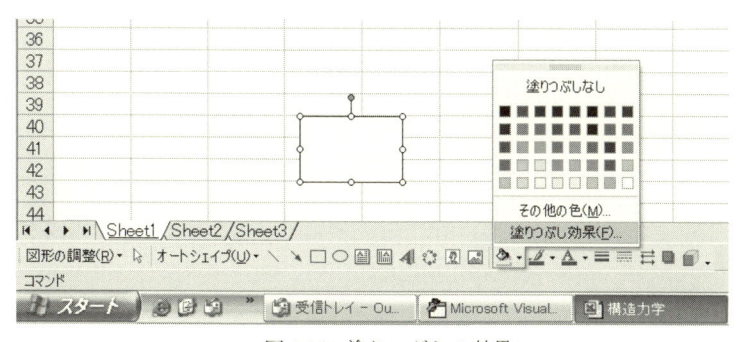

図 4.16　塗りつぶしの効果

また，三角形に関しては，図 4.17 に示すように，オートシェープの基本図形から2等辺三角形を選択し，コマンドを取得します．なお，［Shift］キーを押したま

まマウスをドラッグすると正三角形が描けます．

以上のような図形描画コマンドの取得により，図 4.15 のプログラムを作成しています．

図 4.17 三角形の描画

4.5.3 節点荷重の表示

次に，骨組の節点に加わる x, y, z 軸方向の荷重および x, y, z 軸まわりのモーメント荷重を表示するプログラムを作成します．

まず，荷重は方向を持つため，矢印を用いてその方向を表します．また，荷重には大きさがあるため，荷重の相対的な大きさに対応して表示します．

まず，荷重の相対的な大きさを表すため，全節点荷重の最大値を求め，これをもとに図に描く荷重ベクトルのスケールを決めます．そして，（スケール×荷重値）で，荷重ベクトルを表示します．

図 4.18 は，荷重表示プログラムの前半で，x, y, z 軸方向の荷重の最大値と x, y, z 軸まわりのモーメントの最大値を計算し，表示する荷重のスケールを求めるプログラムを示したものです．荷重表示は，方向を示すために，透視変換が必要になります．したがって，サブルーチンの引数には，透視変換に必要な変数を入れています．

スケール計算では，x, y, z 軸方向の荷重と x, y, z 軸まわりのモーメントでは単位が異なるため，それぞれの倍率を分けて計算しています．すなわち，x, y, z 軸方向荷重の最大値を fmax，モーメント荷重の最大値を mmax とし，それぞれの倍率を scf, scm としています．また，最大荷重の大きさは，図枠の 0.15*scalefig にな

るように設定しています．なお，倍率が sbai で割られているのは，荷重を描くための座標が後に sbai されるためです．

```
Sub 荷重表示(dv, tht, phi)

Dim cd(3), cf(3), cm(3), cm1(3)

'x,y 方向荷重とモーメント荷重の最大値
fmax = 0#
mmax = 0#
For i = 1 To nod
  For j = 1 To 3
    fk = Abs(Cells(n3 + i, 10 + j))
    If fk > fmax Then fmax = fk
    mk = Abs(Cells(n3 + i, 13 + j))
    If mk > mmax Then mmax = mk
  Next j
Next i
```

```
'x,y,z 方向荷重の縮尺
If fmax > 0 Then
  scf = boxlx * 0.15 * scalefig / sbai / fmax
Else
  scf = 0#
End If

'モーメント荷重の縮尺
If mmax > 0 Then
  scm = boxlx * 0.15 * scalefig / sbai / mmax
Else
  scm = 0#
End If

(つづく)
```

図 4.18　荷重の表示スケールの計算

　図 4.19 は，荷重を表示するプログラムを示しています．プログラムでは，まず，節点の 3 次元座標を透視変換し，スケールを掛けた座標 (xp, yp) を求めています．次に荷重値を読み込み (fk, mk)，荷重ベクトルを描くためのベクトルの端点を求めています．なお，ここでは，x, y, z 軸方向荷重は，節点を終点として，節点に向かう方向に線を描き，矢印を付加します．また，モーメント荷重は，節点を始点として，節点から離れる方向に描き，矢印を 2 つ付加します．このため，x, y, z 軸方向荷重の場合は，ベクトルの端点は座標のマイナス側に，モーメント荷重の場合は，座標のプラス側に求めています．また，モーメント荷重に関しては，2 つの矢印を描くために 2 点の端点を求めています．

　次に，以上のベクトルの端点を透視変換し，スケーリングを行って，節点との間の線分と矢印を描いています．なお，ここでは，x, y, z 軸方向荷重は青で，モーメント荷重は緑で描くようにしています．

　また，1 点の座標の透視変換（サブルーチン"節点透視変換"）は，図 4.10 のプログラムを改良して，図 4.20 のように書けます．なお，このプログラムは，オブジェクト名を Perspect とした標準モジュールに収めています．

```
'荷重の表示
For i = 1 To nod
  cd(1) = xd(i)
  cd(2) = yd(i)
  cd(3) = zd(i)
  Call 節点透視変換(cd(1), cd(2), cd(3), xp, yp, dv, tht, phi)
  xp = xp * sbai + xorg
  yp = -yp * sbai + yorg

  For j = 1 To 3
    fk = Cells(n3 + i, 10 + j)
    mk = Cells(n3 + i, 13 + j)
    For k = 1 To 3
      cf(k) = cd(k)
      cm1(k) = cd(k)
      cm2(k) = cd(k)
    Next k
    cf(j) = cf(j) - fk * scf
    cm1(j) = cm1(j) + mk * scm * 0.8
    cm2(j) = cm2(j) + mk * scm

    Call 節点透視変換(cf(1), cf(2), cf(3), xf, yf, dv, tht, phi)
    Call 節点透視変換(cm1(1), cm1(2), cm1(3), xm1, ym1, dv, tht, phi)
    Call 節点透視変換(cm2(1), cm2(2), cm2(3), xm2, ym2, dv, tht, phi)

    xf = xf * sbai + xorg
    yf = -yf * sbai + yorg
    xm1 = xm1 * sbai + xorg
    ym1 = -ym1 * sbai + yorg
    xm2 = xm2 * sbai + xorg
    ym2 = -ym2 * sbai + yorg

'x,y,z 方向荷重
    If Abs(fk) > 0# Then
      ActiveSheet.Shapes.AddLine(xf, yf, xp, yp).Select
      Selection.ShapeRange.Line.EndArrowheadStyle = msoArrowheadTriangle
      Selection.ShapeRange.Line.ForeColor.SchemeColor = 12
    End If
'モーメント荷重
    If Abs(mk) > 0 Then
      ActiveSheet.Shapes.AddLine(xp, yp, xm1, ym1).Select
      Selection.ShapeRange.Line.EndArrowheadLength = msoArrowheadLong
      Selection.ShapeRange.Line.EndArrowheadWidth = msoArrowheadWide
      Selection.ShapeRange.Line.EndArrowheadStyle = msoArrowheadOpen
      Selection.ShapeRange.Line.ForeColor.SchemeColor = 17
      ActiveSheet.Shapes.AddLine(xm1, ym1, xm2, ym2).Select
      Selection.ShapeRange.Line.EndArrowheadLength = msoArrowheadLong
      Selection.ShapeRange.Line.EndArrowheadWidth = msoArrowheadWide
      Selection.ShapeRange.Line.EndArrowheadStyle = msoArrowheadOpen
      Selection.ShapeRange.Line.ForeColor.SchemeColor = 17
    End If
  Next j
Next i

End Sub
```

図 4.19 荷重を表示するプログラム

```
Sub 節点透視変換(xa, ya, za, xb, yb, dv, tht, phi)        x4 = y3
                                                         y4 = z3
x1 = xa - xc                                             z4 = x3
y1 = ya - yc
z1 = za - zc                                             xb = x4 * dv / (dv - z4)
                                                         yb = y4 * dv / (dv - z4)
x2 = x1 * Cos(-tht) - y1 * Sin(-tht)
y2 = x1 * Sin(-tht) + y1 * Cos(-tht)                     End Sub
z2 = z1

x3 = x2 * Cos(-phi) - z2 * Sin(-phi)
y3 = y2
z3 = x2 * Sin(-phi) + z2 * Cos(-phi)
```

図 4.20　節点の透視変換プログラム

4.5.4　分布荷重の表示

次に，骨組の要素に加わる x, y, z 軸方向の分布荷重を表示するプログラムを作成します．

分布荷重は，要素内に複数の矢印付の線を描くことによって表示します．この線の間隔は，通常，各要素で均等に表示されます．したがって，要素長さに応じて，要素内に何本の線を引くかをあらかじめ計算しておく必要があります．図 4.21 は，このような計算を行うプログラムを示しています．なお，要素内の線の数は，要素を等分割した場合の分割点数とし，サブルーチン名は，"分割数"にしています．なお，この分割点数は，後の変位および断面力の表示にも用いています．

図 4.21 のプログラムでは，まず，最大長さをもつ要素の分割数（ndiv）を 20 に設定しています．次に，透視変換後のすべての要素長さを計算し，最大の要素長さを求めています．そして，最大要素長を ndiv で割った値を dl とし，他の要素を dl で割ることにより，各要素の分割数を計算しています．ただし，Int()関数は，括弧内の実数の小数点以下を切り捨てて整数にする関数です．プログラムでは，四捨五入するため，括弧内の実数に 0.5 を加えています．また，短い要素に関しても，最低 2 の分割数を確保するようにしています．なお，このプログラムで計算された idiv は，全サブルーチンで共通に使えるように Global 宣言をしておきます．すなわち「Global idiv(10000)」をオブジェクト名 Variables の標準モジュールに書き加えます．

次に，図 4.22 は，分布荷重を表示するプログラムを示しています．ここでも，透視変換が必要であるため，透視変換に必要な変数を引数にしています．

```
Sub 分割数()                                '分割数の計算
                                            dl = lmax / ndiv
  ndiv = 20                                 For i = 1 To nel
                                              xi = xs(indv(i, 1))
  '最大要素長の計算                              yi = ys(indv(i, 1))
  lmax = 0                                    xj = xs(indv(i, 2))
  For i = 1 To nel                            yj = ys(indv(i, 2))
    xi = xs(indv(i, 1))                       L = Sqr((xj - xi) ^ 2 + (yj - yi) ^ 2)  '要素長
    yi = ys(indv(i, 1))                       ih = Int(L / dl + 0.5)
    xj = xs(indv(i, 2))                       If ih < 2 Then ih = 2
    yj = ys(indv(i, 2))                       idiv(i) = ih
    L = Sqr((xj - xi) ^ 2 + (yj - yi) ^ 2)  '要素長   Next i
    If L > lmax Then lmax = L               End Sub
  Next i
```

図 4.21　要素内の荷重線数の計算（要素の分割数の計算）

```
Sub 分布荷重表示(dv, tht, phi)              For iw = 1 To 3
                                              For j = 1 To idiv(i) + 1
  Dim wd(3, 2), cd(3), cf(3)                    xi = (j - 1) / idiv(i)
                                                cd(1) = (1 - xi) * xd(indv(i, 1)) + xi * xd(indv(i, 2))
  Call 分割数                                    cd(2) = (1 - xi) * yd(indv(i, 1)) + xi * yd(indv(i, 2))
                                                cd(3) = (1 - xi) * zd(indv(i, 1)) + xi * zd(indv(i, 2))
  '分布荷重の最大値
  fmax = 0                                      ww = (1 - xi) * wd(iw, 1) + xi * wd(iw, 2)
  For i = 1 To nel                              For k = 1 To 3
    For j = 1 To 6                                cf(k) = cd(k)
      ww = Abs(Cells(n4 + i, 5 + j))            Next k
      If ww > fmax Then fmax = ww               cf(iw) = cf(iw) - ww * scf
    Next j
  Next i                                        Call 節点透視変換(cd(1), cd(2), cd(3), xp, yp, dv, tht, phi)
                                                Call 節点透視変換(cf(1), cf(2), cf(3), xf, yf, dv, tht, phi)
  '分布荷重の縮尺
  If fmax > 0 Then                              xp = xp * sbai + xorg
    scf = boxlx * 0.05 / sbai / fmax            yp = -yp * sbai + yorg
  Else                                          xf = xf * sbai + xorg
    scf = 0                                     yf = -yf * sbai + yorg
  End If
                                                If Abs(ww) > 0 Then
  '分布荷重の表示                                    ActiveSheet.Shapes.AddLine(xp, yp, xf, yf).Select
  For i = 1 To nel                                Selection.ShapeRange.Line.BeginArrowheadLength = msoArrowheadShort
    wd(1, 1) = Cells(n4 + i, 6)                   Selection.ShapeRange.Line.BeginArrowheadWidth = msoArrowheadNarrow
    wd(1, 2) = Cells(n4 + i, 7)                   Selection.ShapeRange.Line.BeginArrowheadStyle = msoArrowheadTriangle
    wd(2, 1) = Cells(n4 + i, 8)                   Selection.ShapeRange.Line.ForeColor.SchemeColor = 12
    wd(2, 2) = Cells(n4 + i, 9)                   Selection.ShapeRange.Line.Visible = msoTrue
    wd(3, 1) = Cells(n4 + i, 10)                End If
    wd(3, 2) = Cells(n4 + i, 11)              Next j
                                            Next iw
                                          Next i

                                          End Sub
```

図 4.22　分布荷重を表示するプログラム

　まず，プログラムの最初の部分では，集中荷重の場合と同様に，分布荷重の最大値（fmax）を求め，これから，表示する分布荷重の縮尺（scf）を計算していま

す．分布荷重の場合，最大長さが図枠の幅の1/20になるように設定しています．

次の"分布荷重の表示"では，まず，i番目要素の両端の分布荷重値を読み込みwdに代入しています．次に，x,y,z方向の分布荷重を1つづつ表示します．iwは，x,y,zの各方向に対応します．次に，1から（分割数+1）の点に関して，荷重線を描きます．まず，各点の節点座標（cd）および分布荷重値（wd）を線形補間により求めます．次に，荷重ベクトルの端点を荷重値の縮尺を考慮して求めます．そして，ベクトルの両端点を透視変換し，スケーリングを行います．最後に，荷重ベクトルの両端点を矢印線で結びます．なお，この場合，始点の矢印は，集中荷重のものより小さくしています．

4.5.5 ヒンジの表示

構造力学の問題では，3ヒンジラーメンやゲルバー梁のように，骨組の境界以外のところに，自由に回転するヒンジが存在する問題がよく解かれます．7章で説明するように，マトリクス法でこのような問題を解く場合，ヒンジを非常に要素長さが短く，しかも剛度（断面2次モーメントを要素長さで割った値）が非常に小さい要素を用いて表します．したがって，骨組図を表示する場合，要素長さが非常に短く，断面2次モーメントが非常に小さい要素は，ヒンジとして表示するとわかりやすくなります．

図4.23は，このようなヒンジを表示するプログラムを示したものです．プログラムでは，まず，ヒンジは円で描くこととし，円の大きさを図枠幅の1/40*scalefigに設定しています．次に，3次元の節点座標値を用いて，要素長さの平均値（lm）を計算し，次に，すべての要素のy,z軸まわりの断面2次モーメントとサンブナンねじり定数の平均値（siym, sizm, skm）を計算しています．次に，各要素の長さを計算し，要素長さが平均値の1/100以下かつ断面2次モーメントまたはサンブナンねじり定数が平均値の1/1000以下の要素を探し，もし，該当する要素があれば，その要素の1端の節点座標（x1,y1）を原点とする円を描いています．なお，円は，図形描画メニューの楕円を描くコマンドを用いています．また，y軸まわりのヒンジは青，z軸まわりのヒンジは緑，x軸まわりのねじりに関するヒンジは黄色で，それぞれの半径を少しずつ変えて描いています．

```
Sub ヒンジ表示()                                'ヒンジの表示
sb = boxlx / 40# * scalefig                     For i = 1 To nel
                                                  ip = ipr(i)
'平均要素長の計算                                  xi = xd(indv(i, 1))
lm = 0                                            yi = yd(indv(i, 1))
For i = 1 To nel                                  zi = zd(indv(i, 1))
  xi = xd(indv(i, 1))                             xj = xd(indv(i, 2))
  yi = yd(indv(i, 1))                             yj = yd(indv(i, 2))
  zi = zd(indv(i, 1))                             zj = zd(indv(i, 2))
  xj = xd(indv(i, 2))                             L = Sqr((xj - xi) ^ 2 + (yj - yi) ^ 2 + (zj - zi) ^ 2)
  yj = yd(indv(i, 2))
  zj = zd(indv(i, 2))                             x1 = xs(indv(i, 1)) * sbai + xorg
  L = Sqr((xj - xi) ^ 2 + (yj - yi) ^ 2 + (zj - zi) ^ 2)   y1 = -ys(indv(i, 1)) * sbai + yorg
  lm = lm + L
Next i                                            If L < lm / 100# And siy(ip) < siym / 1000# Then
lm = lm / nel                                       r = (sb + 2# * sb / 3#) / 2#: d = r * 2
                                                    ActiveSheet.Shapes.AddShape(msoShapeOval, x1 - r, y1 - r, d, d).Select
'平均断面2次モーメントの計算                         Selection.ShapeRange.Line.ForeColor.SchemeColor = 18
siym = 0#                                         End If
sizm = 0#
skm = 0#                                          If L < lm / 100# And siz(ip) < sizm / 1000# Then
For i = 1 To nel                                    r = (sb + sb / 3#) / 2#: d = r * 2
  ip = ipr(i)                                       ActiveSheet.Shapes.AddShape(msoShapeOval, x1 - r, y1 - r, d, d).Select
  siym = siym + siy(ip)                             Selection.ShapeRange.Line.ForeColor.SchemeColor = 17
  sizm = sizm + siz(ip)                           End If
  skm = skm + sk(ip)
Next i                                            If L < lm / 100# And sk(ip) < skm / 1000# Then
siym = siym / nel                                   r = sb / 2#:   d = r * 2
sizm = sizm / nel                                   ActiveSheet.Shapes.AddShape(msoShapeOval, x1 - r, y1 - r, d, d).Select
skm = skm / nel                                     Selection.ShapeRange.Line.ForeColor.SchemeColor = 13
                                                  End If

                                                Next i

                                                End Sub
```

図 4.23　ヒンジを表示するプログラム

4.5.6　節点番号と要素番号の表示

骨組図は，節点座標と要素両端の節点番号情報によって描かれますが，もし，入力データにミスがあった場合，どこに何番目の節点があり，どこに何番目の要素があるかという情報が必要になります．そこで，ここでは，骨組図に，節点番号と要素番号を表示させるプログラムを作成します．

図形の中に，番号を表示するには，Excel の図形描画メニューのテキストボックスを使用します．したがって，マクロ記録により，このコマンドを取得します．

図4.24は，節点番号を表示するプログラムを示したものです．プログラムでは，次に示す理由により，各節点について，テキストボックスの幅を設定しています．すなわち，テキストボックスは，番号を見やすくするために背景を白塗りにしています．このため，テキスト幅が大きいと番号の背景が広く白塗りされて，骨組

図が見にくくなります．したがって，節点番号の桁数に合わせて，テキストボックスの幅を設定しているわけです．一応このプログラムでは4桁の数値まで対応するようにしていますが，もっと大規模な問題を解く場合は，ここを修正する必要があります．

　次に，テキストボックスを描いています．節点番号は，節点の中心に表示するものとして，テキストボックスの左上の位置（xp, yp）を計算しています．また，テキストボックスの高さは8に固定しています．次に，テキストボックスの中のテキストを節点番号（i）とし，テキストのフォントを"Times New Roman"に，サイズを6ptに指定しています．また，テキストボックスの枠線は見えないように設定しています．

```
Sub 節点番号表示()

For i = 1 To nod
'テキスト枠の幅の設定
  wd = 7
  If i - 10 >= 0 Then wd = 10
  If i - 100 >= 0 Then wd = 13
  If i - 1000 >= 0 Then wd = 16
'節点番号の表示
  x1 = xs(i) * sbai + xorg
  y1 = -ys(i) * sbai + yorg
  xp = x1 - wd / 2
  yp = y1 - wd / 2
  ActiveSheet.Shapes.AddTextbox(msoTextOrientationHorizontal, xp, yp, wd, 8).Select
  Selection.Characters.Text = i
  With Selection.Characters(Start:=1, Length:=7).Font
    .Name = "Times New Roman"
    .FontStyle = "標準"
    .Size = 6
  End With
  Selection.ShapeRange.Line.Visible = msoFalse
Next i

End Sub
```

図 4.24　節点番号を表示するプログラム

　図 4.25 は，要素番号を表示するプログラムを示したものです．各要素の要素番号は，要素の中央に表示するように設定しています（xp, yp）．後は，図 4.24 のプログラムとほとんど同じです．また，要素番号については，テキストボックスの枠を表示したままにしています．これは節点番号と区別するためです．

```
Sub 要素番号表示()

For i = 1 To nel
'テキスト枠の幅の設定
  wd = 7
  If i - 10 >= 0 Then wd = 10
  If i - 100 >= 0 Then wd = 13
  If i - 1000 >= 0 Then wd = 16
'要素番号の表示
  x1 = xs(indv(i, 1)) * sbai + xorg
  y1 = -ys(indv(i, 1)) * sbai + yorg
  x2 = xs(indv(i, 2)) * sbai + xorg
  y2 = -ys(indv(i, 2)) * sbai + yorg
  xp = (x1 + x2) / 2 - wd / 2
  yp = (y1 + y2) / 2 - wd / 2
  ActiveSheet.Shapes.AddTextbox(msoTextOrientationHorizontal, xp, yp, wd, 8).Select
  Selection.Characters.Text = i
  With Selection.Characters(Start:=1, Length:=7).Font
      .Name = "Times New Roman"
      .FontStyle = "標準"
      .Size = 6
  End With
Next i

End Sub
```

図 4.25 要素番号を表示するプログラム

4.6 骨組表示のためのユーザーフォーム

最後に，以上の骨組を表示するためのユーザーフォームを作成します．

図 4.26 は，骨組表示のためのユーザーフォームの例を示したものです．ここでは，4.2 節で作成したマルチページを利用し，page2 に骨組表示のユーザーフォームを作成しています．こうすることで，骨組表示を行いながら，途中で枠の設定を変更することが可能になります．

図 4.26 のユーザーフォームでは，まず，境界条件，荷重条件，ヒンジ位置，要素番号，節点番号の表示をチェックボックスで選択できるようにしています．なお，荷重条件の表示では，分布荷重と集中荷重を同時に表示するようにします．

次に，［**骨組表示**］のコマンドボタンでは，Click された時に実行されるサブルーチンに，図 4.27 に示すプログラムを書き込みます．

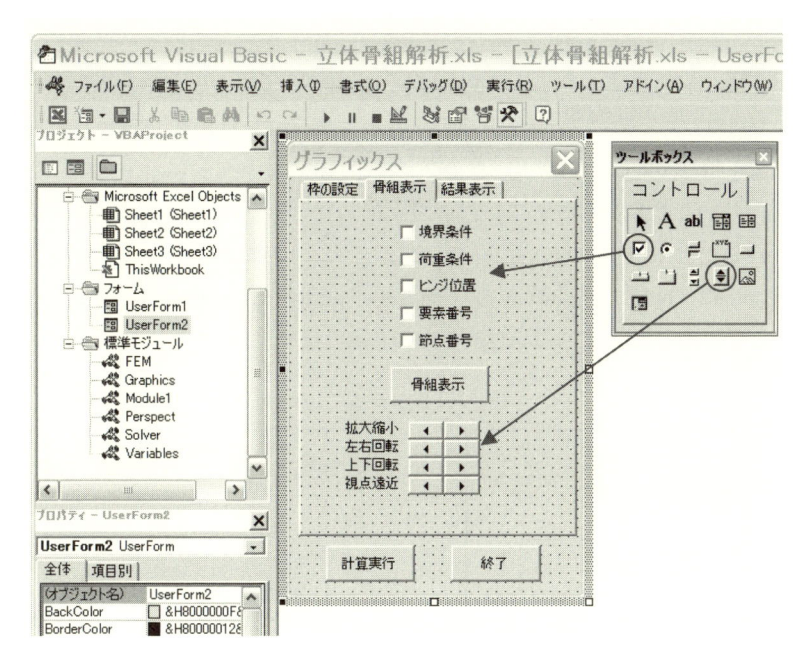

図 4.26　骨組表示のユーザーフォーム

```
Private Sub CommandButton4_Click()

scalefig = scaleini
SpinButton1.Value = 0
SpinButton2.Value = 0
SpinButton3.Value = 0
SpinButton4.Value = 0

Call データ入力
Call 視点初期設定(dv, tht, phi)
Call 骨組透視変換(dv, tht, phi)
Call スケール変更
Call 骨組表示

If CheckBox1.Value = True Then
  Call 境界表示
End If

If CheckBox2.Value = True Then
  Call 荷重表示(dv, tht, phi)
  Call 分布荷重表示(dv, tht, phi)
End If
If CheckBox3.Value = True Then
  Call ヒンジ表示
End If
If CheckBox5.Value = True Then
  Call 要素番号表示
End If
If CheckBox6.Value = True Then
  Call 節点番号表示
End If

End Sub
```

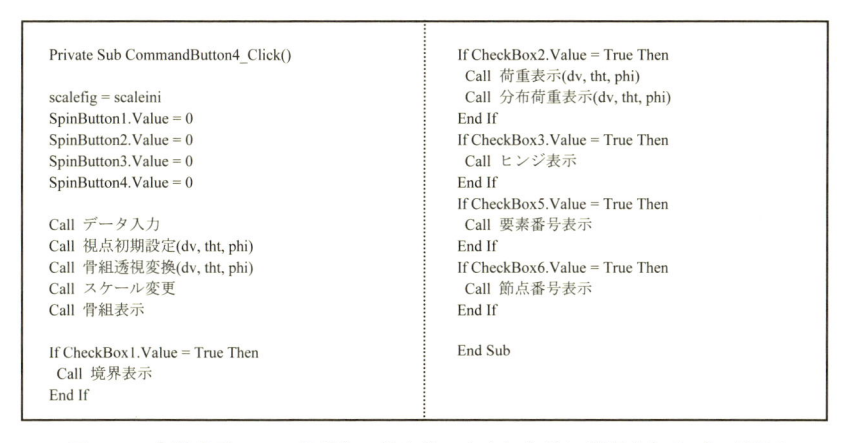

図 4.27　骨組表示コマンドボタンがクリックされた時に実行されるプログラム

次に，表示された骨組図を拡大したり縮小したりするためのスピンボタン，透視図の始点を左右，上下に回転させたり，視点の遠近を変化させるスピンボタンを貼り付け，スピンボタンの値が変化した時に実行されるサブルーチン（Change）に，図4.28（図の拡大・縮小）および図4.29（視点の変更）に示すプログラムを書きます。図4.28と4.29の違いは，図4.28のプログラムでは，scalefigが変更されていることと，"スケール変更"のサブルーチンが呼ばれていることです。なお，SpinButton2_Change()，SpinButton3_Change()，SpinButton4_Change()に書かれるプログラムは，すべて図4.29に示されるものとなります。

```
Private Sub SpinButton1_Change()

sc = SpinButton1.Value
scalefig = scaleini + sc * 0.1

sh = SpinButton2.Value
sv = SpinButton3.Value
sz = SpinButton4.Value

Call 視点変更(sh, sv, sz, dv, tht, phi)
Call 骨組透視変換(dv, tht, phi)
Call スケール変更
Call 骨組表示

If CheckBox1.Value = True Then
  Call 境界表示
End If
If CheckBox2.Value = True Then
  Call 荷重表示(dv, tht, phi)
  Call 分布荷重表示(dv, tht, phi)
End If
If CheckBox3.Value = True Then
  Call ヒンジ表示
End If
If CheckBox5.Value = True Then
  Call 要素番号表示
End If
If CheckBox6.Value = True Then
  Call 節点番号表示
End If

End Sub
```

図 4.28　透視図を拡大・縮小する場合に実行されるプログラム

```
Private Sub SpinButton2_Change()

sh = SpinButton2.Value
sv = SpinButton3.Value
sz = SpinButton4.Value

Call 視点変更(sh, sv, sz, dv, tht, phi)
Call 骨組透視変換(dv, tht, phi)
Call 骨組表示

If CheckBox1.Value = True Then
  Call 境界表示
End If
If CheckBox2.Value = True Then
  Call 荷重表示(dv, tht, phi)
  Call 分布荷重表示(dv, tht, phi)
End If
If CheckBox3.Value = True Then
  Call ヒンジ表示
End If
If CheckBox5.Value = True Then
  Call 要素番号表示
End If
If CheckBox6.Value = True Then
  Call 節点番号表示
End If

End Sub
```

図 4.29　透視図の視点が変更された場合に実行されるプログラム

図 4.27 のプログラムで，scaleini は，scalefig の初期値で，UserForm2 が起動された時に実行されるサブルーチン（Initialize）で 0.6 を与えています．また，ここで呼ばれているサブルーチンは，すでに出てきたものです．

図 4.28 のプログラムでは，図の縮尺を決める scalefig を SpinButton1 の値から計算しています．スピンボタンは，デフォルトで，0～100 までの整数をスピンボタンをクリックすることで動かすことができます．プログラムでは，スピンボタンの値を sc に代入し，scalefig は sc×0.1 の値（0～10）に scaleini に加えたものとしています．視点変更のサブルーチンは，図 4.30 に示されます．このプログラムで，図 4.8 の角度 θ, ϕ と d_v を変化させることができます．なお，SpinButton2～SpinButton4 では，プロパティの Max を 100，Min を-100 にすることで，スピンボタンの値を-100：100 の範囲で動かしています．

また，図 4.31 は，UserForm2 の Initialize に追加すべき，スピンボタン等の初期設定をまとめたものです．

```
Sub 視点変更(sh, sv, sz, dv, tht, phi)

Pi = 3.14159265358979

rh = sh * 0.05 * 180#
rv = sv * 0.05 * 180#
rz = sz * 0.1

tht = (tht0 + rh) / 180# * Pi
phi = (phi0 + rv) / 180# * Pi

dv = dv0 + rz * dv0

End Sub
```

図 4.30　視点変更のためのサブルーチン

```
'縮尺と視点の初期設定
scaleini = 0.6
scalefig = scaleini
SpinButton1.Value = 0
SpinButton2.Value = 0
SpinButton3.Value = 0
SpinButton4.Value = 0
```

図 4.31　スピンボタンの初期設定（UserForm2 の Initialize サブルーチン）

108   第4章 骨組のグラフィックス

以上で骨組を表示するプログラムは完成です．以上のプログラムは，骨組解析理論がわからなくても作れるプログラムですから，グラフィックスのプログラミング演習としても利用して下さい．

4.7　骨組の変位表示

次に，立体骨組解析の結果を表示するプログラムを作成します．まず，第3章で作成したマトリクス法による骨組解析プログラムを，図 3.9 の入力データについて実行すると，図 4.32 に示す結果が得られます．

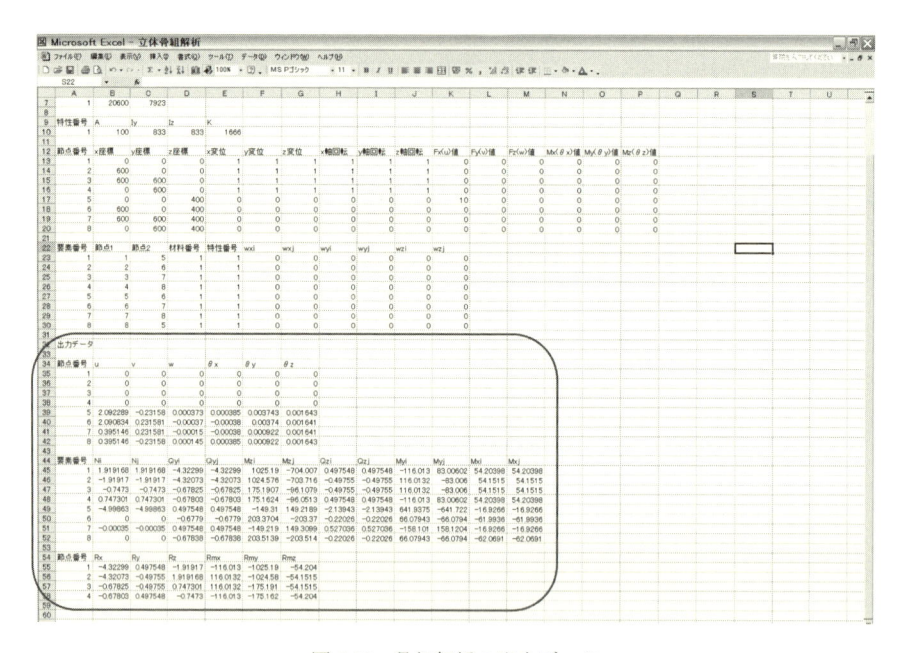

図 4.32　骨組解析の出力データ

図 4.32 の $u, v, w, \theta_x, \theta_y, \theta_z$ は，各節点の x, y, z 方向変位と x, y, z 軸まわりの回転角を示します．本節では，まず，この節点変位を用いて，骨組の変位図を描くプログラムを作成します．

骨組の変位は，節点の変位を直線で結ぶだけではリアルな変位図とはなりません（要素を非常に細かく分割すれば別ですが）．そこで，節点変位から要素内部の

変位を補間して表示する必要があります．なお，この補間関数は，すでに2章の(2.53)式によって示されています．すなわち，マトリクス法では，要素内の変位が，節点変位を未知数とする補間関数で近似されているため，この補間関数を用いれば，要素内部の変位が容易に求まるわけです．

(2.53)式および形状関数 $\mathbf{N}_L$，$\mathbf{N}_E$ を再記すると，次のようになります．

$$u_0(x) = \mathbf{N}_L \mathbf{u}^e, \quad v_0(x) = \mathbf{N}_E \mathbf{v}^e, \quad w_0(x) = \mathbf{N}_E \mathbf{w}^e, \quad \theta_x(x) = \mathbf{N}_L \mathbf{\theta}^e \tag{4.6}$$

ここに，

$$\mathbf{u}^e = \lfloor u_i \quad u_j \rfloor, \quad \mathbf{v}^e = \lfloor v_i \quad \theta_{zi} \quad v_j \quad \theta_{zj} \rfloor, \quad \mathbf{w}^e = \lfloor w_i \quad \theta_{yi} \quad w_j \quad \theta_{yj} \rfloor, \quad \mathbf{\theta}^e = \lfloor \theta_{xi} \quad \theta_{xj} \rfloor$$
$$\mathbf{N}_L = [1-\xi \quad \xi], \quad \mathbf{N}_E = \left[1-3\xi^2+2\xi^3 \quad l(\xi-2\xi^2+\xi^3) \quad 3\xi^2-2\xi^3 \quad l(-\xi^2+\xi^3) \right] \tag{4.7}$$

ただし，$\xi = x/l$ です．(4.7)式の1行目が要素両端の節点変位です．ただし，この節点変位は，要素固有の座標系（要素座標系）で定義されているため，図4.32の全体座標系の節点変位を要素座標系に変換したものになります．

したがって，図4.32で得られた全体座標系の節点変位を要素座標系に変換し，各要素両端の節点変位から(4.6)式により，要素内部の変位を算定し，要素内の複数の補間点の変位値を求めます．次に，この補間点の変位を再度全体座標系に変換することにより，骨組全体の変位図を描きます．なお，各要素の補間点数を求める計算には，図4.21に示したプログラム（分割数設定）を利用します．

まず，準備計算として，図4.33に示すプログラムを作成します．図4.33のプログラムでは，まず，図4.21の分割数の計算プログラムを呼び出して実行しています．次に，Excelのセル上の出力データから，節点変位（dg）を入力しています．

次に，表示する変位のスケール（倍率）を計算しています．まず，x, y, z 方向の節点変位の最大値を計算し，この最大変位が，図枠幅の（scalevalue×0.5）倍になるように縮尺を設定しています．ここで，scalevalueは，表示する変位の拡大・縮小を行うためのパラメータで，このサブルーチンを呼び出す前に指定します（プログラムの外で与えます）．したがって，このscalevalueは，Global宣言しておきます．なお，分布荷重が作用する単純支持ばりを1要素で解析すると，要素両端節点の x, y, z 方向の変位が0となりますが，この場合は，要素内の変位は0ではありません．したがって，このような場合には，要素の長さの半分に節点の回転角の最大値を掛けたものを最大変位として縮尺を設定します．

```
Sub 変位表示(dv, tht, phi)

Dim dge(12), t(3, 3), de(12)

Call 分割数

nem = nnd * ndg

'節点変位の入力
n5 = n4 + nel + 4
For i = 1 To nod
  For j = 1 To ndg
    k = ndg * (i - 1) + j
    dg(k) = Cells(n5 + i, 1 + j)
  Next j
Next i
```
```
'変位のスケールの計算
dgmax = 0
tgmax = 0
For i = 1 To nod
  For j = 1 To 3
    dgi = Abs(dg(ndg * (i - 1) + j))
    tgi = Abs(dg(ndg * (i - 1) + j + 3))
    If dgi > dgmax Then dgmax = dgi
    If tgi > dgmax Then dgmax = tgi
  Next j
Next i

If dgmax > 0 Then
  scv = boxlx * 0.5 * scalevalue / sbai / dgmax
Else
  L1 = Sqr((xd(2) - xd(1)) ^ 2 + (yd(2) - yd(1)) ^ 2 _
    + (zd(2) - zd(1)) ^ 2) / 2#
  scv = boxlx * 0.5 * scalevalue / sbai / (tgmax * L1)
End If

(つづく)
```

図 4.33 変位表示の準備計算プログラム

次に，図 4.34 は，図 4.33 のつづきに書かれた骨組の変位図を描くプログラムを示しています．このプログラムでは，まず，ne 番目の要素両端の節点変位（dge）を全体の節点変位ベクトル（dg）から抽出しています．次に，要素両端の節点座標値を抽出し，これから要素長さ（L）を計算しています．そして，(2.65)式の座標変換マトリクス **T** (t) を計算しています．次に，この座標変換マトリクスを用いて全体座標系の節点変位（dge）を要素座標系の節点変位（de）に変換しています（(2.64)式参照）．次に，要素の分割数を idive に代入します．ただし，トラスの場合（要素両端の回転自由度が規定されている場合）は，要素に曲げ変形が生じないため，分割数は 1 にしています．

次に，各補間点に関して，(4.6)式を用いて変位（uhe, vhe, whe）を計算します．ただし，xi は x/l を表します．ここで，whe のたわみ角の項がマイナスになっていることに注意して下さい（$\theta_{yi} = -w_i'$ のため）．次に，これを全体座標系に変換します（uhg, vhg, whg）．そして，この補間点の変位を補間点の座標値に加え，骨組要素の変位点（xd2, yd2, zd2）を求めます．そして，この座標値の透視変換を行い，変換後の座標に対して，枠内に収まるように縮尺を掛けます．

```
'骨組の変位図の表示
For ne = 1 To nel

'要素節点変位の抽出
  For ip = 1 To nnd
    For i = 1 To ndg
      iL = (ip - 1) * ndg + i
      iG = (indv(ne, ip) - 1) * ndg + i
      dge(iL) = dg(iG)
    Next i
  Next ip

'要素長さの計算
  xi = xd(indv(ne, 1))
  yi = yd(indv(ne, 1))
  zi = zd(indv(ne, 1))
  xj = xd(indv(ne, 2))
  yj = yd(indv(ne, 2))
  zj = zd(indv(ne, 2))
  L = Sqr((xj - xi) ^ 2 + (yj - yi) ^ 2 _
  + (zj - zi) ^ 2)

'座標変換マトリックス[T]の成分
  lx = (xj - xi) / L
  mx = (yj - yi) / L
  nx = (zj - zi) / L
  ram = Sqr(lx ^ 2 + mx ^ 2)

  t(1, 1) = lx
  t(1, 2) = mx
  t(1, 3) = nx

  If ram <> 0# Then
    t(2, 1) = -mx / ram
    t(2, 2) = lx / ram
    t(2, 3) = 0#
    t(3, 1) = -nx * lx / ram
    t(3, 2) = -nx * nx / ram
    t(3, 3) = ram
  Else
    t(2, 1) = nx
    t(2, 2) = 0#
    t(2, 3) = 0#
    t(3, 1) = 0#
    t(3, 2) = 1#
    t(3, 3) = 0#
  End If

'要素座標系への変換
  For ip = 1 To 4
    ib = 3 * (ip - 1)
    For i = 1 To 3
      s = 0#
      For j = 1 To 3
        s = s + t(i, j) * dge(ib + j)
      Next j
      de(ib + i) = s
    Next i
  Next ip

'分割数の設定
  idive = idiv(ne)
'トラスの場合は補間数を1にする
  cn = 0
  For j = 1 To 3
    cn = cn + Cells(n3 + indv(ne, 1), 7 + j)
    cn = cn + Cells(n3 + indv(ne, 2), 7 + j)
  Next j
  If cn = 6 Then idive = 1
'補間点の節点変位の計算
  For i = 1 To idive + 1
    xi = (i - 1) / idive          '(x/l)
    uhe = (1 - xi) * de(1) + xi * de(7)
    vhe = (1 - 3 * xi ^ 2 + 2 * xi ^ 3) * de(2) + L * (xi - 2 * xi ^ 2 + xi ^ 3) * de(6) _
        + (3 * xi ^ 2 - 2 * xi ^ 3) * de(8) + L * (-xi ^ 2 + xi ^ 3) * de(12)
    whe = (1 - 3 * xi ^ 2 + 2 * xi ^ 3) * de(3) - L * (xi - 2 * xi ^ 2 + xi ^ 3) * de(5) _
        + (3 * xi ^ 2 - 2 * xi ^ 3) * de(9) - L * (-xi ^ 2 + xi ^ 3) * de(11)
'全体座標系への変換
    uhg = t(1, 1) * uhe + t(2, 1) * vhe + t(3, 1) * whe
    vhg = t(1, 2) * uhe + t(2, 2) * vhe + t(3, 2) * whe
    whg = t(1, 3) * uhe + t(2, 3) * vhe + t(3, 3) * whe
'補間点の変位を座標値に付加
    xd2 = (1 - xi) * xd(indv(ne, 1)) + xi * xd(indv(ne, 2)) + uhg * scv
    yd2 = (1 - xi) * yd(indv(ne, 1)) + xi * yd(indv(ne, 2)) + vhg * scv
    zd2 = (1 - xi) * zd(indv(ne, 1)) + xi * zd(indv(ne, 2)) + whg * scv
    Call 節点透視変換(xd2, yd2, zd2, x2, y2, dv, tht, phi)
    x2 = x2 * sbai + xorg
    y2 = -y2 * sbai + yorg

'前回の計算点と今回の計算点を結ぶ
    If i > 1 Then
      ActiveSheet.Shapes.AddLine(x1, y1, x2, y2).Select
      Selection.ShapeRange.Line.ForeColor.SchemeColor = 30
    End If
'今回の計算点を保存
    x1 = x2
    y1 = y2
  Next i

Next ne

End Sub
```

図 4.34 　骨組の変位図を描くプログラム

次に，このようにして得られた変位点（x2, y2）と前ステップで計算した変位点（x1, y1）を直線で結びます．ただし，最初のステップでは，直線を描くところは飛ばし，変位点（x2, y2）を（x1, y1）に保存するだけにします．以上を要素両端の節点およびすべての補間点で繰り返すことにより，要素の変位図を描くことができます．

以上の操作を全要素について行うことにより，骨組全体の変位を描くことができます．

4.8 骨組部材の断面力表示

次に，図4.32の各要素の軸力，せん断力，曲げモーメント，ねじりモーメントを表示するプログラムを作成します．

図4.32の結果の出力では，各要素の両端断面の断面力値が与えられるため，これを用いて，要素内の断面力の分布を計算し，断面力分布図を描きます．2章の(2.79)式からわかるように，分布荷重が作用しない場合は，軸力，せん断力，ねじりモーメントは要素内で一定，曲げモーメントは線形に変化します．したがって，この場合は，単に要素両端の値を直線で結ぶだけなので，表示は簡単です．しかし，分布荷重が作用する場合は，曲げモーメントが直線とはならないため，補間点の曲げモーメントを計算する必要があります．

図4.35は，断面力表示の準備計算プログラムを示したものです．まず，変位表示プログラムと同様に，各要素の分割数を計算するプログラムを呼び出して実行します．次に，断面力の表示スケールを計算するために，軸力，せん断力の最大値（fmax），曲げモーメントの最大値（mmax），およびねじりモーメントの最大値（tmax）を計算しています．また，分布荷重が作用する場合は，要素両端の値が0でも，要素中央で値を持つ場合があるため，要素を単純支持ばりとした場合の等分布荷重による要素中央点のせん断力，曲げモーメントを計算し，これも断面力の最大値の計算に考慮します．なお，分布荷重値は，全体座標系で与えられるため，要素中央の曲げモーメントを求めるには，分布荷重値を要素座標系に変換する必要があります．プログラムでは，このような座標変換を行っています．

```
Sub 断面力表示(nsf, dv, tht, phi)

Dim sf(12), wd(3, 2), t(3, 3)

Call 分割数

n6 = n4 + nel + 4 + nod + 2

'** スケールの計算 **
fmax = 0#      'せん断力と軸力の最大値
mmax = 0#      '曲げモーメントの最大値
tmax = 0#      'ねじりモーメントの最大値
For ne = 1 To nel

 For j = 1 To 12
   sf(j) = Cells(n6 + ne, j + 1)
 Next j

'要素長さの計算
 xi = xd(indv(ne, 1))
 yi = yd(indv(ne, 1))
 zi = zd(indv(ne, 1))
 xj = xd(indv(ne, 2))
 yj = yd(indv(ne, 2))
 zj = zd(indv(ne, 2))
 L = Sqr((xj - xi) ^ 2 + (yj - yi) ^ 2 + (zj - zi) ^ 2)

'座標変換マトリックス[T]の成分
 lx = (xj - xi) / L
 mx = (yj - yi) / L
 nx = (zj - zi) / L
 ram = Sqr(lx ^ 2 + mx ^ 2)

 t(1, 1) = lx
 t(1, 2) = mx
 t(1, 3) = nx

 If ram <> 0# Then
   t(2, 1) = -mx / ram
   t(2, 2) = lx / ram
   t(2, 3) = 0#
   t(3, 1) = -nx * lx / ram
   t(3, 2) = -mx * nx / ram
   t(3, 3) = ram
 Else
   t(2, 1) = nx
   t(2, 2) = 0#
   t(2, 3) = 0#
   t(3, 1) = 0#
   t(3, 2) = 1#
   t(3, 3) = 0#
 End If

'分布荷重値(全体座標系)の読み込み
 wxgi = Cells(n4 + ne, 6)
 wxgj = Cells(n4 + ne, 7)
 wygi = Cells(n4 + ne, 8)
 wygj = Cells(n4 + ne, 9)
 wzgi = Cells(n4 + ne, 10)
 wzgj = Cells(n4 + ne, 11)

'分布荷重値の要素座標系への変換
 wxi = t(1, 1) * wxgi + t(1, 2) * wygi + t(1, 3) * wzgi
 wyi = t(2, 1) * wxgi + t(2, 2) * wygi + t(2, 3) * wzgi
 wzi = t(3, 1) * wxgi + t(3, 2) * wygi + t(3, 3) * wzgi
 wxj = t(1, 1) * wxgj + t(1, 2) * wygj + t(1, 3) * wzgj
 wyj = t(2, 1) * wxgj + t(2, 2) * wygj + t(2, 3) * wzgj
 wzj = t(3, 1) * wxgj + t(3, 2) * wygj + t(3, 3) * wzgj

'分布荷重の要素中心の断面力の概算
 wmax = 0#
 wx = Abs(wxi + wxj) / 2#
 wy = Abs(wyi + wyj) / 2#
 wz = Abs(wzi + wzj) / 2#
 If wx > wmax Then wmax = wx
 If wy > wmax Then wmax = wy
 If wz > wmax Then wmax = wz
 Qm = wmax * (L / 2#)
 Mm = wmax * (L ^ 2 / 8#)
'最大値の保存
 If Abs(sf(1)) > fmax Then fmax = Abs(sf(1))
 If Abs(sf(2)) > fmax Then fmax = Abs(sf(2))
 If Abs(sf(3)) > fmax Then fmax = Abs(sf(3))
 If Abs(sf(4)) > fmax Then fmax = Abs(sf(4))
 If Abs(sf(5)) > mmax Then mmax = Abs(sf(5))
 If Abs(sf(6)) > mmax Then mmax = Abs(sf(6))
 If Abs(sf(7)) > fmax Then fmax = Abs(sf(7))
 If Abs(sf(8)) > fmax Then fmax = Abs(sf(8))
 If Abs(sf(9)) > mmax Then mmax = Abs(sf(9))
 If Abs(sf(10)) > mmax Then mmax = Abs(sf(10))
 If Abs(sf(11)) > tmax Then tmax = Abs(sf(11))
 If Abs(sf(12)) > tmax Then tmax = Abs(sf(12))
 If Abs(Qm) > fmax Then fmax = Abs(Qm)
 If Abs(Mm) > mmax Then mmax = Abs(Mm)
Next ne

scf = 0#
scm = 0#
sct = 0#
If fmax > 0 Then scf = boxlx * scalevalue / sbai / fmax
If mmax > 0 Then scm = boxlx * scalevalue / sbai / mmax
If tmax > 0 Then sct = boxlx * scalevalue / sbai / tmax

 (つづく)
```

図 4.35 断面力表示の準備計算プログラム

表示する断面力のスケール（scf, scm, sct）は，軸力，せん断力，曲げモーメント，ねじりモーメントの最大値が，図枠幅の scalevalue 倍になるように縮尺を設定しています．ここで，scalevalue は，変位表示の場合と同じく，表示する断面力の拡大・縮小を行うためのパラメータで，すでに Global 宣言されています．

なお，このプログラムでは，プログラム名の後の括弧内に nsf という引数を置いています．これは，軸力（nsf=1），y 軸方向のせん断力（nsf=2），z 軸まわりの曲げモーメント（nsf=3），z 軸方向のせん断力（nsf=4），y 軸まわりの曲げモーメント（nsf=5），ねじりモーメント（nsf=6）の内，どの断面力を表示するかを，このプログラムを呼び出すところで指定するための引数です．また，dv, tht, phi は，透視変換を行うためのパラメータです．

次に，図 4.36, 4.37 は，図 4.35 のつづきに書かれた骨組の断面力図を描くプログラムを示しています．プログラムでは，まず，ne 番目の要素両端節点の断面力を Excel のセルから読みとり，これらを sf(1)〜sf(12)に代入しています．次に，要素両端の節点座標を抽出し，要素長さを計算しています．

次に，分布荷重の座標変換を行うために座標変換マトリクスを計算しています．次に，Excel のセルから要素両端の分布荷重値を読み込んでいます．次に，これを要素座標系に変換しています．

次に，要素の始点と終点の座標値を（xd0, yd0, zd0），(xde, yde, zde)に代入しています．次に，この2点を透視変換して2次元座標（x0, y0），(xe, ye)に変換し，スケーリングを行っています．

次の For 文では，各補間点（分割点）の断面力値を計算しています．ここで，xi は x/l，xx は x を表します．また，wy, wz は，補間点の分布荷重値を表します．まず，軸力とねじりモーメントは，要素両端の値の線形補間によって求めます．せん断と曲げモーメントは，静定力学で学んだ分布荷重と断面力の釣合条件を用いて計算します．なお，2 章の 2.5.4 節で説明したように，分布荷重は要素内で線形に変化するとしています．また，それぞれの断面力には，図 4.35 のプログラムで計算したスケール（scf, scm, sct）が掛けられます．

次に，図 4.37 では，要素座標系で計算された断面力の値（sfe）を，要素の y 軸方向と z 軸方向に描くものとして，この値を全体座標系に変換します（sfx2, sfy2, sfz2 および sfx3, sfy3, sfz3）．そして，補間点の全体座標系の座標値（xdp, ydp, zdp）

を計算し，また，これから y, z 方向の断面力値を差し引いた座標点を計算します．
次に，これらの座標点を透視変換し，スケーリングを行います．

```
'** 各要素の断面力表示 **                    '分布荷重値の要素座標系への変換
For ne = 1 To nel                           wxi = t(1, 1) * wxgi + t(1, 2) * wygi + t(1, 3) * wzgi
                                            wyi = t(2, 1) * wxgi + t(2, 2) * wygi + t(2, 3) * wzgi
  For j = 1 To 12                           wzi = t(3, 1) * wxgi + t(3, 2) * wygi + t(3, 3) * wzgi
    sf(j) = Cells(n6 + ne, j + 1)           wxj = t(1, 1) * wxgj + t(1, 2) * wygj + t(1, 3) * wzgj
  Next j                                    wyj = t(2, 1) * wxgj + t(2, 2) * wygj + t(2, 3) * wzgj
                                            wzj = t(3, 1) * wxgj + t(3, 2) * wygj + t(3, 3) * wzgj
  '要素長さの計算
    xi = xd(indv(ne, 1))                    '始点と終点の座標値
    yi = yd(indv(ne, 1))                    xd0 = xd(indv(ne, 1))
    zi = zd(indv(ne, 1))                    yd0 = yd(indv(ne, 1))
    xj = xd(indv(ne, 2))                    zd0 = zd(indv(ne, 1))
    yj = yd(indv(ne, 2))                    xde = xd(indv(ne, 2))
    zj = zd(indv(ne, 2))                    yde = yd(indv(ne, 2))
    L = Sqr((xj - xi) ^ 2 + (yj - yi) ^ 2 + (zj - zi) ^ 2)
                                            zde = zd(indv(ne, 2))
                                            Call 節点透視変換(xd0, yd0, zd0, x0, y0, dv, tht, phi)
  '座標変換マトリックス[T]の成分               Call 節点透視変換(xde, yde, zde, xe, ye, dv, tht, phi)
    lx = (xj - xi) / L                      x0 = x0 * sbai + xorg
    mx = (yj - yi) / L                      y0 = -y0 * sbai + yorg
    nx = (zj - zi) / L                      xe = xe * sbai + xorg
    ram = Sqr(lx ^ 2 + mx ^ 2)              ye = -ye * sbai + yorg

    t(1, 1) = lx                            '分割点の断面力の計算
    t(1, 2) = mx                            ndr = 2
    t(1, 3) = nx                            For i = 1 To idiv(ne) + 1
                                              xi = (i - 1) / idiv(ne)        '(x/l)
    If ram <> 0# Then                         xx = xi * L                    '(x)
      t(2, 1) = -mx / ram                     wy = (1 - xi) * wyi + xi * wyj
      t(2, 2) = lx / ram                      wz = (1 - xi) * wzi + xi * wzj
      t(2, 3) = 0#                            If nsf = 1 Then
      t(3, 1) = -nx * lx / ram                  sfe = (1 - xi) * sf(1) + xi * sf(2)
      t(3, 2) = -mx * nx / ram                  sfe = sfe * scf
      t(3, 3) = ram                           ElseIf nsf = 2 Then
    Else                                        sfe = sf(3) + (wyi + wy) * xx / 2#
      t(2, 1) = nx                              sfe = sfe * scf
      t(2, 2) = 0#                            ElseIf nsf = 3 Then
      t(2, 3) = 0#                              sfe = sf(5) + sf(3) * xx + xx ^ 2 * (2# * wyi + wy) / 6#
      t(3, 1) = 0#                              sfe = sfe * scm
      t(3, 2) = 1#                            ElseIf nsf = 4 Then
      t(3, 3) = 0#                              sfe = sf(7) + (wzi + wz) * xx / 2#
    End If                                      sfe = sfe * scf
                                              ElseIf nsf = 5 Then
  '分布荷重値（全体座標系）の読み込み             sfe = sf(9) + sf(7) * xx + xx ^ 2 * (2# * wzi + wz) / 6#
    wxgi = Cells(n4 + ne, 6)                    sfe = sfe * scm
    wxgj = Cells(n4 + ne, 7)                  ElseIf nsf = 6 Then
    wygi = Cells(n4 + ne, 8)                    sfe = (1 - xi) * sf(11) + xi * sf(12)
    wygj = Cells(n4 + ne, 9)                    sfe = sfe * sct
    wzgi = Cells(n4 + ne, 10)                 End If
    wzgj = Cells(n4 + ne, 11)
                                            （つづく）
```

図 4.36　骨組の断面力図を描くプログラム

```
'全体座標系への変換
    sfx2 = t(2, 1) * sfe
    sfy2 = t(2, 2) * sfe
    sfz2 = t(2, 3) * sfe
    sfx3 = t(3, 1) * sfe
    sfy3 = t(3, 2) * sfe
    sfz3 = t(3, 3) * sfe

'分割点の断面力値(座標)の計算
    xdp = (1 - xi) * xd0 + xi * xde
    ydp = (1 - xi) * yd0 + xi * yde
    zdp = (1 - xi) * zd0 + xi * zde
    xd2 = xdp - sfx2
    yd2 = ydp - sfy2
    zd2 = zdp - sfz2
    xd3 = xdp - sfx3
    yd3 = ydp - sfy3
    zd3 = zdp - sfz3
    Call 節点透視変換(xdp, ydp, zdp, xp, yp, dv, tht, phi)
    Call 節点透視変換(xd2, yd2, zd2, x2, y2, dv, tht, phi)
    Call 節点透視変換(xd3, yd3, zd3, x3, y3, dv, tht, phi)
    xp = xp * sbai + xorg
    yp = -yp * sbai + yorg
    x2 = x2 * sbai + xorg
    y2 = -y2 * sbai + yorg
    x3 = x3 * sbai + xorg
    y3 = -y3 * sbai + yorg

    If nsf = 4 Or nsf = 5 Then
        xb = x3
        yb = y3
    Else
        xb = x2
        yb = y2
    End If

    If nsf = 1 Or nsf = 6 Then
        If i = 1 Then
            s2 = Sqr((x2 - xp) ^ 2 + (y2 - yp) ^ 2)
            s3 = Sqr((x3 - xp) ^ 2 + (y3 - yp) ^ 2)
            If s3 > s2 Then ndr = 3
        End If
        If ndr = 3 Then
            xb = x3
            yb = y3
        End If
    End If

'要素断面力図の描画
    If i = 1 Then
        ActiveSheet.Shapes.AddLine x0, y0, xb, yb
    End If
    If i > 1 Then
        ActiveSheet.Shapes.AddLine x1, y1, xb, yb
        ActiveSheet.Shapes.AddLine xp, yp, xb, yb
    End If
    If i = idiv(ne) + 1 Then
        ActiveSheet.Shapes.AddLine xb, yb, xe, ye
    End If
'今回の計算点を保存
    x1 = xb
    y1 = yb
  Next i

 Next ne

End Sub
```

図 4.37 骨組の断面力図を描くプログラム(続き)

z 軸方向のせん断力と y 軸まわりの曲げモーメント(nsf=4 と 5)は,要素座標の z 軸方向に描くものとし,それ以外は,要素座標の y 軸方向に描くものとします.ただし,軸力とねじりモーメントに関しては,どちらの方向に描いてもよいため,透視変換後により見えやすい方向に描くものとし,要素の始点(i=1)における透視変換後の断面力図の大きさを比較し,大きく見える方向に描くようにしています.この場合,要素の y 軸方向に描く場合は ndr=2, z 軸方向に描く場合は ndr=3 になります.

次に,断面力図を描画します.ここでは,構造力学の教科書等に習って,補間点に縦線を入れています.また,始点と終点では,断面力の大きさを表す座標点

と節点を結ぶ線のみを描き，内部の補間点では，それ以外に，前ステップの断面力座標点（x1, y1）と現ステップの座標点（xb, yb）を線で結んでいます．なお，これらの線の色はデフォルトの黒としています．

最後に，(x1, y1) に (xb yb) を代入し，要素内のすべての補間点に関して，以上の計算を繰り返しています．

以上の計算を全要素について行うことにより，骨組の断面力図を描いています．

4.9 結果表示のためのユーザーフォーム

最後に，以上の解析結果（変位，断面力）を表示するためのユーザーフォームを作成します．図 4.38 は，結果表示のためのユーザーフォームの例を示したものです．ここでは，4.2 節で作成したマルチページを利用し，page3 に結果表示のユーザーフォームを作成しています．こうすることで，骨組表示を行った後に，結果を表示することが可能です．なお，マルチページのページを追加するには，page2 のタグ部分（"骨組表示"部分）をマウスで右クリックし，"新しいページ"を選択して下さい．

まず，変位表示では，背景の骨組図を消して，変位図のみも描けるように，"変位のみ"のチェックボックスを作ります．また，[**変位表示**]ボタンがクリックされた時に実行されるサブルーチンでは，図 4.39 に示すプログラムを書きます．なお，CheckBox4 は，"変位のみ"のチェックボックスです．その他のチェックボックスに関しては，図 4.27 のプログラムと同じです．また，変位の倍率を指定する scalevalue の初期値を scalevini とし，scalevini の値は 0.1 として UserForm2 が起動される時に実行されるサブルーチン（initialize）で設定します．

次に，変位の倍率を定める scalevalue をスピンボタンによって，変化させることができるようにします．図 4.40 はスピンボタンが変化したときに実行されるサブルーチンを示したものです．図 4.39 と異なるのは，scalevalue の設定のみです．なお，SpinButton5 では，プロパティの Max を 100，Min を −10 にしています．

次に，断面力の表示に関しては，図 4.38 に示されるように，軸力 N，y,z 軸方向のせん断力 Qy, Qz，y,z 軸まわりの曲げモーメント My, Mz，ねじりモーメント Mz をオプションボタンで選択するようにします．

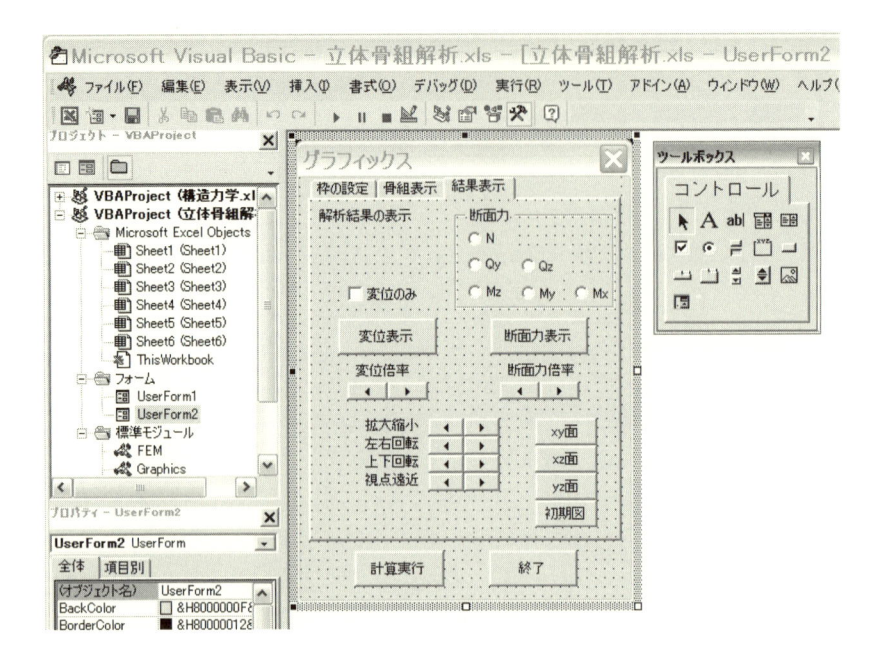

図 4.38　結果表示のためのユーザーフォーム

```
Private Sub CommandButton6_Click()

scalevalue = scalevini
SpinButton5.Value = 0

sh = SpinButton8.Value
sv = SpinButton9.Value
sz = SpinButton10.Value

Call 視点変更(sh, sv, sz, dv, tht, phi)
Call 骨組透視変換(dv, tht, phi)

If CheckBox4.Value = False Then
  Call 骨組表示
Else
  '図の削除
  ActiveSheet.Shapes.SelectAll
  Selection.ShapeRange.Delete
  '図枠の表示
  ActiveSheet.Shapes.AddShape msoShapeRectangle, boxx, boxy, boxlx, boxly
End If

If CheckBox1.Value = True Then
  Call 境界表示
End If
If CheckBox2.Value = True Then
  Call 荷重表示(dv, tht, phi)
  Call 分布荷重表示(dv, tht, phi)
End If
If CheckBox3.Value = True Then
  Call ヒンジ表示
End If
If CheckBox5.Value = True Then
  Call 要素番号表示
End If
If CheckBox6.Value = True Then
  Call 節点番号表示
End If

Call 変位表示(dv, tht, phi)

End Sub
```

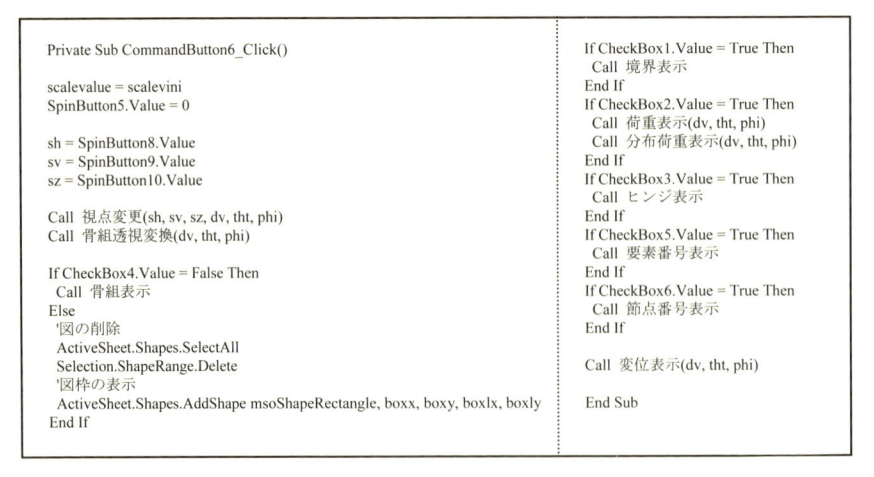

図 4.39　［**変位表示**］ボタンがクリックされた時に実行されるプログラム

```
Private Sub SpinButton5_Change()                          If CheckBox1.Value = True Then
                                                              Call 境界表示
sc = SpinButton5.Value                                    End If
scalevalue = scalevini + sc * 0.01                        If CheckBox2.Value = True Then
                                                              Call 荷重表示(dv, tht, phi)
sh = SpinButton8.Value                                        Call 分布荷重表示(dv, tht, phi)
sv = SpinButton9.Value                                    End If
sz = SpinButton10.Value                                   If CheckBox3.Value = True Then
                                                              Call ヒンジ表示
Call 視点変更(sh, sv, sz, dv, tht, phi)                     End If
Call 骨組透視変換(dv, tht, phi)                              If CheckBox5.Value = True Then
                                                              Call 要素番号表示
If CheckBox4.Value = False Then                           End If
  Call 骨組表示                                             If CheckBox6.Value = True Then
Else                                                          Call 節点番号表示
  '図の削除                                                End If
  ActiveSheet.Shapes.SelectAll
  Selection.ShapeRange.Delete                             Call 変位表示(dv, tht, phi)
  '図枠の表示
  ActiveSheet.Shapes.AddShape msoShapeRectangle, boxx, boxy, boxlx, boxly    End Sub
End If
```

図 4.40　スピンボタンの値が変化したときに実行されるサブルーチン

また，[**断面力表示**] ボタンがクリックされた時に実行されるサブルーチンでは，図 4.41 に示すプログラムを書きます．scalevalue の設定は，変位表示の場合と同様です．

```
Private Sub CommandButton10_Click()                       If CheckBox1.Value = True Then
                                                              Call 境界表示
If OptionButton1.Value = True Then nsf = 1                End If
If OptionButton2.Value = True Then nsf = 2                If CheckBox2.Value = True Then
If OptionButton3.Value = True Then nsf = 3                    Call 荷重表示(dv, tht, phi)
If OptionButton4.Value = True Then nsf = 4                    Call 分布荷重表示(dv, tht, phi)
If OptionButton5.Value = True Then nsf = 5                End If
If OptionButton6.Value = True Then nsf = 6                If CheckBox3.Value = True Then
                                                              Call ヒンジ表示
scalevalue = scalevini                                    End If
SpinButton6.Value = 0                                     If CheckBox5.Value = True Then
                                                              Call 要素番号表示
sh = SpinButton8.Value                                    End If
sv = SpinButton9.Value                                    If CheckBox6.Value = True Then
sz = SpinButton10.Value                                       Call 節点番号表示
                                                          End If
Call 視点変更(sh, sv, sz, dv, tht, phi)
Call 骨組透視変換(dv, tht, phi)                              End Sub
Call 骨組表示

Call 断面力表示(nsf, dv, tht, phi)
```

図 4.41　[**断面力表示**] ボタンがクリックされた時に実行されるプログラム

次に，図 4.42 のプログラムは，断面力の倍率を定める scalevalue をスピンボタンによって，設定できるようにしたものです．図 4.41 と異なるのは，scalevalue の設定のみです．

次に，結果表示においても，骨組図を拡大・縮小したり，回転させたりすることが必要となりますので，図 4.38 に示すように，"拡大縮小"，"左右回転"，"上下回転"，"視点遠近"のスピンボタンを貼り付けます．また，各スピンボタンが変化したときに実行されるプログラムは，図 4.28 4.29 に示すプログラムをコピーします．ただし，スピンボタンの番号は，1,2,3,4 から 7,8,9,10 に変える必要があります．また，スピンボタンの Min, Max の設定も，4.6 節に示したものと同じにします．

さらに，立体骨組解析プログラムで，2 次元問題を解く場合，2 次元平面で結果を表示させることができれば便利です．そこで，図 4.38 の "xy 面"，"xz 面"，"yz 面"のコマンドボタンは，各平面に，遠近処理を除いて表示させるためのものです．また，各ボタンがクリックされた時に実行されるプログラムを図 4.43 に示します．これらのプログラムでは，透視変換の視点パラメータが，各平面に透視されるように設定されています．また，骨組透視変換のプログラムでは，図 4.44 に示すように，sz が 100 の場合，遠近処理がなされないようにしています．

```
Private Sub SpinButton6_Change()

If OptionButton1.Value = True Then nsf = 1
If OptionButton2.Value = True Then nsf = 2
If OptionButton3.Value = True Then nsf = 3
If OptionButton4.Value = True Then nsf = 4
If OptionButton5.Value = True Then nsf = 5
If OptionButton6.Value = True Then nsf = 6

sc = SpinButton6.Value
scalevalue = scalevini + sc * 0.01

sh = SpinButton8.Value
sv = SpinButton9.Value
sz = SpinButton10.Value

Call 視点変更(sh, sv, sz, dv, tht, phi)
Call 骨組透視変換(dv, tht, phi)
Call 骨組表示

Call 断面力表示(nsf, dv, tht, phi)

If CheckBox1.Value = True Then
    Call 境界表示
End If
If CheckBox2.Value = True Then
    Call 荷重表示(dv, tht, phi)
    Call 分布荷重表示(dv, tht, phi)
End If
If CheckBox3.Value = True Then
    Call ヒンジ表示
End If
If CheckBox5.Value = True Then
    Call 要素番号表示
End If
If CheckBox6.Value = True Then
    Call 節点番号表示
End If

End Sub
```

図 4.42　スピンボタンの値が変化したときに実行されるサブルーチン

```
Private Sub CommandButton11_Click()      Private Sub CommandButton12_Click()      Private Sub CommandButton13_Click()
sh = (-90# - tht0) / 0.05 / 180#         sh = (90# - tht0) / 0.05 / 180#          sh = -tht0 / 0.05 / 180#
sv = (90# - phi0) / 0.05 / 180#          sv = -phi0 / 0.05 / 180#                 sv = -phi0 / 0.05 / 180#
sz = 100                                 sz = 100                                 sz = 100

SpinButton8.Value = sh                   SpinButton8.Value = sh                   SpinButton8.Value = sh
SpinButton9.Value = sv                   SpinButton9.Value = sv                   SpinButton9.Value = sv
SpinButton10.Value = sz                  SpinButton10.Value = sz                  SpinButton10.Value = sz

Call 視点変更(sh, sv, sz, dv, tht, phi)   Call 視点変更(sh, sv, sz, dv, tht, phi)   Call 視点変更(sh, sv, sz, dv, tht, phi)
Call 骨組透視変換(dv, tht, phi)           Call 骨組透視変換(dv, tht, phi)           Call 骨組透視変換(dv, tht, phi)
Call 骨組表示                             Call 骨組表示                             Call 骨組表示

If CheckBox1.Value = True Then           If CheckBox1.Value = True Then           If CheckBox1.Value = True Then
  Call 境界表示                             Call 境界表示                             Call 境界表示
End If                                   End If                                   End If
If CheckBox2.Value = True Then           If CheckBox2.Value = True Then           If CheckBox2.Value = True Then
  Call 荷重表示(dv, tht, phi)               Call 荷重表示(dv, tht, phi)               Call 荷重表示(dv, tht, phi)
  Call 分布荷重表示(dv, tht, phi)           Call 分布荷重表示(dv, tht, phi)           Call 分布荷重表示(dv, tht, phi)
End If                                   End If                                   End If
If CheckBox3.Value = True Then           If CheckBox3.Value = True Then           If CheckBox3.Value = True Then
  Call ヒンジ表示                           Call ヒンジ表示                           Call ヒンジ表示
End If                                   End If                                   End If
If CheckBox5.Value = True Then           If CheckBox5.Value = True Then           If CheckBox5.Value = True Then
  Call 要素番号表示                         Call 要素番号表示                         Call 要素番号表示
End If                                   End If                                   End If
If CheckBox6.Value = True Then           If CheckBox6.Value = True Then           If CheckBox6.Value = True Then
  Call 節点番号表示                         Call 節点番号表示                         Call 節点番号表示
End If                                   End If                                   End If

End Sub                                  End Sub                                  End Sub

       (xy 面)                                   (xz 面)                                   (yz 面)
```

図 4.43　2 次元平面表示のコマンドボタンがクリックされた時に実行されるプログラム

```
Sub 骨組透視変換(dv, tht, phi)            x4 = y3
                                         y4 = z3
For i = 1 To nod                         z4 = x3

  x1 = xd(i) - xc                        xs(i) = x4 * dv / (dv - z4)
  y1 = yd(i) - yc                        ys(i) = y4 * dv / (dv - z4)
  z1 = zd(i) - zc
                                         If Abs(dv) > dv0 * 10 Then
  x2 = x1 * Cos(-tht) - y1 * Sin(-tht)     xs(i) = x4
  y2 = x1 * Sin(-tht) + y1 * Cos(-tht)     ys(i) = y4
  z2 = z1                                End If

  x3 = x2 * Cos(-phi) - z2 * Sin(-phi)  Next i
  y3 = y2
  z3 = x2 * Sin(-phi) + z2 * Cos(-phi)  End Sub
```

図 4.44　dv が非常に大きい場合に遠近処理を行わないようにする設定

また，図 4.38 の"初期図"のコマンドボタンでは，図 4.45 に示す初期の視点設定で骨組が表示されるプログラムが実行されます．

```
Private Sub CommandButton14_Click()

scalefig = scaleini
SpinButton7.Value = 0
SpinButton8.Value = 0
SpinButton9.Value = 0
SpinButton10.Value = 0

Call 視点初期設定(dv, tht, phi)
Call 骨組透視変換(dv, tht, phi)
Call スケール変更
Call 骨組表示

If CheckBox1.Value = True Then
    Call 境界表示
End If
If CheckBox2.Value = True Then
    Call 荷重表示(dv, tht, phi)
    Call 分布荷重表示(dv, tht, phi)
End If
If CheckBox3.Value = True Then
    Call ヒンジ表示
End If
If CheckBox5.Value = True Then
    Call 要素番号表示
End If
If CheckBox6.Value = True Then
    Call 節点番号表示
End If

End Sub
```

図 4.45　初期図のコマンドボタンがクリックされた時に実行されるプログラム

最後に，結果表示のオプションボタンやスピンボタンの初期設定，および骨組表示の過程を飛ばして直接結果表示を行う場合に必要となるサブルーチンの実行を，UserForm2 の Initialize のサブルーチンに追加した部分を図 4.46 に示します．

```
'結果表示に関する設定
Call データ入力
Call 視点初期設定(dv, tht, phi)
Call 骨組透視変換(dv, tht, phi)
Call スケール変更

'結果値の縮尺の初期設定
scalevini = 0.1
SpinButton5.Value = 0
SpinButton6.Value = 0

'断面力選択の初期設定
OptionButton1.Value = True

'縮尺と視点の初期設定
SpinButton7.Value = 0
SpinButton8.Value = 0
SpinButton9.Value = 0
SpinButton10.Value = 0
```

図 4.46　UserForm2 の Initialize サブルーチンに追加されたプログラム

4.10 骨組解析ソフト

最後に，3章および4章のプログラムを，Excelのアドイン機能を用いて，ソフト化します．

まず，3章で作成したUserForm1と4章で作成したUserForm2を起動するコマンドを作成します．また，図を削除するコマンドも作成しておきます．これらを作成したものが図4.47に示されます．図に示すように，これらのコマンド（サブルーチン）は，オブジェクト名をCommandとした標準モジュールに収めています．

なお，4章で作成したプログラムは，オブジェクト名をPerspectおよびGraphicsとした標準モジュールにまとめています．また，Global宣言文は，オブジェクト名をVariablesとした標準モジュールにまとめています．図4.48は，4章で宣言したGlobal宣言文をまとめたものです．

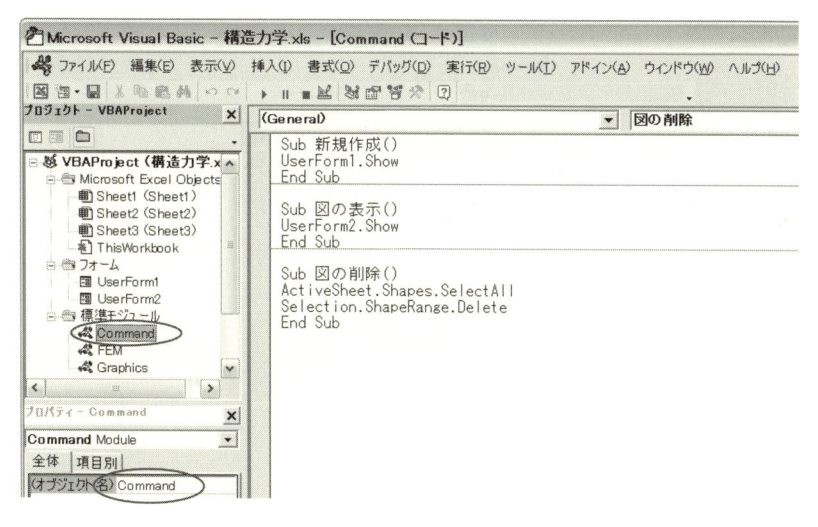

図4.47　Excelメニューに導入するコマンド

```
'グラフィックスデータ
Global boxx As Single, boxy As Single, boxlx As Single, boxly As Single
Global xc, yc, zc, dv0, tht0, phi0
Global xs(10000), ys(10000)
Global scaleini, scalefig
Global sbai, xorg, yorg
Global idiv(10000), ndiv
Global scalevini, scalevalue
```

図 4.48　グラフィックス関係の Global 宣言文

以上の準備を行って，図 4.49 に示すように，VBAProject の ThisWorkbook の部分に，図に示すようなプログラムを書き込みます．これは，Excel ファイルのメニューバーに，新たなメニューを追加するプログラムです．プログラム中の（.Caption）は Excel ブックのメニューバー表示の内容を，（.OnAction）は，呼び出して実行するサブルーチン名を示しています．

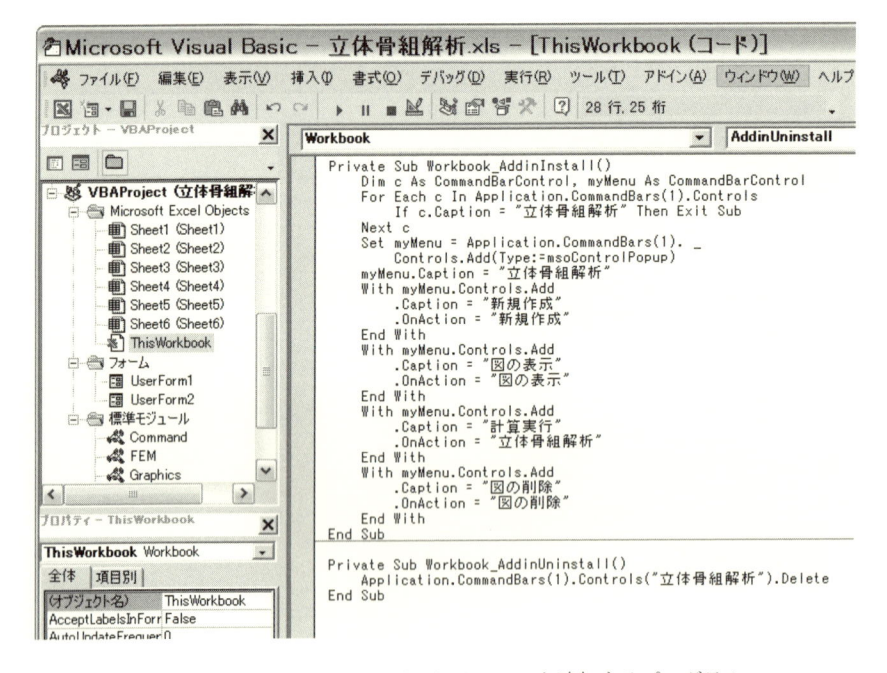

```
Private Sub Workbook_AddinInstall()
    Dim c As CommandBarControl, myMenu As CommandBarControl
    For Each c In Application.CommandBars(1).Controls
        If c.Caption = "立体骨組解析" Then Exit Sub
    Next c
    Set myMenu = Application.CommandBars(1). _
        Controls.Add(Type:=msoControlPopup)
    myMenu.Caption = "立体骨組解析"
    With myMenu.Controls.Add
        .Caption = "新規作成"
        .OnAction = "新規作成"
    End With
    With myMenu.Controls.Add
        .Caption = "図の表示"
        .OnAction = "図の表示"
    End With
    With myMenu.Controls.Add
        .Caption = "計算実行"
        .OnAction = "立体骨組解析"
    End With
    With myMenu.Controls.Add
        .Caption = "図の削除"
        .OnAction = "図の削除"
    End With
End Sub

Private Sub Workbook_AddinUninstall()
    Application.CommandBars(1).Controls("立体骨組解析").Delete
End Sub
```

図 4.49　Excel のメニューバーにメニューを追加するプログラム

Workbook_AddinInstall を実行すると，図4.50に示すメニューがExcelのメニューバーに追加されます．それぞれのメニューを選択すると，ユーザーフォームを起動したり，計算を実行できたりしますので，確かめてみてください．また，Workbook_AddinUninstall を実行すると，追加されたメニューが消去されます．

　次に，以上のプログラムをExcelのアドインに登録します．Visual Basic Editor を閉じて，Excelのメニューバーの［ファイル］－［名前を付けて保存］を選択します．そして，図4.51に示すように，ファイル名を"立体骨組解析"とし，ファイルの種類として，"Microsoft Excel アドイン"を選択して保存します．

図4.50　Excelのメニューバーに追加された骨組解析のメニュー

図4.51　マクロプログラムのアドイン登録

　以上のようにアドインとしてファイルを保存すると，Excelのメニューバーの［ツール］－［アドイン］を選択して表示されるフォームの中に，"立体骨組解析"の項目が追加されます．ここで，この"立体骨組解析"のチェックボックスをON

にして，［OK］ボタンをクリックすると，Excel のメニューバーに，図 4.50 に示す"立体骨組解析"のメニューが追加されます．

以上で，立体骨組解析ソフトは完成です．

5章 弾塑性解析プログラム

5.1 はじめに

　本章では，4章までに作成した立体骨組解析ソフトを，保有水平耐力などの計算に使える弾塑性解析ソフトに拡張します．ただし，ここで扱うのは，塑性力学の教科書で扱われている程度の問題とし，プログラムが複雑にならないようにしたいと考えています．しかし，マトリクス法ですから，複雑な立体骨組でも精度よく解くことができるソフトを目指したいと思います．

　5.2節では，本書で用いている有限要素法による骨組の弾塑性解析理論について説明します．5.3節では，弾塑性解析プログラムの作り方について説明します．

5.2 弾塑性解析理論

　骨組の弾塑性解析は，基本的に，外力（荷重）を少しずつ増加させて，降伏（塑性化）した部材の要素剛性マトリクスを，逐次降伏後のものに入れ替えることによって解析を進め，骨組が崩壊したと見なされるまで繰り返し計算を行うものです．このような方法には，いくつかのバリエーションがあります．

　違いの一つは，降伏後の要素剛性マトリクスを塑性流れ理論にもとづくより厳密なものとするか，要素内の降伏の可能性のある場所にバネを設け，降伏後にそのバネ剛性を低下させる簡易的な方法にするかです．塑性力学の教科書レベルでは，部材の接合部にヒンジを仮定し，仮想仕事法によって崩壊荷重を求める問題

がありますが,この程度の精度の崩壊荷重を求めるには,後者の方法で十分です.また,要素内に弾塑性バネを設ける方法では,バネ剛性を様々なルールで変化させることができるため,動的解析への応用も容易です.そこで,本書では,このような方法を採用します.

もう一点の違いは,荷重の増分のさせ方です.簡単な方法としては,荷重増分幅を一定にして,荷重を増加させていく方法です.プログラミングも容易で,荷重増分幅を十分小さくすれば,精度も得られます.しかし,増分幅が大きくなると,部材の降伏のタイミングがずれて誤差が拡大していきます.他の方法としては,増分を行っていく過程で,部材の降伏をより正確にサーチするような工夫を組み込む方法があります.このような方法では,精度は保証されますが,プログラミングは多少複雑になります.本書では,基本を理解することに重点を置いていますので,前者のより単純な方法を採用することにします.

5.2.1 弾塑性バネを有する要素剛性マトリクス

まず,要素の塑性化を表すために,剛性低下するバネを有する要素の剛性マトリクスを導きます.

一般に,骨組構造の弾塑性解析は,地震力や風圧力などの水平外力に対する骨組の耐力(強度)を計算するために用いられます.このような場合,部材の塑性化(破壊)は,多くの場合,部材端部の曲げモーメントによって生じます.そこで,ここでは,部材(要素)の塑性化は,部材端部のみに生じるものとし,図5.1のように,要素の両端に曲げバネを有する要素を用います.ただし,ここではz軸まわりの曲げ問題について考えています.

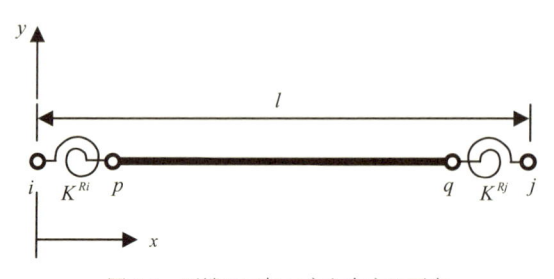

図5.1 両端に回転バネを有する要素

図 5.1 の要素では，節点 pq 間を通常のはり要素とし，その両端にバネ剛性 K^{Ri}, K^{Rj} の回転バネを有するものとします．なお，回転バネの長さは 0 とし，回転バネ剛性は次式のように 0 以上 1 以下のパラメータ λ で与えるものとします．

$$K^{Ri} = \frac{\lambda^i}{1-\lambda^i}\frac{6EI_z}{l}, \quad K^{Rj} = \frac{\lambda^j}{1-\lambda^j}\frac{6EI_z}{l} \tag{5.1}$$

このとき，$\lambda = 0$ の場合は回転バネ剛性は 0，$\lambda = 1$ の場合は回転バネ剛性は無限大となります．したがって，$\lambda = 1$ の場合は剛接合，$\lambda = 0$ の場合はピン接合，その間では半剛接合となります．

図 5.1 に示す要素の曲げ変形を考えると，節点 pq 間の要素剛性マトリックスは，2 章(2.60)式の $\mathbf{k}_v^e$ となります．また，節点 ip 間および節点 qj 間の回転バネのひずみエネルギーは，それぞれの節点の回転角を $\theta_i, \theta_p, \theta_q, \theta_j$ とすると，それぞれ次式で表さます．

$$\begin{aligned}
V_i^e &= \frac{1}{2}K^{Ri}\left(\theta_{zi}-\theta_{zp}\right)^2 = \begin{bmatrix} \theta_{zi} & \theta_{zp} \end{bmatrix}\begin{bmatrix} K^{Ri} & -K^{Ri} \\ -K^{Ri} & K^{Ri} \end{bmatrix}\begin{Bmatrix} \theta_{zi} \\ \theta_{zp} \end{Bmatrix} \\
V_j^e &= \frac{1}{2}K^{Rj}\left(\theta_{zq}-\theta_{zj}\right)^2 = \begin{bmatrix} \theta_{zq} & \theta_{zj} \end{bmatrix}\begin{bmatrix} K^{Rj} & -K^{Rj} \\ -K^{Rj} & K^{Rj} \end{bmatrix}\begin{Bmatrix} \theta_{zq} \\ \theta_{zj} \end{Bmatrix}
\end{aligned} \tag{5.2}$$

したがって，節点 ip 間および節点 qj 間の回転バネに関する要素剛性マトリックスは次式となります．

$$\mathbf{k}^{Ri} = \begin{bmatrix} K^{Ri} & -K^{Ri} \\ -K^{Ri} & K^{Ri} \end{bmatrix}, \quad \mathbf{k}^{Rj} = \begin{bmatrix} K^{Rj} & -K^{Rj} \\ -K^{Rj} & K^{Rj} \end{bmatrix} \tag{5.3}$$

このとき，節点 ip，pq，qj 間の要素の節点力と節点変位の関係式はそれぞれ次のようになります．

$$ip\,\text{間}: \quad \begin{bmatrix} K^{Ri} & -K^{Ri} \\ -K^{Ri} & K^{Ri} \end{bmatrix}\begin{Bmatrix} \theta_{zi} \\ \theta_{zp} \end{Bmatrix} = \begin{Bmatrix} M_{zi} \\ M_{zp} \end{Bmatrix} \tag{5.4}$$

$$pq\,\text{間}: \quad \frac{EI}{l^3}\begin{bmatrix} 12 & & & \text{sym.} \\ 6l & 4l^2 & & \\ -12 & -6l & 12 & \\ 6l & 2l^2 & -6l & 4l^2 \end{bmatrix}\begin{Bmatrix} v_p \\ \theta_{zp} \\ v_q \\ \theta_{zq} \end{Bmatrix} = \begin{Bmatrix} Q_{yp} \\ M_{zp} \\ Q_{yq} \\ M_{zq} \end{Bmatrix} \tag{5.5}$$

$$qj\,\text{間}: \quad \begin{bmatrix} K^{Rj} & -K^{Rj} \\ -K^{Rj} & K^{Rj} \end{bmatrix}\begin{Bmatrix} \theta_{zq} \\ \theta_{zj} \end{Bmatrix} = \begin{Bmatrix} M_{zq} \\ M_{zj} \end{Bmatrix} \tag{5.6}$$

(5.4), (5.5), (5.6)式を，重ね合わせると(5.7)式が得られます．ただし，(5.7)式で

は，$v_i = v_p$, $v_j = v_q$ の関係を用いています．また，節点 p と q に外力が働かないとすれば，重ね合わせた後の節点 p, q の曲げモーメントは 0 になることを用いています．

$$\begin{bmatrix} \dfrac{12EI_z}{l^3} & 0 & \dfrac{6EI_z}{l^2} & \dfrac{6EI_z}{l^2} & -\dfrac{12EI_z}{l^3} & 0 \\ 0 & K^{Ri} & -K^{Ri} & 0 & 0 & 0 \\ \dfrac{6EI_z}{l^2} & -K^{Ri} & \dfrac{4EI_z}{l}+K^{Ri} & \dfrac{2EI_z}{l} & -\dfrac{6EI_z}{l^2} & 0 \\ \dfrac{6EI_z}{l^2} & 0 & \dfrac{2EI_z}{l} & \dfrac{4EI_z}{l}+K^{Rj} & -\dfrac{6EI_z}{l^2} & -K^{Rj} \\ -\dfrac{12EI_z}{l^3} & 0 & -\dfrac{6EI_z}{l^2} & -\dfrac{6EI_z}{l^2} & \dfrac{12EI_z}{l^3} & 0 \\ 0 & 0 & 0 & -K^{Rj} & 0 & K^{Rj} \end{bmatrix} \begin{Bmatrix} v_i \\ \theta_{zi} \\ \theta_{zp} \\ \theta_{zq} \\ v_j \\ \theta_{zj} \end{Bmatrix} = \begin{Bmatrix} Q_{yi} \\ M_{zi} \\ 0 \\ 0 \\ Q_{yj} \\ M_{zj} \end{Bmatrix} \quad (5.7)$$

上式を見るとわかるように，(2.60)式の $\mathbf{k}_v^e$ に比較して，要素剛性マトリックスの自由度（行列の数）が 2 つ増えています．しかし，節点 p, q の節点力（曲げモーメント）は既知であるため，以下のように(5.7)式から 2 つの自由度を減じることができます．

まず，(5.7)式の節点力が 0 となる行（3,4 行）を抜き出して式を整理すると，

$$\begin{bmatrix} \dfrac{4EI_z}{l}+K^{Ri} & \dfrac{2EI_z}{l} \\ \dfrac{2EI_z}{l} & \dfrac{4EI_z}{l}+K^{Rj} \end{bmatrix} \begin{Bmatrix} \theta_{zp} \\ \theta_{zq} \end{Bmatrix} = \begin{bmatrix} -\dfrac{6EI_z}{l^2} & K^{Ri} & \dfrac{6EI_z}{l^2} & 0 \\ -\dfrac{6EI_z}{l^2} & 0 & \dfrac{6EI_z}{l^2} & K^{Rj} \end{bmatrix} \begin{Bmatrix} v_i \\ \theta_{zi} \\ v_j \\ \theta_{zj} \end{Bmatrix} \quad (5.8)$$

また，それ以外の行（1,2,5,6 行）を抜き出して式を整理すると，

$$\begin{bmatrix} \dfrac{12EI_z}{l^3} & 0 & -\dfrac{12EI_z}{l^3} & 0 \\ 0 & K^{Ri} & 0 & 0 \\ -\dfrac{12EI_z}{l^3} & 0 & \dfrac{12EI_z}{l^3} & 0 \\ 0 & 0 & 0 & K^{Rj} \end{bmatrix} \begin{Bmatrix} v_i \\ \theta_{zi} \\ v_j \\ \theta_{zj} \end{Bmatrix} + \begin{bmatrix} \dfrac{6EI_z}{l^2} & \dfrac{6EI_z}{l^2} \\ -K^{Ri} & 0 \\ -\dfrac{6EI_z}{l^2} & -\dfrac{6EI_z}{l^2} \\ 0 & -K^{Rj} \end{bmatrix} \begin{Bmatrix} \theta_{zp} \\ \theta_{zq} \end{Bmatrix} = \begin{Bmatrix} Q_{yi} \\ M_{zi} \\ Q_{yj} \\ M_{zj} \end{Bmatrix} \quad (5.9)$$

(5.8)式の K^{Ri}, K^{Rj} に(5.1)式を代入して，(5.8)式を解くと次式が得られます．

$$\begin{Bmatrix} \theta_{zp} \\ \theta_{zq} \end{Bmatrix} = \frac{1}{t_D} \begin{bmatrix} t_{11} & t_{12} & t_{13} & t_{14} \\ t_{21} & t_{22} & t_{23} & t_{24} \end{bmatrix} \begin{Bmatrix} v_i \\ \theta_{zi} \\ v_j \\ \theta_{zj} \end{Bmatrix} \tag{5.10}$$

ここに，

$$t_{11} = \frac{(-1+\lambda^i)(1+2\lambda^j)}{l}, \quad t_{12} = \lambda^i(2+\lambda^j), \quad t_{13} = -t_{11}, \quad t_{14} = (-1+\lambda^i)\lambda^j$$

$$t_{21} = \frac{(-1+\lambda^j)(1+2\lambda^i)}{l}, \quad t_{22} = (-1+\lambda^j)\lambda^i, \quad t_{23} = -t_{21}, \quad t_{24} = \lambda^j(2+\lambda^i) \tag{5.11}$$

$$t_D = 1 + \lambda^i + \lambda^j$$

(5.10)式を(5.9)式に代入すると次式の縮約された剛性方程式が得られます．

$$\begin{bmatrix} k_{v11}^e & & & \text{sym.} \\ k_{v21}^e & k_{v22}^e & & \\ k_{v31}^e & k_{v32}^e & k_{v33}^e & \\ k_{v41}^e & k_{v42}^e & k_{v43}^e & k_{v44}^e \end{bmatrix} \begin{Bmatrix} v_i \\ \theta_{zi} \\ v_j \\ \theta_{zj} \end{Bmatrix} = \begin{Bmatrix} Q_{yi} \\ M_{zi} \\ Q_{yj} \\ M_{zj} \end{Bmatrix} \tag{5.12}$$

ここに，

$$k_{v11}^e = \frac{6EI_z}{l^3} \frac{\lambda^i + \lambda^j + 4\lambda^i\lambda^j}{1+\lambda^i+\lambda^j}$$

$$k_{v21}^e = \frac{6EI_z}{l^2} \frac{\lambda^i(1+2\lambda^j)}{1+\lambda^i+\lambda^j}, \quad k_{v22}^e = \frac{6EI_z}{l} \frac{\lambda^i(1+\lambda^j)}{1+\lambda^i+\lambda^j}$$

$$k_{v31}^e = -k_{v11}^e, \quad k_{v32}^e = -k_{v21}^e, \quad k_{v33}^e = k_{v11}^e \tag{5.13}$$

$$k_{v41}^e = \frac{6EI_z}{l^2} \frac{\lambda^j(1+2\lambda^i)}{1+\lambda^i+\lambda^j}, \quad k_{v42}^e = \frac{6EI_z}{l} \frac{\lambda^i\lambda^j}{1+\lambda^i+\lambda^j}$$

$$k_{v43}^e = -k_{v41}^e, \quad k_{v44}^e = \frac{6EI_z}{l} \frac{\lambda^j(1+\lambda^i)}{1+\lambda^i+\lambda^j}$$

(5.13)式の要素剛性マトリックス部分を観察すると，$\lambda^i = \lambda^j = 1$の場合，要素剛性マトリックスは(2.60)式の$\mathbf{k}_v^e$と一致します．すなわち，図5.1の回転バネがない場合に等しくなります．また，$\lambda^i = \lambda^j = 0$の場合は，剛性マトリックスのすべての成分が0となります．したがって，この場合は要素の曲げ変形に対する剛性は0になります．

一方，y 軸まわりの曲げについても，(2.60)式の $\mathbf{k}_w^e$ を用いて(5.13)式と同様な式が導かれます．得られる要素剛性マトリクスは，(5.13)式の I_z を I_y に入れ替えて，$k_{v21}^e, k_{v32}^e, k_{v41}^e, k_{v43}^e$ の符号をマイナスにした形となります．

以上で得られた曲げに関する要素剛性マトリクスを(2.62)式に代入すれば，弾塑性曲げバネを有する立体骨組の要素剛性マトリクスを得ることができます．

5.2.2 降伏条件式

弾塑性解析では，荷重を徐々に大きくしていって，部材端部の断面力が全塑性状態に達すれば，部材端部のバネ剛性を低下させるか，あるいは0にする処理を行います．なお，本書では，基本的なプログラミングを示すことを目的としているため，単純な完全弾塑性モデルを仮定しています．

このような場合，立体骨組の部材断面に生じる応力は，軸力と2軸まわりの曲げモーメントが合成されたものになりますから，全塑性断面力をどのように定めるかが問題になります．

ここでは，骨組解析で一般によく用いられる次式の降伏関数（$M_y - M_z - P_x$ モデル）を降伏の判定に用います．

$$f = \left[\left(\frac{M_y}{M_{y0}} \right)^2 + \left(\frac{M_z}{M_{z0}} \right)^2 \right]^{a1} + \left(\frac{P_x}{P_{x0}} \right)^{a2} - 1 \tag{5.14}$$

ここに，M_{y0}, M_{z0} は，y, z 軸まわりの全塑性（終局）曲げモーメント，P_{x0} は塑性（終局）軸力を表します．また係数 $a1, a2$ は，材料および断面形状によって定められる係数です．なお，この関数ではねじりモーメントによる寄与は小さいものとして無視しています．なお，(5.14)式の係数 $a1, a2$ の与え方，および全塑性モーメント M_{y0}, M_{z0}，塑性軸力 P_{x0} の計算法に関しては，文献10)などを参照して下さい．

5.2.3 弾塑性解析の流れ

骨組の終局強度を求める弾塑性解析としては，まず，固定荷重（変化しない荷重）に対する解析を行い，初期応力を算定します．固定荷重に関しては，固定かそうでないかを判定させるデータを追加するのは煩雑ですから，分布荷重を固定

荷重にすることにします．実際，建物の解析では，梁に加えられる鉛直分布荷重が固定荷重となりますから，分布荷重を固定荷重に設定することは妥当だと考えられます．したがって，節点に加わる集中荷重に関しては，すべて増分解析に対応する荷重（増加する荷重）になります．

次に，荷重を徐々に増加させる増分解析を行うわけですが，どこかの部材が最初に塑性化するまでは，荷重を比例的に増加させることが可能です．したがって，まず，弾性限界の荷重を求めておいて，そこから増分解析を行う方が合理的です．しかしながら，(5.14)式が0になる荷重倍率を求めることは容易ではないため，ここでは，軸力を0とし，また，固定荷重による曲げモーメントを全塑性曲げモーメントから差し引くことによって，近似的な荷重倍率を計算することにします．この場合，弾性限荷重倍率（近似値）をαとすると，次式からαが計算されます．

$$\left[\left(\frac{\alpha M_y}{\left(M_{y0}-M_y^0\right)}\right)^2+\left(\frac{\alpha M_z}{M_{z0}-M_z^0}\right)^2\right]^{a1}=1$$

$$\Rightarrow \quad \alpha=\left[\left(\frac{M_y}{M_{y0}-M_y^0}\right)^2+\left(\frac{M_z}{M_{z0}-M_z^0}\right)^2\right]^{-\frac{1}{2}} \tag{5.15}$$

したがって，まず，入力された節点荷重によって，各要素の曲げモーメントM_y, M_zを計算し，(5.15)式により，荷重倍率αを求めます．そして，外力ベクトルに，この荷重倍率を掛けたものを，最初の外力として，次ステップから，荷重増分解析を行います．なお，(5.15)式のM_y^0, M_z^0は，固定荷重による曲げモーメントを表します．

ここでは，各ステップの増分荷重を，弾性限荷重を増分解析の総ステップ数で割ったものとします．すなわち，増分解析は，最大，弾性限荷重の2倍まで行うものとします．なお，増分解析のステップ数は，入力データとして与えるものとします．したがって，この解析法では，このステップ数が解析精度を決めるものとなります．すなわち，ステップ数が多いほど解の精度が上がります．なお，通常は，(5.14)式の降伏関数が完全に0になる点を探すような処理をしたりしますが，ここでは，そのような処理は省略します．

最後に，増分荷重を徐々に上げていくと，どこかで骨組が崩壊しますが，この

崩壊の判定を行う必要があります．通常は，層間変位等で，判定したりしますが，この場合，層の情報を入力する必要があるため，ここでは，変位ベクトルの 2 乗和（$\mathbf{d}^{GT}\mathbf{d}^G$）が，弾性限の変位ベクトルの 2 乗和の 50 倍を超えた時点で崩壊と見なすことにします．

以上の計算結果の出力は，新たなヒンジが発生するごとに行うものとし，出力するものとしては，ヒンジの位置および荷重ベクトル，変位ベクトルの値とします．以上の流れにしたがって，作成したプログラムを次節に示します．

5.3 弾塑性解析プログラム

ここでは，3 章, 4 章で作成した立体骨組解析プログラムを改良して，弾塑性解析プログラムを作成します．解析の流れについては, 5.2.3 で説明したとおりです．

5.3.1 データ入力設定フォームの改良

弾塑性解析のデータは，立体骨組解析（弾性解析）の場合とほぼ同様ですが，(5.14)式の降伏関数の値を計算するためのデータが必要です．これらのデータは，断面形状に関係するため，部材特性として入力することにします．また，増分解析の総ステップ数を入力する必要があります．

また，立体骨組解析のデータをもとに，弾塑性解析データを作成する場合，既存データを書き換えないようにしておくと便利です．そこで，3 章の図 3.2 で作成した UserForm1 の起動時に実行される Initialize サブルーチンに，図 5.2 に示すプログラムを書いておきます．このプログラムでは，Excel のセル上に節点数が入力されていれば，ndata という変数を 1 に設定して，シート上の節点数，要素数，材料数，特性数を UserForm1 のテキストボックスに表示するようにしています．

```
Private Sub UserForm_Initialize()

n0 = 3
nod = Cells(n0, 2)

ndata = 0
If nod > 0 Then ndata = 1

If ndata = 1 Then
  TextBox1.Value = nod
  TextBox2.Value = Cells(n0 + 1, 2)
  TextBox3.Value = Cells(n0 + 1, 4)
  TextBox4.Value = Cells(n0 + 1, 4)
End If

CommandButton3.SetFocus
OptionButton1.Value = True

End Sub
```

図 5.2 応力解析データを保持するための処理

次に，UserForm1 の［OK］ボタンがクリックされた時に実行されるサブルーチンに，図 5.3 に示すプログラムを追加します．図 5.3 のプログラムでは，まず，増分解析のステップ数の項目とステップ数のデフォルト値を出力しています．次に，(5.14)式の M_{y0}, M_{z0}, P_{x0}, $a1$, $a2$ を入力する列を Excel シート上に設定し，そこに項目名と，それぞれのデフォルト値を出力しています．そして，図 5.2 のプログラムで設定した ndata が 1 の場合（既存のデータが存在する場合）は，応力解析データの項目名およびデフォルト値の出力がなされないように，L100 のラベルに飛ばしています．この L100 のラベルは，End Sub の近くに配置しています（プログラム参照）．ただし，ndata は，Global 宣言しておきます．

なお，［**データ削除**］ボタンがクリックされ，データが消去された場合は，ndata を 0 にするようにしています．

```
Private Sub CommandButton1_Click()

nod = TextBox1.Value
nel = TextBox2.Value
nmt = TextBox3.Value
npr = TextBox4.Value

n0 = 3
n1 = n0 + 3
n2 = n1 + nmt + 2

Cells(n0, 5) = "Step 数="
Cells(n0, 6) = 100

Cells(n2, 6) = "My0"
Cells(n2, 7) = "Mz0"
Cells(n2, 8) = "Px0"
Cells(n2, 9) = "a1"
Cells(n2, 10) = "a2"

For i = 1 To npr
  Cells(n2 + i, 6) = 50#
  Cells(n2 + i, 7) = 50#
  Cells(n2 + i, 8) = 100#
  Cells(n2 + i, 9) = 0.5
  Cells(n2 + i, 10) = 2#
Next i

If ndata = 1 Then GoTo L100

（以下省略）
```

図 5.3　弾塑性解析データの入力項目とデフォルト値の出力

5.3.2　有限要素解析プログラムの改良

次に，3 章で作成した有限要素解析プログラムを改良して，弾塑性解析プログラムを作成します．

まず，データ入力サブルーチンでは，図 5.3 で作成したステップ数および降伏関数に関する項目に入力されたデータを読み込みます．図 5.4 は，このために，入力データサブルーチンに加えるプログラムを示しています．なお，ここで用いられている変数は，「Global My0(50), Mz0(50), Px0(50), a1(50), a2(50), nstep」として，

Global 宣言します．

次に，弾塑性解析では，荷重増分のための繰り返し計算を行うため，繰り返しの必要のない文は，ループの外で計算するようにします．まず，3章の図3.19の外力と変位ベクトルサブルーチンに含まれていた境界条件の識別部分は，図5.5に示すように独立したプログラムにします．

```
Sub データ入力()

 (中略)

 '降伏関数に関するデータの入力
 nstep = Cells(n0, 6)
 For i = 1 To npr
  My0(i) = Cells(n2 + i, 6)
  Mz0(i) = Cells(n2 + i, 7)
  Px0(i) = Cells(n2 + i, 8)
  a1(i) = Cells(n2 + i, 9)
  a2(i) = Cells(n2 + i, 10)
 Next i

End Sub
```

図 5.4 データ入力の追加

```
Sub 自由度番号()

 nt = nod * ndg

 '全自由度の番号付け
 For i = 1 To nt
  idof(i) = i
 Next i

 '境界条件の識別
 For nd = 1 To nod
  For i = 1 To ndg
   iG = (nd - 1) * ndg + i
   ic = Cells(n3 + nd, 4 + i)
   If ic = 1 Then idof(iG) = -idof(iG)
  Next i
 Next nd

End Sub
```

図 5.5 自由度番号に境界条件の識別を付与するプログラム

次に弾塑性解析に必要な変数の初期値設定を行います．図5.6にそのプログラムを示します．ここで，fg, dg は，繰り返し計算各ステップの外力増分と変位増分ベクトルを示しており，tfg, tdg は，fg, dg を各ステップで加算するための外力と変位ベクトルを示しています．また，tst は，各ステップの要素の断面力増分を加算するための要素の断面力ベクトルを示します．また，rmd は，(5.1)式で定義される材端バネの剛性パラメータ λ_i, λ_j を表します．この場合，初期状態ではすべて剛接として，

```
Sub 初期値設定()

 nt = nod * ndg

 For i = 1 To nt
  tfg(i) = 0#
  tdg(i) = 0#
  fg(i) = 0#
  dg(i) = 0#
 Next i

 For i = 1 To nel
  For j = 1 To 12
   tst(i, j) = 0#
  Next j
 Next i

 For i = 1 To nel
  For j = 1 To 2
   rmd(i, j) = 1#
  Next j
 Next i

End Sub
```

図 5.6 初期値設定プログラム

rmd に 1 を与えています．なお，これらの変数は，Global 変数として定義しています．

次に，3 章の図 3.12 の要素剛性マトリクスサブルーチンを変更して，要素剛性マトリクスの曲げ変形に関する成分が，(5.12), (5.13)式に示される要素剛性マトリクス成分になるようにします．図 5.7 は，その変更を行ったサブルーチンを示しています．なお，このプログラムの後にある座標変換の部分は，図 3.13 に示すプログラムと同じであるため省略しています．

```
Sub 要素剛性マトリクス(ne)
Dim ke(12, 12), tke(12, 12), t(3, 3)
'材料番号と特性番号
kmt = imt(ne)
kpr = ipr(ne)
'要素長さの計算
xi = xd(indv(ne, 1))
yi = yd(indv(ne, 1))
zi = zd(indv(ne, 1))
xj = xd(indv(ne, 2))
yj = yd(indv(ne, 2))
zj = zd(indv(ne, 2))
L = Sqr((xj - xi) ^ 2 + (yj - yi) ^ 2 + (zj - zi) ^ 2) '要素長

'[ke]のゼロクリアー
nem = nnd * ndg    'マトリクスのサイズ
For i = 1 To nem
  For j = 1 To nem
    ke(i, j) = 0#
  Next j
Next i

'要素両端のバネ剛性
ri = rmd(ne, 1)
rj = rmd(ne, 2)
rb = 1# + ri + rj

'要素剛性マトリックス[ke]
'軸方向
cu = eyg(kmt) * are(kpr) / L
ke(1, 1) = cu
ke(7, 7) = cu
ke(7, 1) = -cu
ke(1, 7) = -cu

'z 軸まわりの曲げ
cz = eyg(kmt) * siz(kpr) / L ^ 3
ke(2, 2) = 6# * cz * (ri + rj + 4# * ri * rj) / rb
ke(8, 8) = ke(2, 2)
ke(8, 2) = -ke(2, 2)
ke(2, 8) = -ke(2, 2)

ke(6, 2) = 6# * L * cz * ri * (1# + 2# * rj) / rb
ke(2, 6) = ke(6, 2)
ke(8, 6) = -ke(6, 2)
ke(6, 8) = -ke(6, 2)

ke(12, 2) = 6# * L * cz * rj * (1# + 2# * ri) / rb
ke(2, 12) = ke(12, 2)
ke(12, 8) = -ke(12, 2)
ke(8, 12) = -ke(12, 2)

ke(6, 6) = 6# * L ^ 2 * cz * ri * (1# + rj) / rb
ke(12, 12) = 6# * L ^ 2 * cz * rj * (1# + ri) / rb

ke(12, 6) = 6# * L ^ 2 * cz * ri * rj / rb
ke(6, 12) = ke(12, 6)

'y 軸まわりの曲げ
cy = eyg(kmt) * siy(kpr) / L ^ 3
ke(3, 3) = 6# * cy * (ri + rj + 4# * ri * rj) / rb
ke(9, 9) = ke(3, 3)
ke(9, 3) = -ke(3, 3)
ke(3, 9) = -ke(3, 3)

ke(5, 3) = -6# * L * cy * ri * (1# + 2# * rj) / rb
ke(3, 5) = ke(5, 3)
ke(9, 5) = -ke(5, 3)
ke(5, 9) = -ke(5, 3)

ke(11, 3) = -6# * L * cy * rj * (1# + 2# * ri) / rb
ke(3, 11) = ke(11, 3)
ke(11, 9) = -ke(11, 3)
ke(9, 11) = -ke(11, 3)

ke(5, 5) = 6# * L ^ 2 * cy * ri * (1# + rj) / rb
ke(11, 11) = 6# * L ^ 2 * cy * rj * (1# + ri) / rb

ke(11, 5) = 6# * L ^ 2 * cy * ri * rj / rb
ke(5, 11) = ke(11, 5)

'x 軸まわりのねじり
cx = gsh(kmt) * sk(kpr) / L
ke(4, 4) = cx
ke(10, 10) = cx
ke(10, 4) = -cx
ke(4, 10) = -cx

(以下省略)
```

図 5.7　材端バネを付加した要素剛性マトリクスの作成サブルーチン

138 第5章 弾塑性解析プログラム

全体剛性マトリクスの作成に関しては，3章の図3.18に示すプログラムと同じになります．

次に，3章の図3.19に示す外力と変位ベクトルの作成プログラムの変更を行ったプログラムを図5.8に示します．

```
Sub 外力と変位ベクトル(nf)

'ゼロクリアー
  nt = nod * ndg
  For i = 1 To nt
    fg(i) = 0#
    dg(i) = 0#
  Next i

'外力ベクトルと変位ベクトル
  If nf = 1 Then           '弾性限荷重の計算
    For nd = 1 To nod
      For i = 1 To ndg
        iG = ndg * (nd - 1) + i
        If idof(iG) > 0 Then
          fg(iG) = Cells(n3 + nd, 10 + i)
        Else
          dg(iG) = Cells(n3 + nd, 10 + i)
        End If
      Next i
    Next nd

  ElseIf nf = 2 Then       '弾性限荷重の解析と増分荷重の設定
    For nd = 1 To nod
      For i = 1 To ndg
        iG = ndg * (nd - 1) + i
        If idof(iG) > 0 Then
          fg(iG) = Cells(n3 + nd, 10 + i) * alpha
        Else
          dg(iG) = Cells(n3 + nd, 10 + i) * alpha
        End If
      Next i
    Next nd

    For i = 1 To nt
      dfg(i) = fg(i) / nstep
      ddg(i) = dg(i) / nstep
    Next i

  Else                     '増分荷重の代入
    For i = 1 To nt
      fg(i) = dfg(i)
      dg(i) = ddg(i)
    Next i

  End If

End Sub
```

図5.8 外力ベクトルと変位ベクトルサブルーチンの変更

図 5.8 のプログラムでは，弾塑性解析の場合，外力・変位ベクトルの設定をいくつかの場合に分ける必要があるため，サブルーチンの引数として nf という変数を設定しています．そして，まず，固定荷重（分布荷重）の計算では，このサブルーチンは呼ばないようにします．次に，弾性限荷重倍率の計算（nf=1）では，3章の図3.19と同様に入力データから直接荷重・変位ベクトルを作成します．なお，(5.15)式の α の計算は，断面力の計算サブルーチンで行います．次に，同じ荷重ベクトルに，弾性限荷重倍率 α を掛けた場合（nf=2）の解析を行います．このとき，弾性限荷重を nstep で割った荷重増分ベクトルの計算も行っておきます．次に，増分解析（nf=3）では，各ステップで，荷重増分ベクトル dfg の成分を fg に

代入します．これは，連立方程式の計算で，fg が書き換えられるためです．なお，本プログラムでは，変位増分解析も行えるように，変位ベクトルに関しても，荷重ベクトルと同様の処理を行っています．なお，ここで用いている dfg, ddg に関しては，dg, fg と同じディメンジョンで Global 宣言します．また，alpha も Global 変数とします．すなわち，「Global dfg(60000), ddg(60000), alpha」．

次に，3章の図 3.22 の節点変位の計算サブルーチンは，節点変位の出力部分を削除し，変位増分ベクトル dg を変位ベクトル tdg に加算するプログラムを追加します（図 5.9）．ただし，弾性限荷重倍率の計算時には，この加算をしないようにします．

```
Sub 節点変位の計算(nf)

nt = nod * ndg

'右辺ベクトルの計算
idx = -1    'idof がマイナスになる列成分をベクトルと掛ける
idy = 1     'idof がプラスになる行成分のみ計算を行う
isw = -1    '結果を {fa}-[kab]{ub} の形で返す
Call マトリクス掛け算(kg, dg, fg, nt, idx, idy, isw)

'連立方程式の計算
Call スカイライン解法(kg, fg, nt)

'変位ベクトルの作成
For i = 1 To nt
  If idof(i) > 0 Then
    dg(i) = fg(i)
  End If
Next i

If nf = 1 Then Exit Sub

'節点変位の保存
For i = 1 To nt
  tdg(i) = tdg(i) + dg(i)
Next i

End Sub
```

図 5.9　節点変位の計算サブルーチンの変更

次に，3章の図 3.23 の断面力の計算サブルーチンは，図 5.10 に示すように変更します．まず，断面力の計算を，(5.12), (5.13)式にしたがって変更します．次に，分布荷重の計算は，nf=0 の時のみに行うものとします．したがって，nf が 0 より大きい場合は，L100 のラベルに飛ばしています．次に，nf=1 の場合は，(5.15)式にしたがって，弾性限荷重倍率（alpha）の計算を行います．なお，弾性限荷重倍率は，すべての要素で，最も小さいものを求める必要があります．そして，最後に，各断面力増分を tst に加算しています．なお，荷重倍率の計算時 (nf=1) には，応力増分の加算は行わないようにしています．

```
Sub 断面力の計算(nf)
Dim dge(12), de(12), t(3, 3)

nem = nnd * ndg

'断面力計算
For ne = 1 To nel

'材料番号と特性番号
  kmt = imt(ne)
  kpr = ipr(ne)

  (中略)

'断面力の計算

'要素両端のバネ剛性
  ri = rmd(ne, 1)
  rj = rmd(ne, 2)
  rb = 1# + ri + rj

  cu = eyg(kmt) * are(kpr) / L
  cz = eyg(kmt) * siz(kpr) / L ^ 3
  cy = eyg(kmt) * siy(kpr) / L ^ 3
  cx = gsh(kmt) * sk(kpr) / L

  Pxi = cu * (de(1) - de(7))
  Pxj = -Pxi
  Qyi = cz / rb * (6# * (ri + rj + 4# * ri * rj) * de(2) _
       + 6# * L * ri * (1# + 2# * rj) * de(6) _
       - 6# * (ri + rj + 4# * ri * rj) * de(8) _
       + 6# * L * rj * (1# + 2# * ri) * de(12))
  Qyj = -Qyi
  Mzi = cz / rb * (6# * L * ri * (1# + 2# * rj) * de(2) _
       + 4# * L ^ 2 * ri * (1# + rj) * de(6) _
       - 6# * L * ri * (1# + 2# * rj) * de(8) _
       + 6# * L ^ 2 * ri * rj * de(12))
  Mzj = cz / rb * (6# * L * rj * (1# + 2# * rj) * de(2) _
       + 6# * L ^ 2 * ri * rj * de(6) _
       - 6# * L * rj * (1# + 2# * ri) * de(8) _
       + 4# * L ^ 2 * rj * (1# + ri) * de(12))
  Qzi = cy / rb * (6# * (ri + rj + 4# * ri * rj) * de(3) _
       - 6# * L * ri * (1# + 2# * rj) * de(5) _
       - 6# * (ri + rj + 4# * ri * rj) * de(9) _
       - 6# * L * rj * (1# + 2# * ri) * de(11))
  Qzj = -Qzi
  Myi = cy / rb * (-6# * L * ri * (1# + 2# * rj) * de(3) _
       + 4# * L ^ 2 * ri * (1# + rj) * de(5) _
       + 6# * L * ri * (1# + 2# * rj) * de(9) _
       + 6# * L ^ 2 * ri * rj * de(11))
  Myj = cy / rb * (-6# * L * rj * (1# + 2# * ri) * de(3) _
       + 6# * L ^ 2 * ri * rj * de(5) _
       + 6# * L * rj * (1# + 2# * ri) * de(9) _
       + 6# * L ^ 2 * rj * (1# + ri) * de(11))
  Mxi = cx * (de(4) - de(10))
  Mxj = -Mxi

  If nf > 0 Then GoTo L100

'*******************************
'分布荷重値（全体座標系）の読み込み

  (中略)

'断面力の修正
  Pxi = Pxi - Pxib
  Pxj = Pxj - Pxjb
  Qyi = Qyi - Qyib
  Qyj = Qyj - Qyjb
  Mzi = Mzi - Mzib
  Mzj = Mzj - Mzjb
  Qzi = Qzi - Qzib
  Qzj = Qzj - Qzjb
  Myi = Myi - Myib
  Myj = Myj - Myjb
'*******************************
L100:
'弾性限荷重倍率の計算
  If nf = 1 Then

    Mzi0 = Abs(tst(ne, 5))
    Mzj0 = Abs(tst(ne, 6))
    Myi0 = Abs(tst(ne, 9))
    Myj0 = Abs(tst(ne, 10))

    alphai = ((Myi / (My0(kpr) - Myi0)) ^ 2 _
           + (Mzi / (Mz0(kpr) - Mzi0)) ^ 2) ^ (-0.5)
    alphaj = ((Myj / (My0(kpr) - Myj0)) ^ 2 _
           + (Mzj / (Mz0(kpr) - Mzj0)) ^ 2) ^ (-0.5)

    If ne = 1 Then alpha = alphai

    If alphai < alpha Then alpha = alphai
    If alphaj < alpha Then alpha = alphaj

    GoTo L200

  End If

  tst(ne, 1) = tst(ne, 1) + Pxi
  tst(ne, 2) = tst(ne, 2) + Pxj
  tst(ne, 3) = tst(ne, 3) + Qyi
  tst(ne, 4) = tst(ne, 4) + Qyj
  tst(ne, 5) = tst(ne, 5) + Mzi
  tst(ne, 6) = tst(ne, 6) + Mzj
  tst(ne, 7) = tst(ne, 7) + Qzi
  tst(ne, 8) = tst(ne, 8) + Qzj
  tst(ne, 9) = tst(ne, 9) + Myi
  tst(ne, 10) = tst(ne, 10) + Myj
  tst(ne, 11) = tst(ne, 11) + Mxi
  tst(ne, 12) = tst(ne, 12) + Mxj

L200:

Next ne

End Sub
```

図 5.10　断面力の計算サブルーチンの変更

分布荷重の計算サブルーチンに関しては，3 章の図 3.24，3.25 から変更はありません．また，反力の計算に関しては，図 3.26 のプログラムを図 5.11 に示すように変更します．図に示すように，ここで，外力ベクトルの加算を行っています．これは，変位増分解析を考慮したためです．また，このサブルーチンは，弾性限荷重の計算では呼ばないようにします．

```
Sub 反力の計算(nf)

'全体剛性マトリクスの再計算
Call 全体剛性マトリクス

'反力を含めた外力ベクトルの計算
Call マトリクス掛け算(kg, dg, fg, nod * ndg, 0, 0, 0)

'分布荷重に関する補正
If nf = 0 Then Call 分布荷重(-1#)

For i = 1 To nod * ndg
  tfg(i) = tfg(i) + fg(i)
Next i

End Sub
```

図 5.11 反力計算サブルーチンの変更

図 5.9, 5.10 の節点変位，断面力の計算では，計算結果の出力部分を省きました．増分解析においても，塑性ヒンジ発生後の断面力の情報は必要ないと思われるため，出力を省略しています．しかし，弾性範囲の断面力は，チェックの上でも必要と思われるため，ここでは，弾性限荷重作用時の節点変位，断面力を出力することを考慮して，図 5.9, 5.10 で省略した計算結果の出力部分をまとめたサブルーチン（図 5.12）を作成します．

以上は，3 章に示した弾性応力解析プログラムの改良でしたが，以下では，弾塑性解析で，新たに作る必要のあるプログラムを示します．

まず，(5.14)式の降伏関数で判定を行って，降伏している要素の材端バネパラメータ値を変更するプログラムを図 5.13 に示します．この時，バネパラメータを完全に 0 にすると，連立方程式の計算でマトリクスが特異になる場合があるため，0 に近い値に設定しています．また，降伏関数の判定にも，多少のトレランス（許容誤差）を設定しています．また，このプログラムで，すべての要素の総ヒンジ

数の計算を行っています．また，ヒンジ数が変化した場合，pout を 1 にしています．なお，ヒンジ数 nhg と pout は，サブルーチンの引数としています．また，rlim は，他のサブルーチンでも使用するため Global 変数とします．

```
Sub 変位断面力出力()

'節点変位の出力
Cells(n4 + nel + 2, 1) = "出力データ"

n5 = n4 + nel + 4
For i = 1 To nod
  Cells(n5, 1) = "節点番号"
  Cells(n5, 2) = "u"
  Cells(n5, 3) = "v"
  Cells(n5, 4) = "w"
  Cells(n5, 5) = "θx"
  Cells(n5, 6) = "θy"
  Cells(n5, 7) = "θz"
  Cells(n5 + i, 1) = i
  For j = 1 To ndg
    Cells(n5 + i, 1 + j) = tdg(ndg * (i - 1) + j)
  Next j
Next i

'要素断面力の出力
n6 = n4 + nel + 4 + nod + 2

Cells(n6, 1) = "要素番号"
Cells(n6, 2) = "Ni"
Cells(n6, 3) = "Nj"
Cells(n6, 4) = "Qyi"
Cells(n6, 5) = "Qyj"
Cells(n6, 6) = "Mzi"
Cells(n6, 7) = "Mzj"
Cells(n6, 8) = "Qzi"
Cells(n6, 9) = "Qzj"
Cells(n6, 10) = "Myi"
Cells(n6, 11) = "Myj"
Cells(n6, 12) = "Mxi"
Cells(n6, 13) = "Mxj"

For ne = 1 To nel

'構造力学の定義
Pxi = -tst(ne, 1)
Pxj = tst(ne, 2)
Qyi = tst(ne, 3)
Qyj = -tst(ne, 4)
Mzi = -tst(ne, 5)
Mzj = tst(ne, 6)
Qzi = tst(ne, 7)
Qzj = -tst(ne, 8)
Myi = tst(ne, 9)
Myj = -tst(ne, 10)
Mxi = -tst(ne, 11)
Mxj = tst(ne, 12)

If Abs(Pxi) < 0.00000000001 Then Pxi = 0#
If Abs(Pxj) < 0.00000000001 Then Pxj = 0#
If Abs(Qyi) < 0.00000000001 Then Qyi = 0#
If Abs(Qyj) < 0.00000000001 Then Qyj = 0#
If Abs(Mzi) < 0.00000000001 Then Mzi = 0#
If Abs(Mzj) < 0.00000000001 Then Mzj = 0#
If Abs(Qzi) < 0.00000000001 Then Qzi = 0#
If Abs(Qzj) < 0.00000000001 Then Qzj = 0#
If Abs(Myi) < 0.00000000001 Then Myi = 0#
If Abs(Myj) < 0.00000000001 Then Myj = 0#
If Abs(Mxi) < 0.00000000001 Then Mxi = 0#
If Abs(Mxj) < 0.00000000001 Then Mxj = 0#

Cells(n6 + ne, 1) = ne
Cells(n6 + ne, 2) = Pxi
Cells(n6 + ne, 3) = Pxj
Cells(n6 + ne, 4) = Qyi
Cells(n6 + ne, 5) = Qyj
Cells(n6 + ne, 6) = Mzi
Cells(n6 + ne, 7) = Mzj
Cells(n6 + ne, 8) = Qzi
Cells(n6 + ne, 9) = Qzj
Cells(n6 + ne, 10) = Myi
Cells(n6 + ne, 11) = Myj
Cells(n6 + ne, 12) = Mxi
Cells(n6 + ne, 13) = Mxj

Next ne

End Sub
```

図 5.12　節点変位と断面力の出力サブルーチン

```
Sub 降伏判定(nhg, pout)

rlim = 0.0001

'降伏判定
For ne = 1 To nel
  kpr = ipr(ne)
  Pxi = tst(ne, 1)
  Pxj = tst(ne, 2)
  Mzi = tst(ne, 5)
  Mzj = tst(ne, 6)
  Myi = tst(ne, 9)
  Myj = tst(ne, 10)

  fyi = ((Myi / My0(kpr)) ^ 2 + (Mzi / Mz0(kpr)) ^ 2) ^ a1(kpr) _
      + (Pxi / Px0(kpr)) ^ a2(kpr) - 1#
  fyj = ((Myj / My0(kpr)) ^ 2 + (Mzj / Mz0(kpr)) ^ 2) ^ a1(kpr) _
      + (Pxj / Px0(kpr)) ^ a2(kpr) - 1#

  If fyi > -0.00001 Then rmd(ne, 1) = rlim
  If fyj > -0.00001 Then rmd(ne, 2) = rlim
Next ne

'ヒンジ数の計算
nhg1 = nhg

nhg = 0
For i = 1 To nel
  For j = 1 To 2
    If rmd(i, j) = rlim Then
      nhg = nhg + 1
    End If
  Next j
Next i

pout = 0
If nhg > nhg1 Then pout = 1

End Sub
```

図 5.13 降伏判定サブルーチン

次に，図 5.14 は，崩壊判定を行うプログラムを示しています．このプログラムでは，まず，$\mathbf{d}^{GT}\mathbf{d}^G$ を計算し，弾性限荷重におけるこの値を delim に保存し，増分解析において，この値が，delim の 50 倍を超えると，nstop を 1 にしています（それまでは nstop=0）．

```
Sub 崩壊判定(nf, nstop)

s = 0#
For i = 1 To nod * ndg
  s = s + dg(i) * dg(i)
Next i

If nf = 2 Then GoTo L100
delim = s
Exit Sub

L100:
nstop = 0
If s > delim * 50# Then nstop = 1

End Sub
```

図 5.14 崩壊判定サブルーチン

最後に，解析結果の出力サブルーチンを作成します．解析結果は，新しいヒンジが発生するごとに，その時のヒンジ位置と，変位ベクトル，外力ベクトルを出力するようにします．なお，これらのデータは多量となるため，それぞれに対して，"ヒンジ出力"，"変位出力"，"外力出力"の Excel シートを作成して，そこに結果を出力するようにします．図 5.15 は，このようなプログラムを示します．

```
Sub 結果出力(nf, iout)

fname1 = "ヒンジ出力"
fname2 = "変位出力"
fname3 = "外力出力"

If nf > 0 Then GoTo L100

iout = 0

fname = ActiveSheet.Name

ns1 = 0
ns2 = 0
ns3 = 0
n = Sheets.Count
For i = 1 To n
  fn = Sheets(i).Name
  If fn = fname1 Then ns1 = 1
  If fn = fname2 Then ns2 = 1
  If fn = fname3 Then ns3 = 1
Next i

If ns3 = 0 Then
  Sheets.Add After:=Sheets(fname)
  Sheets(ActiveSheet.Name).Name = "外力出力"
End If

If ns2 = 0 Then
  Sheets.Add After:=Sheets(fname)
  Sheets(ActiveSheet.Name).Name = "変位出力"
End If

If ns1 = 0 Then
  Sheets.Add After:=Sheets(fname)
  Sheets(ActiveSheet.Name).Name = "ヒンジ出力"
End If

Sheets(fname1).Select: Columns("A:VI").Select
Selection.ClearContents: Range("A1").Select

Sheets(fname2).Select: Columns("A:VI").Select
Selection.ClearContents: Range("A1").Select

Sheets(fname3).Select: Columns("A:VI").Select
Selection.ClearContents: Range("A1").Select
Sheets(fname).Activate

L100:
iout = iout + 1

'ヒンジ位置の出力
For ne = 1 To nel
  For i = 1 To 2
    ihg = 0
    If rmd(ne, i) = rlim Then ihg = 1
    Sheets(fname1).Cells(2 * (ne - 1) + i, iout) = ihg
  Next i
Next ne

'節点変位の出力
For i = 1 To nod * ndg
  Sheets(fname2).Cells(i, iout) = tdg(i)
Next i

'節点外力の出力
For i = 1 To nod * ndg
  Sheets(fname3).Cells(i, iout) = tfg(i)
Next i

End Sub
```

図 5.15 解析結果の出力サブルーチン

図 5.15 のプログラムでは，まず，最初の固定荷重の結果出力時に，"ヒンジ出力"，"変位出力"，"外力出力"のシートを追加しています．ただし，これらの名前のシートがすでに存在する場合はエラーが出るため，すべてのシートの名前を

チェックして，存在しない場合にだけシートを作成するようにしています．ここで，ActiveSheet.Name は，現在開いているシート名を示します．また，Sheets.Count は，Excel ファイル（book）に存在するシートの数を示します．Sheets(i).Name は，左から i 番目のシートの名前を示します．Sheets.Add は，シートを追加する命令です．After:=Sheets(fname)は，fname のシートの後に追加せよという命令を示します．以上で，3 つの新たなシートが追加されます．また，右列の 6 行のプログラムは，各 Sheet のデータをクリアするためのものです．また，Sheets(fname).Active は，fname のシートをアクティブにする（参照する）という命令です．

次に，iout という変数を，データを出力するごとに更新します．そして，各シートにヒンジ情報，節点変位ベクトル，節点力ベクトルを出力します．各データは，縦に 1 列に並べています．また，ヒンジのデータは，要素の両端に関してヒンジになっていれば 1，なっていなければ 0 の情報を出力しています．節点変位，節点力は，1 節点 6 自由度のすべての情報を出力しています．なお，節点力には反力の情報も含まれます．

```
Sub 骨組弾塑性解析()

    Call データ入力
    Call スカイライン高さ
    Call 自由度番号
    Call 初期値設定

    '固定荷重の応力計算
    Call 全体剛性マトリクス
    Call 分布荷重(1#)
    Call 節点変位の計算(0)
    Call 断面力の計算(0)
    Call 反力の計算(0)
    Call 結果出力(0, iout)

    '弾性限荷重倍率の計算
    Call 全体剛性マトリクス
    Call 外力と変位ベクトル(1)
    Call 節点変位の計算(1)
    Call 断面力の計算(1)

    '弾性限荷重による応力計算
    Call 全体剛性マトリクス
    Call 外力と変位ベクトル(2)
    Call 節点変位の計算(2)
    Call 断面力の計算(2)
    Call 反力の計算(1)
    Call 降伏判定(nhg, pout)
    Call 崩壊判定(1, nstop)
    Call 結果出力(1, iout)
    Call 変位断面力出力

    '弾塑性増分解析

    For istep = 1 To nstep

        Call 全体剛性マトリクス
        Call 外力と変位ベクトル(3)
        Call 節点変位の計算(2)
        Call 断面力の計算(2)
        Call 反力の計算(2)
        Call 降伏判定(nhg, pout)
        Call 崩壊判定(2, nstop)

        If pout = 1 Then Call 結果出力(2, iout)

        If nstop = 1 Then GoTo L100

    Next istep

    L100:
    Cells(n4 + nel + 2, 3) = "データ数="
    Cells(n4 + nel + 2, 4) = iout

End Sub
```

図 5.16 弾塑性解析プログラムのメインルーチン

最後に，以上のプログラムをアルゴリズム通りに並べてメインルーチンを作ります．図 5.16 は，そのメインルーチンを示します．図 5.16 では，データ入力，スカイライン高さの計算，初期値設定を行った後，固定荷重の応力計算を行います．次に，弾性限荷重倍率の計算を行い，その倍率の掛けられた外力により，弾性限荷重の断面力計算を行います．次に，増分解析を行います．増分解析では，降伏判定を行い，要素端にヒンジを生成していきます．そして，崩壊と判定されたら，増分解析のループを抜けて，出力したデータ数をセルに書き込んだ後に，終了します．

```
'どのサブルーチンでも使える変数の宣言

'最大節点数 10000, 最大要素数 10000
'最大材料数    50, 最大特性数   50
'最大マトリクスサイズ 1000000
'最大自由度数 60000

'マトリクス法データ
Global nnd, ndg
Global nod, nel, nmt, npr
Global eyg(50), gsh(50)
Global are(50), siy(50), siz(50), sk(50)
Global xd(10000), yd(10000), zd(10000)
Global indv(10000, 2), imt(10000), ipr(10000)
Global kge(12, 12)
Global kg(1000000), indsk(1000000)
Global fg(60000), dg(60000), idof(60000)
Global tfg(60000), tdg(60000), tst(10000, 12)
Global rmd(10000, 2), rlim
Global My0(50), Mz0(50), Px0(50), a1(50), a2(50), nstep
Global dfg(60000), ddg(60000), alpha
Global delim
```

図 5.17 Global 宣言文

図 5.17 は，以上のプログラムの Global 宣言文を示しています．

以上で，有限要素解析プログラムは完成です．

5.3.3　グラフィックスの改良

次に，4 章で作成したグラフィックスプログラムを改良して，塑性ヒンジの発生状況を示すプログラムを作成します．

弾塑性解析の結果として表示したいものは，荷重－変位曲線と，塑性ヒンジの発生過程だと思われます．荷重－変位曲線に関しては，どの節点に関して描くのかが問題です．そこで，ここでは，節点番号と変位方向を入力して，そのデータを"変位出力"および"外力出力"のシートから抽出するユーザーフォームを用意することにします．なお，グラフの方も自動的に描かせることも可能ですが，Excel のグラフ機能を使えば，細かい設定も可能ですから，抽出したデータからグラフを描くところはユーザーに任せることにします．

次に，塑性ヒンジの発生プロセスは，骨組に塑性ヒンジを直接描くグラフィックスを作成します．なお，骨組の変形も同時に表示させると，よりリアルですか

ら，変位図に塑性ヒンジを描くオプションも加えることにします．

以上の表示を行うため，図5.18に示すように，4章の図4.38に示すマルチページのページをもう一つ追加して，結果表示タグを2つにします．そして，この新しいページに，図に示すように，コントロールボタンを追加します．ここで，拡大縮小，左右回転，…，xy面，xz面，…などのコマンドボタンは，図4.38と同様のもので，新しくボタンを作成して，中身のプログラムはコピーします．ただし，スピンボタンなどの番号が変わっているので，修正が必要です．

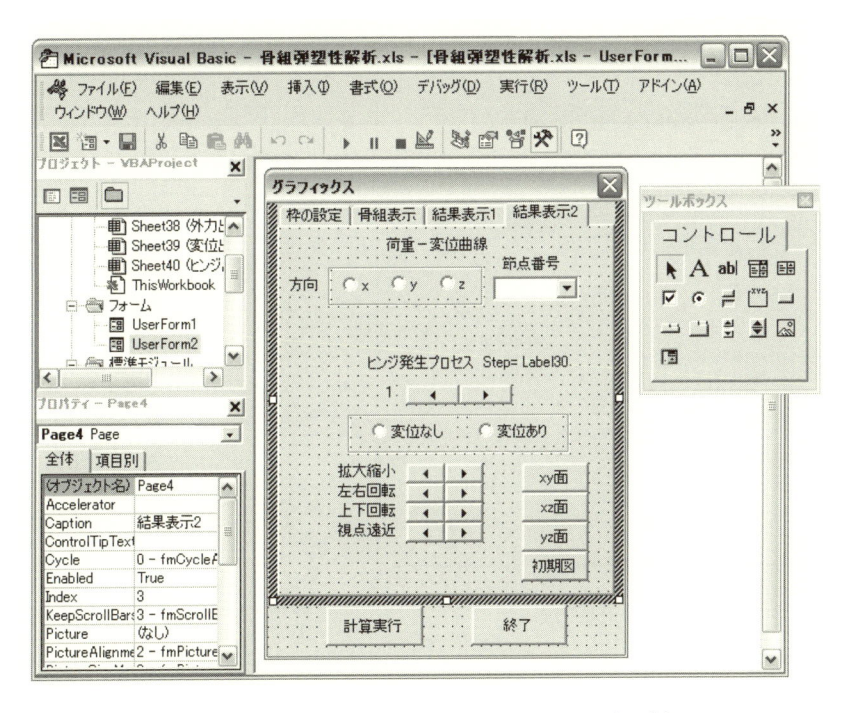

図5.18 弾塑性解析結果表示のためのマルチページの追加

まず，荷重－変位曲線のデータを抽出するために，方向のオプションボタンと，節点番号を選択するコンボボックスを追加しています．そして，コンボボックスの節点番号が選択されると，図5.19のプログラムが実行されるようにしています．このプログラムでは，まず，入力データの右横に，選択された節点番号と方向を

表示し，次に塑性ヒンジが発生する各ステップの変位と荷重の値をセルに出力するようにしています．

このプログラムが実行された結果の一例を図 5.20 に示しています．このようなデータに対して，Excel のグラフ機能を用いれば，簡単に荷重－変位曲線を描くことができます．

```
Private Sub ComboBox1_Change()

nd = ComboBox1.Value

Cells(1, 17) = "節点番号="
Cells(1, 18) = nd

If OptionButton9.Value = True Then
  nr = 1
  Cells(2, 18) = " （x 方向） "
ElseIf OptionButton10.Value = True Then
  nr = 2
  Cells(2, 18) = " （y 方向） "
ElseIf OptionButton11.Value = True Then
  nr = 3
  Cells(2, 18) = " （z 方向） "
End If

Cells(1, 19) = "変位"
Cells(1, 20) = "荷重"

iout = Cells(n4 + nel + 2, 4)
For i = 1 To iout
  Cells(i + 1, 19) = Sheets("変位出力").Cells(ndg * (nd - 1) + nr, i)
  Cells(i + 1, 20) = Sheets("外力出力").Cells(ndg * (nd - 1) + nr, i)
Next i

End Sub
```

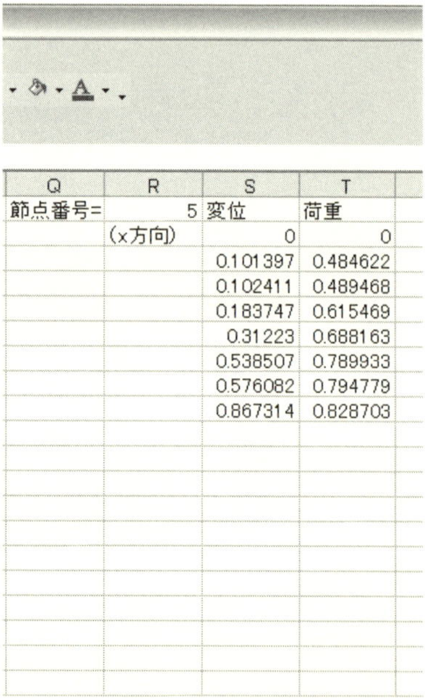

Q	R	S	T
節点番号=	5	変位	荷重
		（x方向）	
		0	0
		0.101397	0.484622
		0.102411	0.489468
		0.183747	0.615469
		0.31223	0.688163
		0.538507	0.789933
		0.576082	0.794779
		0.867314	0.828703

図 5.19 荷重－変位データを抽出するプログラム　　図 5.20 抽出された荷重－変位データ例

次に，塑性ヒンジ発生プロセスの表示では，スピンボタンによって，ステップ 1 から最終ステップまでの塑性ヒンジの発生位置が表示されるようにします．また，"変位なし"のオプションが選択された場合は，骨組図に直接塑性ヒンジを描き，"変位あり"のオプションが選択された場合は，変位図にヒンジを描くことにします．

図 5.21 は，スピンボタンの値が変化した時に実行されるプログラムを示しています．プログラムでは，スピンボタンの値が irow に代入され，透視変換に必要な

データが設定された後，まず，"変位あり"が選択された場合は，図枠を設定して，変位図と塑性ヒンジを描くプログラム（"塑性ヒンジ表示 2"）を呼び出しています．また，この時，変位の大きさの縮尺を計算する必要がありますが，各ステップの変位に関して縮尺を計算すると，ほぼ同じ大きさの変位になってしまうため，ここでは，弾性限荷重に対する変位に対して縮尺を計算するようにしています．この縮尺計算を行うプログラムが，"変位スケール"です．なお，scv は縮尺率を示します．次に，"変位なし"が選択された場合は，まず，骨組図を描き，荷重や境界条件の表示も行えるようにします．なお，これらの条件は，骨組表示タグのページで設定します．そして，骨組図に直接ヒンジを描く"塑性ヒンジ表示 1"というプログラムを呼び出しています．

```
Private Sub SpinButton15_Change()

irow = SpinButton15.Value
Label30.Caption = irow

sh = SpinButton12.Value
sv = SpinButton13.Value
sz = SpinButton14.Value

Call 視点変更(sh, sv, sz, dv, tht, phi)
Call 骨組透視変換(dv, tht, phi)

If OptionButton8.Value = True Then
  scalevalue = scalevini
  '図の削除
  ActiveSheet.Shapes.SelectAll
  Selection.ShapeRange.Delete
  '図枠の表示
  ActiveSheet.Shapes.AddShape _
  msoShapeRectangle, boxx, boxy, boxlx, boxly
  Call 変位スケール(scv)
  Call 塑性ヒンジ表示 2(irow, dv, tht, phi, scv)
  Exit Sub
Else
  Call 骨組表示
End If

If CheckBox1.Value = True Then
  Call 境界表示
End If
If CheckBox2.Value = True Then
  Call 荷重表示(dv, tht, phi)
  Call 分布荷重表示(dv, tht, phi)
End If
If CheckBox3.Value = True Then
  Call ヒンジ表示
End If
If CheckBox5.Value = True Then
  Call 要素番号表示
End If
If CheckBox6.Value = True Then
  Call 節点番号表示
End If

Call 塑性ヒンジ表示 1(irow, dv, tht, phi)

End Sub
```

図 5.21　スピンボタンの値が変化する時に実行されるプログラム

　図 5.22 は，"変位なし"のオプションが選択された場合に，骨組に直接塑性ヒンジを表示するサブルーチンを示します．このサブルーチンは，4 章の図 4.36, 4.37 の断面力を表示するサブルーチンを改良したものです．まず，"ヒンジ出力"シー

トから，各要素のヒンジの有無の情報を ihg に読み込みます．次に，ヒンジが存在する要素端部に対して，断面力を表示する時の補間の考え方を利用して，要素端近傍に，塑性ヒンジを描画します．この場合，赤丸で塑性ヒンジを描いています．

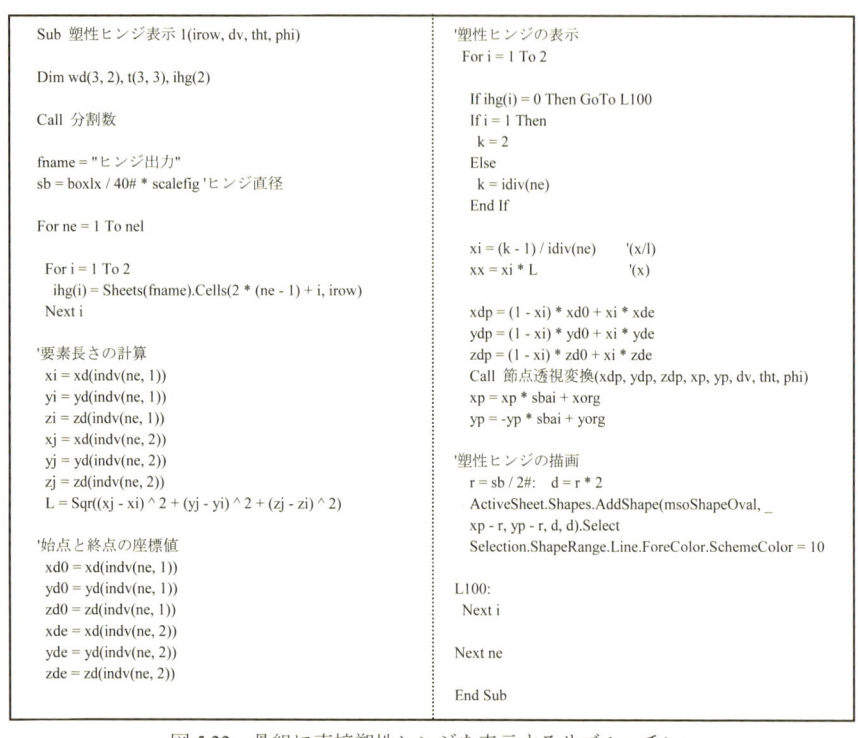

```
Sub 塑性ヒンジ表示 1(irow, dv, tht, phi)

Dim wd(3, 2), t(3, 3), ihg(2)

Call 分割数

fname = "ヒンジ出力"
sb = boxlx / 40# * scalefig  'ヒンジ直径

For ne = 1 To nel

  For i = 1 To 2
    ihg(i) = Sheets(fname).Cells(2 * (ne - 1) + i, irow)
  Next i

'要素長さの計算
  xi = xd(indv(ne, 1))
  yi = yd(indv(ne, 1))
  zi = zd(indv(ne, 1))
  xj = xd(indv(ne, 2))
  yj = yd(indv(ne, 2))
  zj = zd(indv(ne, 2))
  L = Sqr((xj - xi) ^ 2 + (yj - yi) ^ 2 + (zj - zi) ^ 2)

'始点と終点の座標値
  xd0 = xd(indv(ne, 1))
  yd0 = yd(indv(ne, 1))
  zd0 = zd(indv(ne, 1))
  xde = xd(indv(ne, 2))
  yde = yd(indv(ne, 2))
  zde = zd(indv(ne, 2))

'塑性ヒンジの表示
  For i = 1 To 2

    If ihg(i) = 0 Then GoTo L100
    If i = 1 Then
      k = 2
    Else
      k = idiv(ne)
    End If

    xi = (k - 1) / idiv(ne)        '(x/l)
    xx = xi * L                    '(x)

    xdp = (1 - xi) * xd0 + xi * xde
    ydp = (1 - xi) * yd0 + xi * yde
    zdp = (1 - xi) * zd0 + xi * zde
    Call 節点透視変換(xdp, ydp, zdp, xp, yp, dv, tht, phi)
    xp = xp * sbai + xorg
    yp = -yp * sbai + yorg

'塑性ヒンジの描画
    r = sb / 2#:    d = r * 2
    ActiveSheet.Shapes.AddShape(msoShapeOval, _
      xp - r, yp - r, d, d).Select
    Selection.ShapeRange.Line.ForeColor.SchemeColor = 10

L100:
  Next i

Next ne

End Sub
```

図 5.22　骨組に直接塑性ヒンジを表示するサブルーチン

次に，図 5.23 は，4 章の図 4.33 4.34 の変位図を描くサブルーチンを改良して，変位図に塑性ヒンジを表示するサブルーチンを示しています．この場合も，補間点の考え方を利用して，要素端近傍に，塑性ヒンジを表示するようにしています．なお，図では，図 4.33, 4.34 のプログラムと同じ部分の多くを省略しています．また，図 5.24 は，図に描く変位の縮尺を計算するサブルーチンを示しています．ここでは，弾性限荷重に対する変位ベクトルにより，縮尺計算を行っています．

最後に，図 5.18 に示すように配置したコントロールボタンの初期値を設定しておく必要があるため，UserForm2 が起動された時に実行される Initialize サブルーチンに，図 5.25 に示すプログラムを追加します．ここで，iout は，図 5.16 のプログラムで出力された弾塑性解析データの個数を表します．

```
Sub 塑性ヒンジ表示2(irow, dv, tht, phi, scv)

Dim dge(12), t(3, 3), de(12), ihg(2)

fname1 = "ヒンジ出力"
fname2 = "変位出力"

Call 分割数

sb = boxlx / 40# * scalefig

nem = nnd * ndg

'節点変位の入力
For i = 1 To nod
For j = 1 To ndg
  k = ndg * (i - 1) + j
  dg(k) = Sheets(fname2).Cells(ndg * (i - 1) + j, irow)
Next j
Next i

'骨組の変位図の表示
For ne = 1 To nel

  For i = 1 To 2
    ihg(i) = Sheets(fname1).Cells(2 * (ne - 1) + i, irow)
  Next i

'要素節点変位の抽出
  (省略)

'要素長さの計算
  (省略)

'座標変換マトリックス[T]の成分
  (省略)

'要素座標系への変換
  (省略)

'分割数の設定
  idive = idiv(ne)

'トラスの場合は補間数を1にする
  (省略)

'補間点の節点変位の計算
  For i = 1 To idive + 1
    xi = (i - 1) / idive         '(x/l)
  (省略)

'全体座標系への変換
  (省略)

'補間点の変位を座標値に付加
  (省略)

'前回の計算点と今回の計算点を結ぶ
  (省略)

'今回の計算点を保存
  (省略)

'塑性ヒンジの表示
    If i = 2 Then
      If ihg(1) = 1 Then
        r = sb / 2#:   d = r * 2
        ActiveSheet.Shapes.AddShape(msoShapeOval, _
        x2 - r, y2 - r, d, d).Select
        Selection.ShapeRange.Line.ForeColor.SchemeColor = 10
      End If
    End If
    If i = idive Then
      If ihg(2) = 1 Then
        r = sb / 2#:   d = r * 2
        ActiveSheet.Shapes.AddShape(msoShapeOval, _
        x2 - r, y2 - r, d, d).Select
        Selection.ShapeRange.Line.ForeColor.SchemeColor = 10
      End If
    End If

  Next i

Next ne

End Sub
```

図 5.23　変位図に塑性ヒンジを表示するサブルーチン

```
Sub 変位スケール(scv)

Dim dge(12), t(3, 3), de(12), ihg(2)

fname2 = "変位出力"

'節点変位の入力
For i = 1 To nod
For j = 1 To ndg
  k = ndg * (i - 1) + j
  dg(k) = Sheets(fname2).Cells(ndg * (i - 1) + j, 2)
Next j
Next i

'変位のスケールの計算
  (省略)

If dgmax > 0 Then
  scv = boxlx * 0.5 * scalevalue / sbai / dgmax
ElseIf tgmax > 0 Then
  L1 = Sqr((xd(2) - xd(1)) ^ 2 + (yd(2) - yd(1)) ^ 2 _
  + (zd(2) - zd(1)) ^ 2) / 2#
  scv = boxlx * 0.5 * scalevalue / sbai / (tgmax * L1)
Else
  scv = 0#
End If

End Sub
```

図 5.24 変位スケール計算サブルーチン

```
Private Sub UserForm_Initialize()

  (中略)

'縮尺と視点の初期設定
SpinButton11.Value = 0
SpinButton12.Value = 0
SpinButton13.Value = 0
SpinButton14.Value = 0

iout = Cells(n4 + nel + 2, 4)
SpinButton15.Value = 1
SpinButton15.Min = 1
SpinButton15.Max = iout
Label29.Caption = iout

OptionButton7.Value = True
OptionButton9.Value = True

ComboBox1.Clear
For i = 1 To nod
  ComboBox1.AddItem i
Next i

End Sub
```

図 5.25 コントロールボタンの初期設定

以上で，プログラムの変更は終了です．最後に，ソフトとして完成させるために，4 章の図 4.49 の ThisWorkbook のプログラム内の"立体骨組解析"をすべて"骨組弾塑性解析"に変更します．また，図 5.18 の［計算実行］ボタンがクリックされた時に実行されるプログラムの方も同様な変更が必要です．

5.4 まとめ

以上に示したプログラムは，材端の曲げ降伏のみを考慮する初歩的なものですが，大まかな終局耐力を計算する場合には，十分役立つと思います．

なお，本プログラムでは，要素のせん断変形を考慮していませんが，耐震壁や短柱をモデル化する場合は，要素のせん断変形を考慮したモデルが必要になると思われます．このような問題に関しては，文献 8)に示されるせん断バネを付加した要素を参考にプログラムを拡張してみて下さい．

6章　振動・応答解析プログラム

6.1　はじめに

本章では，3, 4, 5章で作成したプログラムを拡張して，骨組構造の固有振動数（固有周期）を求める固有振動解析プログラムと外力振動に対する応答（変位，速度，加速度）を求める弾性および弾塑性解析プログラムを作成します．

本章6.2節では，骨組の動的解析理論について説明します．6.3節では，固有振動解析理論を示し，6.4節では，固有振動解析プログラムの作り方について説明します．6.5節では，応答解析理論を示し，6.6節では，弾性応答解析プログラムの作り方について，6.7節では弾塑性応答解析プログラムの作り方について説明します．

6.2　動的解析理論

まず，動的問題における有限要素法の定式化について説明します．動的問題では，第2章の2.2.2で説明した平衡方程式(2.3)に慣性力項が加わります．すなわち，

$$\begin{aligned}
\frac{\partial \sigma_x}{\partial x} + \frac{\partial \tau_{xy}}{\partial y} + \frac{\partial \tau_{zx}}{\partial z} + \bar{X} &= -\rho \ddot{u} \\
\frac{\partial \tau_{xy}}{\partial x} + \frac{\partial \sigma_y}{\partial y} + \frac{\partial \tau_{yz}}{\partial z} + \bar{Y} &= -\rho \ddot{v} \\
\frac{\partial \tau_{zx}}{\partial x} + \frac{\partial \tau_{yz}}{\partial y} + \frac{\partial \sigma_z}{\partial z} + \bar{Z} &= -\rho \ddot{w}
\end{aligned} \quad (6.1)$$

ここに，ρ は単位体積質量，$\ddot{u}, \ddot{v}, \ddot{w}$ は，x, y, z 方向の加速度であり，(˙) は時間に関する微分を表します．この場合，2 章の 2.2.3 の(2.7)式で示した仮想仕事の原理式は次のようになります．

$$\iiint_\Omega (\rho \ddot{u} \delta u + \rho \ddot{v} \delta v + \rho \ddot{w} \delta w) d\Omega \\ + \iiint_\Omega (\sigma_x \delta \varepsilon_x + \sigma_y \delta \varepsilon_y + \sigma_z \delta \varepsilon_z + \tau_{xy} \delta \gamma_{xy} + \tau_{yz} \delta \gamma_{yz} + \tau_{zx} \delta \gamma_{zx}) d\Omega \\ - \iiint_\Omega (\overline{X} \delta u + \overline{Y} \delta v + \overline{Z} \delta w) d\Omega - \iint_{S_\sigma} (\overline{t}_x \delta u + \overline{t}_y \delta v + \overline{t}_z \delta w) dS = 0 \quad (6.2)$$

上式の第 1 項が慣性力に関する仕事量（δT^e）です．

(6.2)式に，2 章の 2.3.1 に示した有限要素法による離散化を適用します．この場合，(2.38)式と同様に要素内の任意点の加速度を節点の加速度で表します．すなわち，

$$\begin{aligned} \ddot{u}(x, y, z) &= \mathbf{N}(x, y, z) \ddot{\mathbf{u}}^e \\ \ddot{v}(x, y, z) &= \mathbf{N}(x, y, z) \ddot{\mathbf{v}}^e \\ \ddot{w}(x, y, z) &= \mathbf{N}(x, y, z) \ddot{\mathbf{w}}^e \end{aligned} \quad (6.3)$$

上式を考慮して，(6.2)式を離散化すると，

$$\delta T^e + \delta V^e - \delta W^e \\ = \delta \mathbf{d}^{eT} \left(\iiint_{\Omega^e} \mathbf{N}_d^T \rho \mathbf{N}_d d\Omega \ddot{\mathbf{d}}^e + \iiint_{\Omega^e} \mathbf{B}^T \mathbf{D} \mathbf{B} d\Omega \mathbf{d}^e - \iiint_{\Omega^e} \mathbf{N}_d^T \overline{\mathbf{X}} d\Omega - \iint_{S_\sigma^e} \mathbf{N}_d^T \overline{\mathbf{t}} \, dS \right) = 0$$

$$(6.4)$$

$\delta \mathbf{d}^e$ の任意性により，次式の要素に関する運動方程式が導かれます．

$$\mathbf{m}^e \ddot{\mathbf{d}}^e + \mathbf{k}^e \mathbf{d}^e = \mathbf{f}^e \quad (6.5)$$

ここに，$\mathbf{m}^e$ は要素の質量マトリクスで，次式で定義されます．

$$\mathbf{m}^e = \iiint_{\Omega^e} \mathbf{N}_d^T \rho \mathbf{N}_d d\Omega \quad (6.6)$$

したがって，有限要素法で動的問題を解く場合，要素の質量マトリクスを用意しておけばよいことがわかります．

なお，減衰に関しては，一般に，質量に比例する質量比例型減衰，剛性に比例する剛性比例型減衰，あるいはその両方に比例するレーリー減衰等が用いられます．

以上は，3 次元理論の定式化でしたが，梁理論では，梁の変位が，(2.13)式で 1

次元化されるので，これを(6.2)式の第1項（運動エネルギーの変分 δT^e）に代入すると，

$$\begin{aligned}\delta T^e &= \iiint_\Omega (\rho \ddot{u}\delta u + \rho \ddot{v}\delta v + \rho \ddot{w}\delta w)d\Omega \\ &= \iiint_\Omega \{\rho(\ddot{u}_0 - y\ddot{v}'_0 - z\ddot{w}'_0)(\delta u_0 - y\delta v'_0 - z\delta w'_0) \\ &\quad + \rho(\ddot{v}_0 - z\ddot{\theta}_x)(\delta v_0 - z\delta\theta_x) + \rho(\ddot{w}_0 + y\ddot{\theta}_x)(\delta w_0 + y\delta\theta_x)\}d\Omega\end{aligned} \quad (6.7)$$

ただし，ここでは，ねじり率は一定（$\theta'_x = \alpha$）とし，ゆがみ変形による慣性力は小さいものとして無視しています.

(6.7)式に(2.38)式と(6.3)式を代入し，断面積分を行うと，

$$\delta T = \delta\mathbf{u}^{eT}\mathbf{m}_u\ddot{\mathbf{u}}^e + \delta\mathbf{v}^{eT}\mathbf{m}_v\ddot{\mathbf{v}}^e + \delta\mathbf{w}^{eT}\mathbf{m}_w\ddot{\mathbf{w}}^e + \delta\mathbf{w}^{eT}\mathbf{m}_w\ddot{\mathbf{w}}^e + \delta\boldsymbol{\theta}^{eT}\mathbf{m}_\theta\ddot{\boldsymbol{\theta}}^e \quad (6.8)$$

ここに，

$$\begin{aligned}&\mathbf{m}_u = \int_0^l \mathbf{N}_L^T \rho A \mathbf{N}_L dx, \quad \mathbf{m}_\theta = \int_0^l \mathbf{N}_L^T \rho(I_y + I_z)\mathbf{N}_L dx \\ &\mathbf{m}_v = \int_0^l (\mathbf{N}_E'^T \rho I_z \mathbf{N}_E' + \mathbf{N}_E^T \rho A \mathbf{N}_E)dx, \quad \mathbf{m}_w = \int_0^l (\mathbf{N}_E'^T \rho I_y \mathbf{N}_E' + \mathbf{N}_E^T \rho A \mathbf{N}_E)dx\end{aligned} \quad (6.9)$$

(6.9)式の内，一般に $\mathbf{m}_v, \mathbf{m}_w$ の曲げ回転に関する慣性項は無視できます．したがって，積分を実行すると，(6.9)式は次のように整理できます．

$$\mathbf{m}_u = \rho A l \mathbf{m}_L, \quad \mathbf{m}_\theta = \rho(I_y + I_z)l\mathbf{m}_L, \quad \mathbf{m}_v = \rho A l \mathbf{m}_E, \quad \mathbf{m}_w = \rho A l \mathbf{m}_E \quad (6.10)$$

ここに，

$$\mathbf{m}_L = \frac{1}{6}\begin{bmatrix} 2 & 1 \\ 1 & 2 \end{bmatrix}, \quad \mathbf{m}_E = \begin{bmatrix} \dfrac{13}{35} & & & \text{Sym.} \\ \dfrac{11l}{210} & \dfrac{l^2}{105} & & \\ \dfrac{9}{70} & \dfrac{13l}{420} & \dfrac{13}{35} & \\ -\dfrac{13l}{420} & -\dfrac{l^2}{140} & -\dfrac{11l}{210} & \dfrac{l^2}{105} \end{bmatrix} \quad (6.11)$$

(6.10)式は，2章の(2.60)式に対応するので，(6.10)式の各成分から，(2.62)式と同様の要素質量マトリクスを作成することができます．

座標変換および重ね合わせに関しては，要素剛性マトリクスの場合（(2.72)式）と同様です．したがって，(6.5)式の要素剛性マトリクスと要素質量マトリクスを，

座標変換を行って重ね合わせると，(2.73)式に対応した骨組全体の運動方程式が次式のように得られます．

$$\mathbf{m}^G \ddot{\mathbf{d}}^G + \mathbf{k}^G \mathbf{d}^G = \mathbf{f}^G \tag{6.12}$$

次に，(6.12)式を境界条件を考慮して解きます．ここでは，自由度の拘束のみを考慮するものとします．この場合，2章の(2.75)式を参考にすると，(6.12)式は，次式のように表せます．

$$\mathbf{m}_{BB}^G \ddot{\mathbf{d}}_B^G + \mathbf{k}_{BB}^G \mathbf{d}_B^G = \overline{\mathbf{f}}_B^G \tag{6.13}$$

ここで，$\mathbf{m}_{BB}^G$, $\mathbf{k}_{BB}^G$ は，拘束された自由度を行と列に対して除いたマトリクスです．また，$\overline{\mathbf{f}}_B^G$ は，既知の外力振動を表します．

6.3 固有振動解析理論

骨組構造の固有振動を求める方程式は，(6.13)式の外力ベクトル $\overline{\mathbf{f}}_B^G$ を $\mathbf{0}$ ベクトルとし，変位 $\mathbf{d}_B^G$ を次式のように置くことによって導かれます．

$$\mathbf{d}_B^G = \boldsymbol{\phi} e^{i\omega t} \tag{6.14}$$

ここに，i は虚数単位，ω は円振動数，t は時間を表します．このとき，(6.12)式は次式のようになります．

$$\left(-\omega^2 \mathbf{m}_{BB}^G + \mathbf{k}_{BB}^G\right)\boldsymbol{\phi} = \mathbf{0} \tag{6.15}$$

(6.15)式が $\boldsymbol{\phi} = \mathbf{0}$ 以外の解を持つためには，次式の行列式が成り立つ必要があります．

$$\left|-\omega^2 \mathbf{m}_{BB}^G + \mathbf{k}_{BB}^G\right| = 0 \tag{6.16}$$

(6.16)式は，ω^2 に関する高次方程式であり，マトリックスが N 自由度の場合，$\omega_1^2, \omega_2^2, \cdots, \omega_N^2$ の N 個の固有円振動数が求められます．また，各 ω_i に対応して，(6.15)式を満足するような $\boldsymbol{\phi}_i$ が定まります．この $\boldsymbol{\phi}_1, \boldsymbol{\phi}_2, \cdots, \boldsymbol{\phi}_N$ を1次，2次，…，N 次の固有ベクトルと呼びます．

また，固有円振動数 ω_i と固有振動数 f_i，固有周期 T_i との関係は次式で表されます．

$$f_i = \frac{\omega_i}{2\pi}, \quad T_i = \frac{1}{f_i} = \frac{2\pi}{\omega_i} \tag{6.17}$$

以上のような骨組構造の固有振動数や固有モードを求める解析を固有振動解析と呼んでいます．骨組構造の固有振動数や固有モードを求めることは，地震に対する耐震設計を行う場合，不可欠なものになります．次節では，(6.16)式の計算を行って，固有振動数と固有モードを求めるプログラムについて説明します．

6.4　固有振動解析プログラム

6.3 節の(6.15)式の計算を行う方法は色々あり，汎用のサブルーチンも提供されています．ここでは，文献 11)で提供されていたハウスホルダー・バイセクション法（Hauseholder bisection method）によるサブルーチンを VB に直したものを利用します．なお，このサブルーチンは，マトリクスのバンド構造やスカイライン構造に対応していないため，フルマトリクスのディメンジョンが必要となり，大次元の問題を解くには不向きですが，どのような問題に対しても安定した解が得られます．バンド構造を利用する方法としては，サブスペース法が利用できますが，簡単な問題で解が不安定になる場合があるため，ここでは用いませんでした．大次元の解析が必要な読者は，このようなサブルーチンを入手して，プログラムを改良してみてください．

6.4.1　データ入力設定フォームの改良

固有振動解析のデータは，応力解析の場合とほぼ同様ですが，これに加えて，各部材の単位体積質量 ρ のデータが必要となります．また，節点に集中質量が付加されている問題もよく解かれるため，節点の集中質量値も入力できるようにします．さらに，固有振動数および固有モードを何次まで求めるかのデータも入力するようにします．なお，応力解析で作成したデータをそのままコピーして使えるようにするため，応力解析のデータが壊れないように配慮します．

まず，応力解析のデータをもとに，固有振動解析データを作成する場合，既存データを書き換えないように，3 章の図 3.2 で作成した UserForm1 の起動時に実行される Initialize サブルーチンに，5 章の図 5.2 と同様に，図 6.1 に示すプログラム

を書きます．プログラムでは，まず，Excel シートから節点数を読み込み，節点数が 0 以上の場合は，ndata を 1 にし，それ以外では 0 にします．また，ndata が 1 の場合は，UserForm1 のテキストボックスに，節点数，要素数，材料数，特性数を入力します．なお，ndata は，Global 宣言をしておきます．

次に，UserForm1 を図 6.2 に示すように改良します．ここでは，解析モード数（求める固有振動数の個数）を入力するテキストボックスを加えます．また，図 6.2 の左に示すように加えられたテキストボックスのプロパティの中の TabIndex という項目の数字を 4 に変更します．これは，Enter キーが押された時に，カソールの移動する順番を制御するもので，これを変更しないと，要素特性数を入力して，[Enter] キーを押すと，解析モード数の入力を飛ばして，[OK] ボタンに Focus (カソール) が移動します．

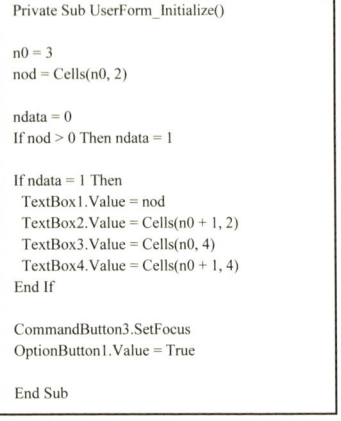

```
Private Sub UserForm_Initialize()

n0 = 3
nod = Cells(n0, 2)

ndata = 0
If nod > 0 Then ndata = 1

If ndata = 1 Then
  TextBox1.Value = nod
  TextBox2.Value = Cells(n0 + 1, 2)
  TextBox3.Value = Cells(n0, 4)
  TextBox4.Value = Cells(n0 + 1, 4)
End If

CommandButton3.SetFocus
OptionButton1.Value = True

End Sub
```

図 6.1 応力解析データを保持するための処理

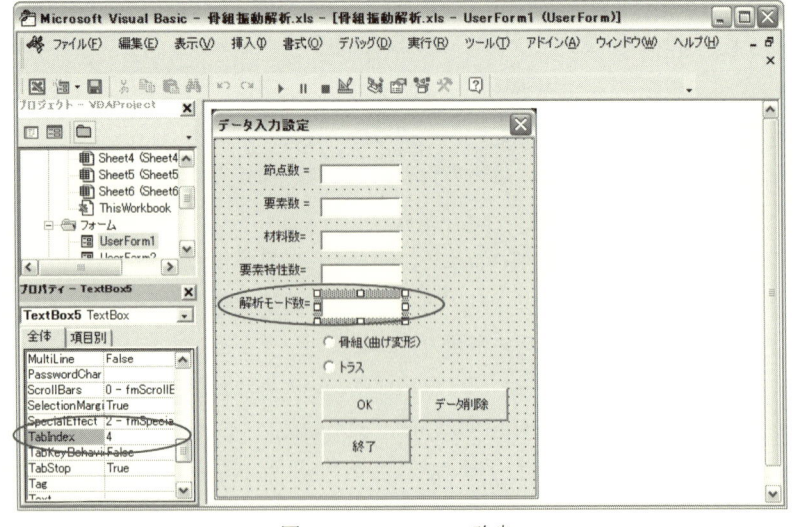

図 6.2 UserForm1 の改良

次に，［OK］ボタンがクリックされた時に実行されるサブルーチンに，図 6.3 に示すプログラムを加えます．プログラムでは，解析モード数をセルに表示し，材料の単位体積質量，節点の集中質量を入力する列を設定し，そこにデフォルト値を出力するようにしています．そして，ndata が 1 の場合は，応力解析データの項目名およびデフォルト値の出力を飛ばすようにしています．

なお，[**データ削除**] ボタンがクリックされ，データが消去された場合は，ndata を 0 にするようにしています．

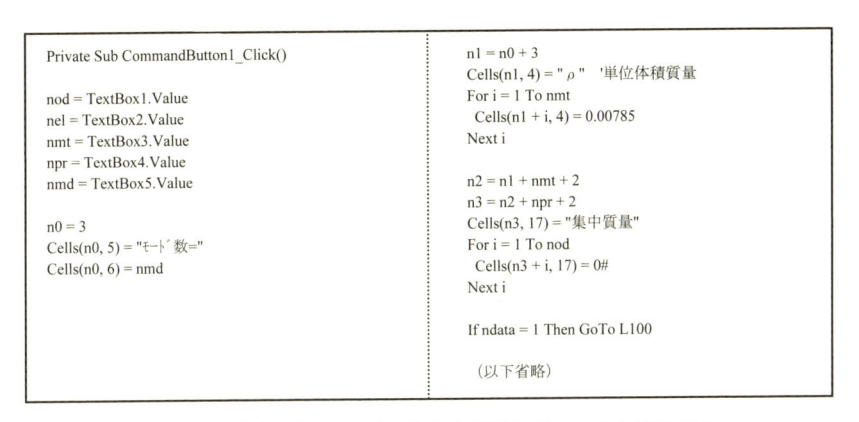

```
Private Sub CommandButton1_Click()

nod = TextBox1.Value
nel = TextBox2.Value
nmt = TextBox3.Value
npr = TextBox4.Value
nmd = TextBox5.Value

n0 = 3
Cells(n0, 5) = "モード数="
Cells(n0, 6) = nmd

n1 = n0 + 3
Cells(n1, 4) = " ρ "   '単位体積質量
For i = 1 To nmt
  Cells(n1 + i, 4) = 0.00785
Next i

n2 = n1 + nmt + 2
n3 = n2 + npr + 2
Cells(n3, 17) = "集中質量"
For i = 1 To nod
  Cells(n3 + i, 17) = 0#
Next i

If ndata = 1 Then GoTo L100

（以下省略）
```

図 6.3　振動解析データのデータ入力項目とデフォルト値の出力

6.4.2　有限要素解析プログラムの改良

次に，3 章で作成した有限要素解析プログラムを改良して，固有振動解析プログラムを作成します．

まず，データ入力サブルーチンでは，解析モード数をセルから読み込み，nmd という変数に代入します．すなわち，「nmd = Cells(n0, 6)」．次に，材料定数の読み込みのところで，「rou(i) = Cells(n1 + i, 4)」という文を加え，材料の単位体積質量 ρ を読み込みます．以上で，データ入力サブルーチンの改良は終わりです．なお，nmd と rou(50)は，Global 変数として定義します．

次に，(6.12)式から(6.13)式を求める（マトリクスから拘束自由度の行・列を除く）ために，図 6.4 に示すプログラムを用意します．このプログラムでは，まず，idof に全自由度番号を代入し，次に，節点の各自由度の境界条件を読み込み，拘

束（変位規定）されていれば，idof を 0 にします．次に，idof の番号を，0 を除いて，1 から順に付け直します．後の全体マトリクスの作成に，この idof を用いることで，容易に(6.13)式の $\mathbf{m}_{BB}^G, \mathbf{k}_{BB}^G$ を求めることができます．なお，ndof は，拘束自由度を除いた自由度数を表します．

```
Sub 自由度番号()

nt = nod * ndg

'全自由度の番号付け
For i = 1 To nt
  idof(i) = i
Next i

'境界条件の識別
For nd = 1 To nod
  For i = 1 To ndg
    iG = (nd - 1) * ndg + i
    ic = Cells(n3 + nd, 4 + i)
    If ic = 1 Then idof(iG) = 0
  Next i
Next nd
```

```
ndof = 0#
For i = 1 To nt
  If idof(i) > 0 Then
    ndof = ndof + 1
    idof(i) = ndof
  End If
Next i

End Sub
```

図 6.4　変位拘束自由度を除いた自由度番号付け

```
Sub 全体剛性マトリクス()

'ゼロクリアー
For i = 1 To ndof
  For j = 1 To ndof
    kg(i, j) = 0#
  Next j
Next i

'重ね合わせ
For ne = 1 To nel
  Call 要素剛性マトリクス(ne)
  'マトリクスの行
  For ip = 1 To nnd
    For i = 1 To ndg
      iG = ndg * (indv(ne, ip) - 1) + i
      ir = idof(iG)
      If ir = 0 Then GoTo L100
      iL = ndg * (ip - 1) + i
```

```
      'マトリクスの列
      For jp = 1 To nnd
        For j = 1 To ndg
          jG = ndg * (indv(ne, jp) - 1) + j
          jr = idof(jG)
          If jr = 0 Then GoTo L200
          jL = ndg * (jp - 1) + j
          kg(ir, jr) = kg(ir, jr) + kge(iL, jL)
L200:
        Next j
      Next jp
L100:
    Next i
  Next ip
Next ne

End Sub
```

図 6.5　全体剛性マトリクスの作成

次に，全体剛性マトリクス $\mathbf{k}_{BB}^G$ を作成します．まず，要素剛性マトリクスは，3章の図 3.12 と図 3.13 で作成されます．これを用いて，$\mathbf{k}_{BB}^G$ は，図 3.18 を改良した

図 6.5 のプログラムで作成されます．図 6.5 のプログラムが，図 3.18 のプログラムと異なるところは，全体剛性マトリクス kg が，2 次元のマトリクスとなっているところです．これは，(6.16)式を解くサブルーチンが，スカイライン構造に対応していないためです．また，このプログラムでは，idof を用いて，変位が拘束（規定）されている節点自由度の行と列を飛ばすようになっています．これによって，拘束自由度が抜かれた $\mathbf{k}_{BB}^{G}$ が作成されます．それ以外は，図 3.18 のプログラムと同様です．

```
Sub 要素質量マトリクス(ne)

Dim mse(12, 12), tmse(12, 12), t(3, 3)

'材料番号と特性番号
kmt = imt(ne)
kpr = ipr(ne)

'要素長さの計算
xi = xd(indv(ne, 1))
yi = yd(indv(ne, 1))
zi = zd(indv(ne, 1))
xj = xd(indv(ne, 2))
yj = yd(indv(ne, 2))
zj = zd(indv(ne, 2))
L = Sqr((xj - xi) ^ 2 + (yj - yi) ^ 2 + (zj - zi) ^ 2) '要素長

'[me]のゼロクリアー
nem = nnd * ndg   'マトリクスのサイズ
For i = 1 To nem
  For j = 1 To nem
    mse(i, j) = 0#
  Next j
Next i

'要素質量マトリックス[me]
'軸方向
cu = rou(kmt) * are(kpr) * L / 6#
mse(1, 1) = cu * 2#
mse(7, 7) = cu * 2#
mse(7, 1) = cu
mse(1, 7) = cu

'z 軸まわりの曲げ
cz = rou(kmt) * are(kpr) * L
mse(2, 2) = cz * 13# / 35#
mse(8, 8) = mse(2, 2)
mse(8, 2) = cz * 9# / 70#
mse(2, 8) = mse(8, 2)

mse(6, 2) = cz * 11# * L / 210#
mse(2, 6) = mse(6, 2)

mse(8, 6) = cz * 13# * L / 420#
mse(6, 8) = mse(8, 6)
mse(12, 2) = -mse(8, 6)
mse(2, 12) = mse(12, 2)
mse(12, 8) = -mse(6, 2)
mse(8, 12) = mse(12, 8)

mse(6, 6) = cz * L ^ 2 / 105#
mse(12, 12) = mse(6, 6)

mse(12, 6) = -cz * L ^ 2 / 140#
mse(6, 12) = mse(12, 6)

'y 軸まわりの曲げ
cy = rou(kmt) * are(kpr) * L
mse(3, 3) = cy * 13# / 35#
mse(9, 9) = mse(3, 3)
mse(9, 3) = cy * 9# / 70#
mse(3, 9) = mse(9, 3)

mse(5, 3) = cy * 11# * L / 210#
mse(3, 5) = mse(5, 3)
mse(9, 5) = cy * 13# * L / 420#
mse(5, 9) = mse(9, 5)
mse(11, 3) = -mse(9, 5)
mse(3, 11) = mse(11, 3)
mse(11, 9) = -mse(5, 3)
mse(9, 11) = mse(11, 9)

mse(5, 5) = cy * L ^ 2 / 105#
mse(11, 11) = mse(5, 5)

mse(11, 5) = -cy * L ^ 2 / 140#
mse(5, 11) = mse(11, 5)

'x 軸まわりのねじり
cx = rou(kmt) * (siy(kpr) + siz(kpr)) * L / 6#
mse(4, 4) = cx * 2#
mse(10, 10) = cx * 2#
mse(10, 4) = cx
mse(4, 10) = cx

（以下省略）
```

図 6.6 　要素質量マトリクス作成

次に，全体質量マトリクス $\mathbf{m}_{BB}^G$ を作成します．まず，要素質量マトリクスは，要素剛性マトリクスと同様に(6.10)式から作成されます．したがって，3章の図3.12を改良して，図6.6のようなプログラムを作成します．(6.10)式とプログラムを見比べてみてください．また，座標変換に関しては，要素剛性マトリクスの場合と同様です（ke部分をmseに，kgeをmgeに入れ替えるだけです）．

次に，要素質量マトリクスを重ね合わせて，全体質量マトリクス $\mathbf{m}_{BB}^G$ を作成します．これも，全体剛性マトリクスの場合と同じで，図6.5のkgeをmgeに，kgをmgに入れ替えればできます．

以上の全体質量マトリクスは，要素の質量を考慮したもので，節点の集中質量が加えられていません．そこで，要素質量マトリクスを重ね合わせた後で，図6.7に示すプログラムを付加します．このプログラムでは，Excelシートから節点の集中質量値を読み込んで，全体質量マトリクスの対角成分の内，x,y,z方向変位に相当する部分に，その質量値を加えています．

```
For i = 1 To nod
   mass = Cells(n3 + i, 17)
   For j = 1 To 3
      iG = ndg * (i - 1) + j
      ir = idof(iG)
      If ir = 0 Then GoTo L300
      mg(ir, ir) = mg(ir, ir) + mass
L300:
   Next j
Next i
```

図 6.7 節点の集中質量を全体質量マトリクスに加えるプログラム

以上で，(6.16)式を解くための準備が整いました．図6.8は，文献11)で提供されている固有値解析サブルーチンを用いて，固有振動数と固有モードベクトルを求めるプログラムを示しています．サブルーチンの引数の内，mg, kgは，$\mathbf{m}_{BB}^G$, $\mathbf{k}_{BB}^G$ です．ndofは，図6.4のプログラムで計算される $\mathbf{m}_{BB}^G$, $\mathbf{k}_{BB}^G$ の自由度数（マトリクスの行列数）で，nsizeは，定義したディメンジョンの行数です．ここでは，nsize=1000 としています．neig, neigvは，求める固有値と固有ベクトルの数を表します．ここでは，どちらも同じ数として，すでに入力しているnmdを代入しています．epsは，マトリクスの特異性を判定する変数で，ここでは，10^{-14} に設定しています．w, lwは，サブルーチン内で用いられる計算用のディメンジョンで，wは，w(nsize,6)，lwはlw(nsize)のディメンジョンを定義しておきます．eigには，計算された固有値が返されます．ただし，このサブルーチンでは，$1/\omega_i^2$ が固有値となります．また，eigvには，固有モードベクトルが返されます．

```
Sub 固有振動解析()

nsize = 1000          'マトリクスのサイズ（自由度）
neig = nmd            '固有値の数
neigv = nmd           '固有ベクトルの数
eps = 0.00000000000001

Call deigab(mg, kg, ndof, nsize, neig, neigv, eps, w, lw, eig, eigv)

End Sub
```

図 6.8　固有振動解析

```
Sub 結果出力()

Cells(n4 + nel + 2, 1) = "出力データ"

'固有振動数と固有周期の出力
n5 = n4 + nel + 4
Cells(n5, 1) = "モード番号"
Cells(n5, 2) = "振動数(Hz)"
Cells(n5, 3) = "周期(sec)"

Pi = 3.141592654

For i = 1 To nmd
  omega = Sqr(1# / eig(i))
  fi = omega / (2# * Pi)
  Ti = 1# / fi
  Cells(n5 + i, 1) = i
  Cells(n5 + i, 2) = fi
  Cells(n5 + i, 3) = Ti
Next i

'固有モードベクトルの出力
n6 = n5 + nmd
nt = nod * ndg

For n = 1 To nmd

ni = n6 + (nod + 3) * (n - 1) + 2

Cells(ni, 1) = "モード番号 ="
Cells(ni, 2) = n

'固有モードベクトルの作成
For i = 1 To nt
  dg(i) = 0#
Next i

  vmax = 0#
  For i = 1 To ndof
    If Abs(eigv(i, n)) > vmax Then vmax = Abs(eigv(i, n))
  Next i

  For i = 1 To nt
    ir = idof(i)
    If ir > 0 Then
      dg(i) = eigv(ir, n) / vmax
    End If
  Next i

'節点変位モードの出力
ni1 = ni + 1
Cells(ni1, 1) = "節点番号"
Cells(ni1, 2) = "u"
Cells(ni1, 3) = "v"
Cells(ni1, 4) = "w"
Cells(ni1, 5) = "θx"
Cells(ni1, 6) = "θy"
Cells(ni1, 7) = "θz"

For i = 1 To nod
  Cells(ni1 + i, 1) = i
  For j = 1 To ndg
    Cells(ni1 + i, 1 + j) = dg(ndg * (i - 1) + j)
  Next j
Next i

Next n

End Sub
```

図 6.9　固有振動解析結果の出力

最後に，図 6.9 は，固有振動解析の結果を Excel のシート上に出力するサブルーチンを示しています．ここで，omega は ω_i を，fi, Ti は，(6.17)式の固有振動数 f_i と固有周期 T_i を表します．また，固有モードベクトルは，最大値が 1 となるように，ベクトルの成分の最大値を計算し，その値で全成分を割っています．また，各次数の固有モードベクトルは拘束自由度も含めて dg に代入しています．そして，モード数分，各節点の変位モード値を Excel のセル上に出力しています．

図 6.10 は，骨組振動解析プログラムのメインルーチンを示します．また，以上で用いられた，Global 宣言文を図 6.11 にまとめています．この場合，扱える最大自由度数（マトリクスサイズ）を 1000 に設定しているため，節点数，要素数の最大値も 1000 に変更しています．パソコンのメモリが十分な場合は，ここの設定を変えることで，もっと大規模な問題を解くことが可能です．ただし，その場合，図 6.8 のサブルーチンの nsize の変更も忘れないで下さい．

```
Sub 骨組振動解析()
  Call データ入力
  Call 自由度番号
  Call 全体剛性マトリクス
  Call 全体質量マトリクス
  Call 固有振動解析
  Call 結果出力
End Sub
```

図 6.10　メインルーチン

```
'どのサブルーチンでも使える変数の宣言

'最大節点数 1000, 最大要素数 1000
'最大材料数　50, 最大特性数　50
'最大マトリクスサイズ　1000×1000
'最大自由度数 1000

'マトリクス法データ
Global nnd, ndg
Global nod, nel, nmt, npr, nmd
Global eyg(50), gsh(50), rou(50)
Global are(50), siy(50), siz(50), sk(50)
Global xd(1000), yd(1000), zd(1000)
Global indv(1000, 2), imt(1000), ipr(1000)
Global kge(12, 12), mge(12, 12)
Global kg(1000, 1000), mg(1000, 1000)
Global dg(1000), idof(1000), ndof

Global lw(1000), w(1000, 6), eigv(1000, 10), eig(10)

'入力データ関連
Global n0, n1, n2, n3, n4, ndata
```

図 6.11　global 宣言文

6.4.3　結果表示グラフィックスの改良

最後に，4 章で作成した UserForm2 を改良して，骨組構造の固有振動モードを表示するプログラムを作成します．

まず，UserForm2 の結果表示タグの断面力表示に関するボタンをすべて消去します．次に，変位表示のラベルとコマンドボタンの Caption の"変位"を"モード"に変更します．そして，図 6.12 に示すように，ツールボックスからコンボボックスを選択し，貼り付けます．

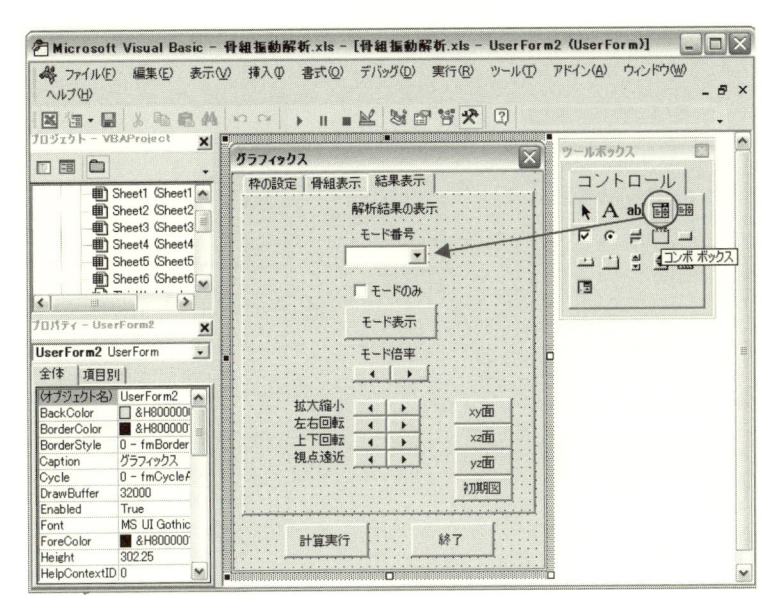

図 6.12　固有振動解析結果の出力

次に，図 6.13 に示すように，UserForm2 が起動されるときに実行されるサブルーチン Initialize に，モード番号のコンボボックスに番号を設定するプログラムを，書きます．なお，コンボボックスに表示する初期値は 1 にしています．

次に，[**モード表示**]ボタンがクリックされた時に実行されるプログラムに，図 6.14 に示すプログラムを付加します．ここで，imd は，コンボボックスで指定されたモード番号を表します．また，モード倍率を変更するスピンボタンのプログラム内の「Call 変位表示」も，「Call モード表示」に変更しておく必要があります．

モード表示サブルーチンは，4 章で作成した変位表示サブルーチン（図 4.33, 4.34）を図 6.15 に示すように変更すればできます．図 6.15 を見ればわかるように，

```
'固有モード番号選択の設定
ComboBox1.Clear
For i = 1 To nmd
 ComboBox1.AddItem i
Next i

ComboBox1.Value = 1
```

図 6.13　モード番号をコンボボックスに設定するプログラム

```
imd = ComboBox1.Value
Call モード表示(imd, dv, tht, phi)
```

図 6.14　モード表示のコマンドボタンのプログラムの変更部分

ここでは，指定された節点変位モードを Excel シートのセルから読み込んで，dg に代入しているだけです．

以上で，プログラムの変更は終了です．最後に，ソフトとして完成させるために，4 章の図 4.49 の ThisWorkbook のプログラム内の"立体骨組解析"をすべて"骨組振動解析"に変更します．また，図 6.12 の［計算実行］ボタンがクリックされた時に実行されるプログラムの方も同様な変更が必要です．

以上の変更を行って，作成した Excel book をアドイン登録すれば，骨組振動解析ソフトとして利用できます．

```
Sub モード表示(imd, dv, tht, phi)

Dim dge(12), t(3, 3), de(12)

Call 分割数

nem = nnd * ndg

'節点変位モードの入力
n5 = n4 + nel + 4
n6 = n5 + nmd

ni = n6 + (nod + 3) * (imd - 1) + 2
ni1 = ni + 1

For i = 1 To nod
  Cells(ni1 + i, 1) = i
  For j = 1 To ndg
    dg(ndg * (i - 1) + j) = Cells(ni1 + i, 1 + j)
  Next j
Next i

(以下省略)
```

図 6.15　モード表示サブルーチンの変更部分

6.5　応答解析理論

次に，外力振動が加わった場合の骨組の応答を解析する方法について説明します．一般に，振動応答を求める問題では，(6.13)式に減衰項を加えた次式を解くことになります．

$$\mathbf{m}_{BB}^G \ddot{\mathbf{d}}_B^G + \mathbf{c}_{BB}^G \dot{\mathbf{d}}_B^G + \mathbf{k}_{BB}^G \mathbf{d}_B^G = \overline{\mathbf{f}}_B^G \tag{6.18}$$

ただし，$\mathbf{c}^G$ は減衰マトリクスを表します．ここでは，表記を簡単にするため，(6.18)式のベクトル・マトリクスの添え字を省略し，時間の関数となるものを明確にするため，次式のように表します．

$$\mathbf{m}\ddot{\mathbf{d}}(t) + \mathbf{c}\dot{\mathbf{d}}(t) + \mathbf{k}\mathbf{d}(t) = \overline{\mathbf{f}}(t) \tag{6.19}$$

(6.19)式を解く方法としては，大きくモード重ね合わせ法と直接時間積分法があ

ります．線形問題であれば，モード重ね合わせ法の方が計算効率が勝ります．しかし，非線形問題ではモード重ね合わせ法の適用は難しく，通常直接時間積分法が用いられます．本書では，後で，弾塑性応答問題も扱うため，ここでは，直接積分法を用いることにします．

直接数値積分法には，大きく分けて陰解法と陽解法があります[12]．陰解法は，時刻 t までの変位，速度，加速度が既知であるとし，時刻 $t + \Delta t$ の運動方程式

$$\mathbf{m}\ddot{\mathbf{d}}(t+\Delta t) + \mathbf{c}\dot{\mathbf{d}}(t+\Delta t) + \mathbf{k}\mathbf{d}(t+\Delta t) = \bar{\mathbf{f}}(t+\Delta t) \tag{6.20}$$

を解くことにより，時刻 $t + \Delta t$ の変位，速度，加速度を求める方法です．ただし，(6.20)式を解くためには，変位，速度，加速度ベクトルの内，どれか一つの変数にまとめる必要があります．そこで，加速度法と呼ばれる方法では，時刻 t と時刻 $t + \Delta t$ 間の加速度の変化を仮定して，これを積分することにより，変位と速度を時刻 $t + \Delta t$ の加速度と時刻 t の既知量によって表します．Newmark の β 法の公式によれば，時刻 $t + \Delta t$ の変位と速度は，時刻 $t + \Delta t$ の加速度によって(6.21)式のように表されます．ただし，以下では，時刻 t の変位，速度，加速度ベクトルを $\mathbf{d}_n, \dot{\mathbf{d}}_n, \ddot{\mathbf{d}}_n$ で，時刻 $t + \Delta t$ の変位，速度，加速度ベクトルを $\mathbf{d}_{n+1}, \dot{\mathbf{d}}_{n+1}, \ddot{\mathbf{d}}_{n+1}$ で表すことにします．なお，n はステップ数 $(n \geq 1)$ を表します．

$$\begin{aligned}\dot{\mathbf{d}}_{n+1} &= \dot{\mathbf{d}}_n + \Delta t \{(1-\gamma)\ddot{\mathbf{d}}_n + \gamma \ddot{\mathbf{d}}_{n+1}\} \\ \mathbf{d}_{n+1} &= \mathbf{d}_n + \Delta t \dot{\mathbf{d}}_n + \frac{\Delta t^2}{2}\{(1-2\beta)\ddot{\mathbf{d}}_n + 2\beta \ddot{\mathbf{d}}_{n+1}\}\end{aligned} \tag{6.21}$$

ここで，$\gamma = 1/2, \beta = 1/6$ と置くと線形加速度法となり，$\gamma = 1/2, \beta = 1/4$ と置くと平均加速度法の式となります．また，$\gamma > 1/2$ とすると数値的な減衰効果を入れることができます．

(6.21)式を(6.20)式に代入して，$\ddot{\mathbf{d}}_{n+1}$ に関して解くと，

$$\ddot{\mathbf{d}}_{n+1} = \tilde{\mathbf{m}}^{-1}\tilde{\mathbf{f}} \tag{6.22}$$

ここに，

$$\begin{aligned}\tilde{\mathbf{m}} &= \mathbf{m} + \gamma \Delta t \mathbf{c} + \beta \Delta t^2 \mathbf{k} \\ \tilde{\mathbf{f}} &= \bar{\mathbf{f}} - \mathbf{c}\{\dot{\mathbf{d}}_n + (1-\gamma)\ddot{\mathbf{d}}_n\} - \mathbf{k}\left\{\mathbf{d}_n + \Delta t \dot{\mathbf{d}}_n + \frac{\Delta t^2}{2}(1-2\beta)\ddot{\mathbf{d}}_n\right\}\end{aligned} \tag{6.23}$$

(6.22)式から $\ddot{\mathbf{d}}_{n+1}$ が求められると，(6.21)式から $\mathbf{d}_{n+1}, \dot{\mathbf{d}}_{n+1}$ を求めることができます．以上の過程を繰り返して行えば時刻歴応答解析を行うことができます．

　以上の陰解法では，(6.22)式の連立方程式を解く必要があります．一方，陽解法は，時刻 t の運動方程式をもとに，時刻 $t+\Delta t$ の解を近似的に求める方法で，この方法では連立方程式を解く必要がないため計算効率上は陰解法よりも有利です．しかしながら，時間増分を非常に小さくしないと解が発散するため，数秒以上の外力振動を受ける問題では，結果的に陰解法の方が計算効率が勝ります．したがって，地震応答解析などでは一般に陰解法が用いられます．

　線形問題は，(6.21)式，(6.22)式で解くことができますが，ここでは，弾塑性問題に拡張することを考慮して，変位，速度，加速度の各時間ステップの増分で表す式を導いておきます[13]．

　まず，(6.19)式と(6.20)式の差をとると，次式が得られます．

$$\mathbf{m}\Delta\ddot{\mathbf{d}} + \mathbf{c}\Delta\dot{\mathbf{d}} + \mathbf{k}\Delta\mathbf{d} = \Delta\overline{\mathbf{f}} \tag{6.24}$$

ただし，

$$\Delta\mathbf{d} = \mathbf{d}_{n+1} - \mathbf{d}_n, \quad \Delta\dot{\mathbf{d}} = \dot{\mathbf{d}}_{n+1} - \dot{\mathbf{d}}_n, \quad \Delta\ddot{\mathbf{d}} = \ddot{\mathbf{d}}_{n+1} - \ddot{\mathbf{d}}_n, \quad \Delta\overline{\mathbf{f}} = \overline{\mathbf{f}}_{n+1} - \overline{\mathbf{f}}_n \tag{6.25}$$

次に，(6.21)式も増分形式で表すと，次のようになります．

$$\begin{aligned}\Delta\dot{\mathbf{d}} &= \Delta t\,\ddot{\mathbf{d}}_n + \gamma\Delta t\Delta\ddot{\mathbf{d}} \\ \Delta\mathbf{d} &= \Delta t\,\dot{\mathbf{d}}_n + \frac{1}{2}\Delta t^2\ddot{\mathbf{d}}_n + \beta\Delta t^2\Delta\ddot{\mathbf{d}}\end{aligned} \tag{6.26}$$

(6.24)，(6.26)式を $\Delta\mathbf{d}$ に関して解くと，

$$\Delta\mathbf{d} = \tilde{\mathbf{k}}^{-1}\Delta\tilde{\mathbf{f}} \tag{6.27}$$

ここに，

$$\begin{aligned}\tilde{\mathbf{k}} &= \mathbf{k} + \frac{\gamma}{\beta\Delta t}\mathbf{c} + \frac{1}{\beta\Delta t^2}\mathbf{m} \\ \Delta\tilde{\mathbf{f}} &= \Delta\overline{\mathbf{f}} + \mathbf{c}\left\{\frac{\gamma}{\beta}\dot{\mathbf{d}}_n + \left(\frac{\gamma}{2\beta}-1\right)\Delta t\,\ddot{\mathbf{d}}_n\right\} + \mathbf{m}\left(\frac{1}{\beta\Delta t}\dot{\mathbf{d}}_n + \frac{1}{2\beta}\ddot{\mathbf{d}}_n\right)\end{aligned} \tag{6.28}$$

(6.27)式から，$\Delta\mathbf{d}$ が求められれば，(6.26)式を変形した次式から，$\Delta\dot{\mathbf{d}}, \Delta\ddot{\mathbf{d}}$ が求められます．

$$\Delta\ddot{\mathbf{d}} = \frac{1}{\beta\Delta t^2}\Delta\mathbf{d} - \frac{1}{\beta\Delta t}\dot{\mathbf{d}}_n - \frac{1}{2\beta}\ddot{\mathbf{d}}_n$$
$$\Delta\dot{\mathbf{d}} = \frac{\gamma}{\beta\Delta t}\Delta\mathbf{d} - \frac{\gamma}{\beta}\dot{\mathbf{d}}_n - \left(\frac{\gamma}{2\beta}-1\right)\Delta t\,\ddot{\mathbf{d}}_n$$
(6.29)

以上の計算を繰り返すことによって時々刻々の応答を求めることができます．

なお，本書のプログラムでは，$\gamma=1/2, \beta=1/4$ の平均加速度法を用いることにします．また，減衰マトリクス **c** は，剛性比例型減衰とし，次式から計算するものとします．

$$\mathbf{c} = (2h_1/\omega_1)\mathbf{k} \tag{6.30}$$

ただし，h_1 は 1 次モードの減衰定数，ω_1 は 1 次モードの固有円振動数です．

また，地震力のように，外力を加速度で入力する場合は，外力ベクトルを次式のように表します．

$$\bar{\mathbf{f}} = -\mathbf{m}\ddot{\mathbf{q}}_0 \tag{6.31}$$

ただし，

$$\ddot{\mathbf{q}}_0 = \begin{bmatrix} \ddot{x}_0(t) & \ddot{y}_0(t) & \ddot{z}_0(t) & 0 & 0 & 0 & \cdots & \ddot{x}_0(t) & \ddot{y}_0(t) & \ddot{z}_0(t) & 0 & 0 & 0 \end{bmatrix}^T \tag{6.32}$$

ここに，$\ddot{x}_0(t), \ddot{y}_0(t), \ddot{z}_0(t)$ は x, y, z 方向の地動加速度，また，ベクトル $\mathbf{q}_0$ の行数は，（節点数×3－拘束自由度数）となります．

6.6 弾性応答解析プログラム

前節に示した方法により，骨組の弾性応答解析プログラムを作成します．ただし，ここでは，外力振動は，地動として，x, y, z 方向の加速度で与えられるものとします．また，本プログラムでは，増分解析法を採用することとし，(6.27)式を時間ステップごとに解くこととします．

なお，以下のプログラムは，骨組振動解析プログラムを改良することによって作成します．

6.6.1 データ入力設定フォームの改良

まず，応答解析に必要なデータとしては，(6.30)式の減衰マトリクスを計算するための建物の1次モード固有円振動数と減衰定数，それに地動加速度に関する情報があります．ここでは，地動加速度に関するデータは，別のExcelシートに決められたフォーマットにしたがって入力するものとし，UserForm1で指定する入力データとしては，地動加速度データが入力されているシート名を入力するようにします．

図6.16は，改良したUserForm1を示しています．なお，ここでは，建物の固有円振動数のデータは固有周期から計算するものとしています．

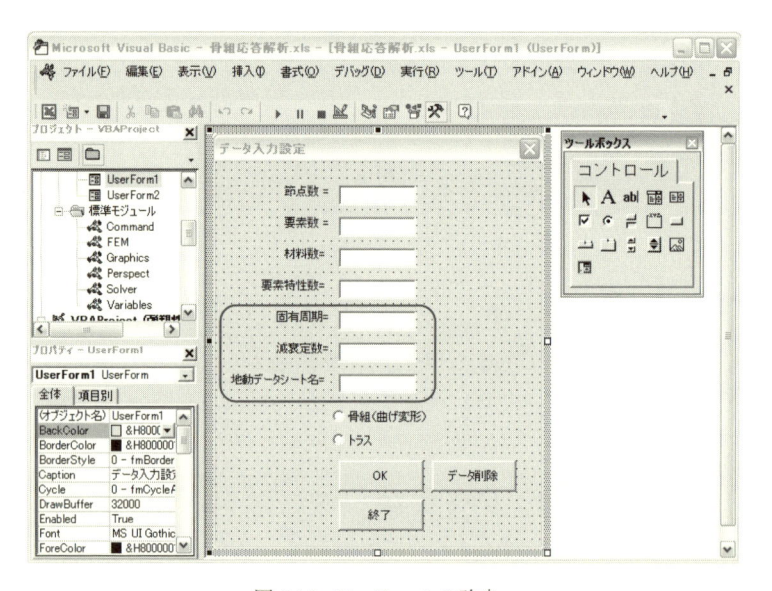

図6.16　UserForm1の改良

次に，図6.17は，図6.16の［OK］ボタンがクリックされた時に実行されるプログラムの変更部分です．

また，地動加速度データシートは，図6.18に示すフォーマットで作成するものとします．継続時間は，解析を行う時間にもなりますから，加速度データの最大時間以内で設定します．時間間隔は，データの時間間隔と一致させる必要があり

ます．加速度倍率は，入力された加速度にこの値が掛けられることになります．
なお，ここでは，x 方向の地動のみを入力していますが，3 次元的な入力が必要
な場合は，y, z 方向のデータも入力できます．

```
Private Sub CommandButton1_Click()                n0 = 3
                                                  Cells(n0 + 1, 5) = "固有周期="
nod = TextBox1.Value                              Cells(n0 + 1, 6) = Tbl
nel = TextBox2.Value                              Cells(n0, 7) = "減衰定数="
nmt = TextBox3.Value                              Cells(n0, 8) = hbl
npr = TextBox4.Value                              Cells(n0 + 1, 7) = "シート名="
Tbl = TextBox5.Value                              Cells(n0 + 1, 8) = snm
hbl = TextBox6.Value                              Cells(n0 + 3, 4) = "ρ"   '単位体積質量
snm = TextBox7.Value                              Cells(n0 + nmt + npr + 7, 17) = "集中質量"

                                                  If ndata = 1 Then GoTo L100

                                                  （以下省略）
```

図 6.17　［OK］ボタンがクリックされた時に実行されるプログラムの変更部分

	A	B	C	D	E	F	G	H
1	地震加速度データ(1)			時間	x方向加速度	y方向加速度	z方向加速度	
2				0	0			
3	継続時間=	10		0.02	-0.1253332			
4	時間間隔=	0.02		0.04	-0.2486899			
5	加速度倍率=	200		0.06	-0.3681246			
6				0.08	-0.4817537			
7				0.1	-0.5877853			
8				0.12	-0.6845471			
9				0.14	-0.7705132			
10				0.16	-0.8443279			
11				0.18	-0.9048271			
12				0.2	-0.9510565			
13				0.22	-0.9822873			
14				0.24	-0.9980267			
15				0.26	-0.9980267			
16				0.28	-0.9822873			

図 6.18　地動加速度データのフォーマット

6.6.2　有限要素解析プログラムの改良

次に，固有振動解析プログラムを改良して，応答解析プログラムを作成します．
応答解析では，(6.27)式を時間ステップごとに計算することになります．ところで，
(6.27)式の両辺に $\tilde{\mathbf{k}}$ を掛けると，(6.27)式は，$\tilde{\mathbf{k}} \Delta \mathbf{d} = \Delta \tilde{\mathbf{f}}$ の連立方程式となります．

したがって，ここでは，3章の弾性応力解析で用いたスカイライン法による連立方程式の解法を利用します．この場合，剛性，質量，減衰の各マトリックスは1次元配列となります．

(6.27)式を計算するためには，まず，骨組全体の剛性，質量，減衰の各マトリクスを計算する必要があります．

まず，データ入力サブルーチンでは，減衰マトリクスを計算するための建物固有周期と減衰定数をシート上から読み込んで，Tbl, hbl という変数に代入します．すなわち，「Tbl = Cells(n0 + 1, 6)」「hbl = Cells(n0, 8)」というプログラムを加えます．

次に，振動解析で作成した図6.4の自由度番号付けのプログラムは，スカイライン法による自由度番号付けに対応させるため，拘束自由度番号がマイナスになるように，図6.19に示すように変更します（5章の図5.5と同じ）．

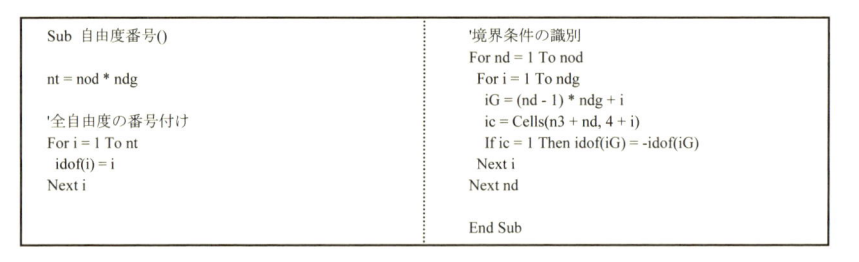

```
Sub 自由度番号()
                                    '境界条件の識別
                                    For nd = 1 To nod
  nt = nod * ndg                      For i = 1 To ndg
                                        iG = (nd - 1) * ndg + i
  '全自由度の番号付け                    ic = Cells(n3 + nd, 4 + i)
  For i = 1 To nt                       If ic = 1 Then idof(iG) = -idof(iG)
    idof(i) = i                       Next i
  Next i                            Next nd

                                    End Sub
```

図6.19　スカイライン法に対応した自由度番号付け

次に，全体剛性マトリクスと全体質量マトリクスを計算します．なお，これらの計算を行うためには，3章の図3.16のスカイライン高さ（indsk）を計算するサブルーチンが必要になります．また，スカイライン構造のマトリクスとベクトルの掛け算および連立方程式の計算も必要になるので，これらの一連のプログラムが収められている弾性応力解析のSolverのモジュールをコピーしておいて下さい．

要素剛性マトリクスと要素質量マトリクスに関しては，すでに示したプログラム（図3.12，図3.13，図6.6）で計算できます．全体剛性マトリクスの作成は，弾性応力解析と同じプログラム（図3.18）で行います．また，全体質量マトリクスは，全体剛性マトリクスと同様に，図6.20に示すプログラムで作られます．ただし，この場合，節点の集中質量が，全体質量マトリクスの対角項に加えられます．

次に，(6.30)式により，全体減衰マトリクスを作成します．図 6.21 は，そのプログラムを示したものです．

```
Sub 全体質量マトリクス()

'ゼロクリアー
For i = 1 To indsk(nod * ndg)
  mg(i) = 0#
Next i

'重ね合わせ
For ne = 1 To nel
  Call 要素質量マトリクス(ne)
  'マトリクスの行
  For ip = 1 To nnd
  For i = 1 To ndg
    iG = ndg * (indv(ne, ip) - 1) + i
    iL = ndg * (ip - 1) + i
    'マトリクスの列
    For jp = 1 To nnd
    For j = 1 To ndg
      jG = ndg * (indv(ne, jp) - 1) + j
      jL = ndg * (jp - 1) + j
      If iG <= jG Then
        k = indsk(jG) + iG - jG
        mg(k) = mg(k) + mge(iL, jL)
      End If
    Next j
    Next jp
    Next i
    Next ip
Next ne

For i = 1 To nod
  mass = Cells(n3 + i, 17)
  For j = 1 To 3
    iG = ndg * (i - 1) + j
    k = indsk(iG)
    mg(k) = mg(k) + mass
  Next j
Next i

End Sub
```

図 6.20　全体質量マトリクスの作成

```
Sub 全体減衰マトリクス()

Pi = 3.141592654
omega = 2# * Pi / Tbl

For i = 1 To indsk(nod * ndg)
  cg(i) = (2# * hbl / omega) * kg(i)
Next i

End Sub
```

図 6.21　全体減衰マトリクスの作成

以上で，(6.27)式を解くための準備が整いました．次に，図 6.22 は，(6.28)式の計算を行い，(6.27)式の連立方程式を解いているプログラムです．プログラムでは，平均加速度法を採用し，$\gamma=1/2, \beta=1/4$ としています．次に，変位，速度，加速度およびその最大値に初期値を与えています．ここでは，時間 0 の値は，地動加速度データで与えることにしています．次に，外力の加速度データが入力されているシート名をセルから読み込んで，snm に代入しています．次に，外力データのシートから，継続時間（解析時間），時間間隔（時間増分），加速度倍率を入力

しています．次に，解析のステップ数を，継続時間を時間増分で割ることによって求めます．次に，増分解析のループに入って，まず，地動加速度データを読み込み，(6.31)式の計算により，外力増分ベクトル $\overline{\Delta \mathbf{f}}$ を計算しています．また，n=1 の場合（$t=0$ の場合）は，加速度ベクトルに初期値を代入しています．

```
Sub 応答解析()

 n0 = 3
 nt = nod * ndg

 beta = 1# / 4#
 gamma = 1# / 2#

 '初期値
 tdmax = 0#
 tvmax = 0#
 tamax = 0#
 For i = 1 To nt
   dn(i) = 0#: dnmax(i) = 0#
   vn(i) = 0#: vnmax(i) = 0#
   an(i) = 0#: anmax(i) = 0#
 Next i

 snm = Cells(n0 + 1, 8)

 ttime = Sheets(snm).Cells(3, 2)
 dtime = Sheets(snm).Cells(4, 2)
 abai = Sheets(snm).Cells(5, 2)

 ndata = ttime / dtime + 1

 For n = 1 To ndata - 1

 '外力ベクトル増分
 For i = 1 To nt
   dg(i) = 0#
 Next i
 For j = 1 To 3
   fn = Sheets(snm).Cells(n + 1, 4 + j)
   fn1 = Sheets(snm).Cells(n + 2, 4 + j)
   For i = 1 To nod
     k = ndg * (i - 1) + j
     dg(k) = -abai * (fn1 - fn)
     If n = 1 Then an(k) = -abai * fn
   Next i
 Next j

 '-[m]{Δq"0}の計算
 idx = 1: idy = 1: isw = 0 '結果を{fa}の形で返す
 Call マトリクス掛け算(mg, dg, fg, nt, idx, idy, isw)

 For i = 1 To nt
   dg(i) = gamma / beta * vn(i) _
         + (gamma / (2# * beta) - 1#) * dtime * an(i)
 Next i

 'マトリクスとベクトルの掛け算
 idx = 1: idy = 1: isw = 1 '結果を{fa}+[ka]{da}の形で返す
 Call マトリクス掛け算(cg, dg, fg, nt, idx, idy, isw)

 For i = 1 To nt
   dg(i) = 1# / (beta * dtime) * vn(i) + 1# / (2# * beta) * an(i)
 Next i

 'マトリクスとベクトルの掛け算
 idx = 1: idy = 1: isw = 1 '結果を{fa}+[ka]{da}の形で返す
 Call マトリクス掛け算(mg, dg, fg, nt, idx, idy, isw)

 For i = 1 To indsk(nt)
   cg(i) = kg(i) + gamma / (beta * dtime) * cg(i) _
         + 1# / (beta * dtime ^ 2) * mg(i)
 Next i

 '連立方程式の計算
 Call スカイライン解法(cg, fg, nt)

 For i = 1 To nt
   If idof(i) > 0# Then
     dn(i) = dn(i) + fg(i)
     an1 = an(i)
     an(i) = an(i) + 1# / (beta * dtime ^ 2) * fg(i) _
           - 1# / (beta * dtime) * vn(i) - 1# / (2# * beta) * an(i)
     vn(i) = vn(i) + gamma / (beta * dtime) * fg(i) _
           - gamma / beta * vn(i) _
           - (gamma / (2# * beta) - 1#) * dtime * an1
   End If
 Next i

 Call 全体減衰マトリクス

 (つづく)
```

図 6.22　応答解析プログラム

```
'最大応答値の保存
dnmaxi = 0#
vnmaxi = 0#
anmaxi = 0#
For i = 1 To nod
  i1 = ndg * (i - 1) + 1
  i2 = ndg * (i - 1) + 2
  i3 = ndg * (i - 1) + 3
  dnv = Sqr(dn(i1) ^ 2 + dn(i2) ^ 2 + dn(i3) ^ 2)
  vnv = Sqr(vn(i1) ^ 2 + vn(i2) ^ 2 + vn(i3) ^ 2)
  anv = Sqr(an(i1) ^ 2 + an(i2) ^ 2 + an(i3) ^ 2)
  If Abs(dnv) > dnmaxi Then dnmaxi = Abs(dnv)
  If Abs(vnv) > vnmaxi Then vnmaxi = Abs(vnv)
  If Abs(anv) > anmaxi Then anmaxi = Abs(anv)
Next i

If dnmaxi > tdmax Then
  tdmax = dnmaxi
  For i = 1 To nt
    dnmax(i) = dn(i)
  Next i
End If

If vnmaxi > tvmax Then
  tvmax = vnmaxi
  For i = 1 To nt
    vnmax(i) = vn(i)
  Next i
End If

If anmaxi > tamax Then
  tamax = anmaxi
  For i = 1 To nt
    anmax(i) = an(i)
  Next i
End If

Next n

End Sub
```

図 6.23　応答解析プログラムの続き（最大応答値を保存する部分）

なお，地動加速度増分ベクトルと質量マトリクスの掛け算には，3 章の図 3.20 に示したスカイラインマトリクスとベクトルの掛け算サブルーチンを利用しています．次に，右段のプログラムでは，(6.28)式の第 2 式の右辺第 2 項の減衰項の計算を行います．次に，(6.28)式の第 2 式の右辺第 3 項の計算を行います．以上の計算により，(6.28)式の $\Delta \tilde{\mathbf{f}}$ が計算されます．次に，(6.28)式の第 1 式の計算を行って，$\tilde{\mathbf{k}}$ を求めています．次に，3 章の図 3.21 に示したスカイライン構造の連立方程式の解法により，(6.27)式の計算を行います．これによって，$\Delta \mathbf{d}$ が求められます．なお，このサブルーチンでは，結果が fg に代入されて返されます．次に，(6.25)式により $\mathbf{d}_{n+1}$ を求め，(6.29)式により，$\dot{\mathbf{d}}_{n+1}, \ddot{\mathbf{d}}_{n+1}$ を求めています．なお，連立方程式の計算では，マトリクスの内容が書き換えられるため，ここでは，減衰マトリクスの再計算を行っています．

次に，図 6.23 に示すように，最大応答が発生する時の変位，速度，加速度ベクトルを保存するプログラムを加えます．ここでは，まず，変位，速度，加速度の各節点の応答のベクトル成分の最大値（dnmaxi, vnmaxi, anmaxi）を計算します．そして，それらの最大値が，過去の時間ステップで計算されたもの（tdmax, tvmax, tamax）より大きい場合に，変位，速度，加速度ベクトル（dnmax, vnmax, anmax）

を更新します.

以上の計算を繰り返すことにより，時々刻々の変位，速度，加速度応答を求め，それぞれの最大応答値を保存することができます．なお，dn, vn, an, dnmax, vnmax, anmax 等のディメンジョンは，Global 変数として宣言しています.

次に，図 6.24 は，以上で求められた最大変位，最大速度，最大加速度が発生する時の全節点での値（dnmax, vnmax, anmax）を出力するプログラムを示します.

```
Sub 最大応答の出力()

nt = nod * ndg

Cells(n4 + nel + 2, 1) = "出力データ"

ns = n4 + nel + 2

'最大変位応答の出力
n5 = ns + 3
Cells(n5 - 1, 1) = "最大変位応答"
Cells(n5, 1) = "節点番号"
Cells(n5, 2) = "u"
Cells(n5, 3) = "v"
Cells(n5, 4) = "w"
Cells(n5, 5) = "θx"
Cells(n5, 6) = "θy"
Cells(n5, 7) = "θz"
For i = 1 To nod
  Cells(n5 + i, 1) = i
  For j = 1 To ndg
    Cells(n5 + i, 1 + j) = dnmax(ndg * (i - 1) + j)
  Next j
Next i

'最大速度応答の出力
n5 = ns + 3 + nod + 3
Cells(n5 - 1, 1) = "最大速度応答"
Cells(n5, 1) = "節点番号"
Cells(n5, 2) = "u'"
Cells(n5, 3) = "v'"
Cells(n5, 4) = "w'"
Cells(n5, 5) = "θx'"
Cells(n5, 6) = "θy'"
Cells(n5, 7) = "θz'"
For i = 1 To nod
  Cells(n5 + i, 1) = i
  For j = 1 To ndg
    Cells(n5 + i, 1 + j) = vnmax(ndg * (i - 1) + j)
  Next j
Next i

'節点変位応答の出力
n5 = ns + 3 + nod + 3 + nod + 3
Cells(n5 - 1, 1) = "最大加速度応答"
Cells(n5, 1) = "節点番号"
Cells(n5, 2) = "u''"
Cells(n5, 3) = "v''"
Cells(n5, 4) = "w''"
Cells(n5, 5) = "θx''"
Cells(n5, 6) = "θy''"
Cells(n5, 7) = "θz''"
For i = 1 To nod
  Cells(n5 + i, 1) = i
  For j = 1 To ndg
    Cells(n5 + i, 1 + j) = anmax(ndg * (i - 1) + j)
  Next j
Next i

End Sub
```

図 6.24　最大応答を出力するプログラム

次に，図 6.25 は，最大変位発生時の各要素の断面力を計算し，出力するプログラムを示しています．このプログラムは，3 章の図 3.23 に示した断面力計算プログラムの分布荷重による修正部分を除いたものとほとんど同じです．したがって，図 6.25 には，主に異なる部分のみを示しています.

最後に，骨組応答解析プログラムのメインルーチンと Global 宣言文を図 6.26, 6.27 に示します。

```
Dim dge(12), de(12), t(3, 3)

n6 = n4 + nel + 5 + 3 * (nod + 3)

'出力表記
 (省略)

nem = nnd * ndg

'断面力計算
For ne = 1 To nel

'材料番号と特性番号
  kmt = imt(ne)
  kpr = ipr(ne)

'要素節点変位の抽出
  For ip = 1 To nnd
    For i = 1 To ndg
      iL = (ip - 1) * ndg + i
      iG = (indv(ne, ip) - 1) * ndg + i
      dge(iL) = dnmax(iG)
    Next i
  Next ip
```

```
(省略)

  Cells(n6 + ne, 1) = ne
  Cells(n6 + ne, 2) = Pxi
  Cells(n6 + ne, 3) = Pxj
  Cells(n6 + ne, 4) = Qyi
  Cells(n6 + ne, 5) = Qyj
  Cells(n6 + ne, 6) = Mzi
  Cells(n6 + ne, 7) = Mzj
  Cells(n6 + ne, 8) = Qzi
  Cells(n6 + ne, 9) = Qzj
  Cells(n6 + ne, 10) = Myi
  Cells(n6 + ne, 11) = Myj
  Cells(n6 + ne, 12) = Mxi
  Cells(n6 + ne, 13) = Mxj

Next ne

End Sub
```

図 6.25　最大変位応答を生じる場合の断面力の計算と出力

```
Sub 骨組応答解析()

Call データ入力
Call スカイライン高さ
Call 自由度番号
Call 全体剛性マトリクス
Call 全体質量マトリクス
Call 全体減衰マトリクス
Call 応答解析
Call 最大応答の出力
Call 断面力の計算

End Sub
```

図 6.26　メインルーチン

```
'マトリクス法データ
Global nnd, ndg
Global nod, nel, nmt, npr, nmd
Global eyg(50), gsh(50), rou(50)
Global are(50), siy(50), siz(50), sk(50)
Global xd(10000), yd(10000), zd(10000)
Global indv(10000, 2), imt(10000), ipr(10000)
Global kge(12, 12), mge(12, 12)
Global kg(1000000), mg(1000000), cg(1000000), indsk(1000000)
Global fg(60000), dg(60000), idof(60000)

Global Tbl, hbl
Global dn(60000), vn(60000), an(60000)
Global dnmax(60000), vnmax(60000), anmax(60000)
```

図 6.27 Global 宣言文

6.6.3 結果表示グラフィックスの改良

最後に，4章で作成した UserForm2 を改良して，骨組構造の最大応答を表示するプログラムを作成します．

図 6.28 は，UserForm2 の改良を示したものです．4章の図 4.38 と異なる点は，"変位表示"を"応答表示"にした点と，応答表示の上に，変位，速度，加速度のオプションを追加したことです．また，応答表示のコマンドボタンをクリックして実行されるプログラムでは，図 6.29 に示すプログラムを追加しています．ここで，応答表示プログラムは，4章の図 4.34 の変位図を描くプログラムを変更したもので，変更部分を図 6.30 に示します．

後は，図 4.35 の断面力表示プログラムのデータ読み込み行を「n6 = n4 + nel + 5 + 3 * (nod + 3)」に変更し，UserForm2 の Initialize サブルーチンに，「OptionButton7.Value = True」を追加することで，結果表示の改良は完了です．

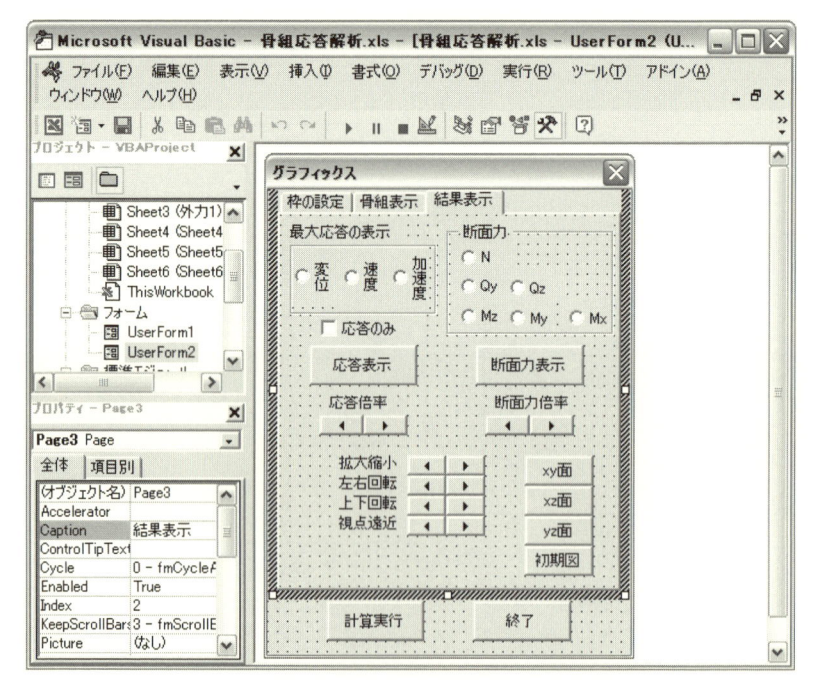

図 6.28　最大変位応答を生じる場合の断面力の計算と出力

```
Private Sub CommandButton6_Click()
  (中略)
  If OptionButton7.Value = True Then nrs = 1
  If OptionButton8.Value = True Then nrs = 2
  If OptionButton9.Value = True Then nrs = 3
  Call 応答表示(nrs, dv, tht, phi)
End Sub
```

図 6.29　応答表示コマンドボタンの
　　　　　クリック時に実行される
　　　　　プログラムの変更

```
Sub 応答表示(nrs, dv, tht, phi)
  Dim dge(12), t(3, 3), de(12)
  Call 分割数
  nem = nnd * ndg
  '節点変位の入力
  ns = n4 + nel + 2
  If nrs = 1 Then n5 = ns + 3
  If nrs = 2 Then n5 = ns + 3 + nod + 3
  If nrs = 3 Then n5 = ns + 3 + nod + 3 + nod + 3
  (中略)
End Sub
```

図 6.30　応答表示プログラムの変位
　　　　　表示プログラムからの変
　　　　　更部分

6.7　弾塑性応答解析プログラム

　第 5 章に示した方法を用いれば，6.6 節に示した骨組の弾性応答解析プログラムを弾塑性解析プログラムに拡張することは容易です．すなわち，各時間ステップにおいて，断面力計算を行い，降伏関数が降伏値を超えれば，要素材端のバネ剛性を低下させればよいわけです．ただし，動的解析の場合，一旦降伏した要素が反対の力を受けると，また弾性に戻るという性質を考慮する必要があります．このような場合は，材端のバネ剛性を再度弾性剛性に戻してやればよいわけです．

　実用的な解析では，降伏後の歪み硬化や，コンクリートなどでは，ひび割れの効果などを考慮して，バイリニアーやトリリニアーの降伏関数を用意して，そのような履歴ルールにしたがって，バネ剛性を変化させる必要がありますが，ここでは，簡単のため，完全降伏型の問題を考えることにします．この場合，降伏関数が 0 になれば，材端バネの剛性をバネパラメータによって，0 に近い値とし，0 以下になれば，弾性剛性に戻します．そして，一度塑性化を経験した材端を記憶し，地震によって，どの程度の部材が塑性化するかを解析できるプログラムを作成します．

6.7.1 データ入力設定フォームの改良

まず，UserForm1 は，6.6.1 節で作成したものに，5 章の図 5.3 のプログラムを追加します．変更は以上です．

6.7.2 有限要素解析プログラムの改良

有限要素解析プログラムは，6.6.2 節で作成した骨組応答解析プログラムをベースに，5 章に示した弾塑性解析プログラムを部分的に挿入することによって作成します．

まず，データ入力サブルーチンでは，6.6.2 節に示す変更の他に，5 章の図 5.4 のプログラムを追加します．

次に，自由度番号付けは変更なしで，要素剛性マトリクスのサブルーチンは，5 章の図 5.7 に示すプログラムと入れ替えます．全体剛性マトリクス，要素質量マトリクス，全体質量マトリクス，全体減衰マトリクスについては，変更はありません．

次に，応答解析プログラムについては，かなりの変更部分があり，図 6.31 に変更したプログラムを示します．図 6.31 では，図 6.22 のプログラムから変更された部分を下線で示しています．

まず，最初の変更は，5 章の(5.1)式で定義されるバネパラメータ（rmd）の初期値を与えています．この場合，初期値はすべて 1（剛接合）として与えています．次に，全体剛性マトリクス，全体質量マトリクス，全体減衰マトリクスのサブルーチンを呼んでいます．これは，rmd が与えられないと，全体剛性マトリクスおよび減衰マトリクスの計算ができないためです．次に，ヒンジ位置出力というサブルーチンを呼んでいます．これは，ヒンジ発生位置の情報を出力するもので，後で説明します．ここでは，出力するデータ番号を初期化するために呼んでいます．　次に，プログラムの終わりの方に，降伏判定のプログラムを呼んでいます．このサブルーチンで，降伏判定が行われ，降伏した部材端部のバネパラメータ（rmd）の値が変更されます．そして，塑性ヒンジ数が増加するごとに，ヒンジ位置のデータを出力します．そして，変更されたバネパラメータ値で，再度，全体剛性マトリクス，全体減衰マトリクスが再計算されます．

図 6.32 は，降伏判定のプログラムを示したものです．このプログラムは，5 章

の図 5.10 の断面力計算プログラムと，図 5.13 の降伏判定プログラムを組み合わせたものです．

```
Sub 応答解析()

n0 = 3
nt = nod * ndg

beta = 1# / 4#
gamma = 1# / 2#

'初期値
tdmax = 0#
tvmax = 0#
tamax = 0#
For i = 1 To nt
  dn(i) = 0#: dnmax(i) = 0#
  vn(i) = 0#: vnmax(i) = 0#
  an(i) = 0#: anmax(i) = 0#
Next i

rlim = 0.0001

For i = 1 To nel
  For j = 1 To 2
    rmd(i, j) = 1#
  Next j
Next i

For i = 1 To nel
  For j = 1 To 12
    tst(i, j) = 0#
  Next j
Next i

Call 全体剛性マトリクス
Call 全体質量マトリクス
Call 全体減衰マトリクス
Call ヒンジ位置出力(0#, 0, iout)

snm = Cells(n0 + 1, 8)

ttime = Sheets(snm).Cells(3, 2)
dtime = Sheets(snm).Cells(4, 2)
abai = Sheets(snm).Cells(5, 2)

ndata = ttime / dtime + 1

For n = 1 To ndata - 1

'外力ベクトル増分
For i = 1 To nt : dg(i) = 0# : Next i
For j = 1 To 3
  fn = Sheets(snm).Cells(n + 1, 4 + j)
  fn1 = Sheets(snm).Cells(n + 2, 4 + j)
  For i = 1 To nod
    k = ndg * (i - 1) + j
    dg(k) = -abai * (fn1 - fn)
    If n = 1 Then an(k) = -abai * fn
  Next i
Next j

'-[m]{Δq"0}の計算
idx = 1: idy = 1: isw = 0 '結果を{fa}の形で返す
Call マトリクス掛け算(mg, dg, fg, nt, idx, idy, isw)

For i = 1 To nt
  dg(i) = gamma / beta * vn(i) _
  + (gamma / (2# * beta) - 1#) * dtime * an(i)
Next i

'マトリクスとベクトルの計算
idx = 1: idy = 1: isw = 1 '結果を{fa}+[ka]{da}の形で返す
Call マトリクス掛け算(cg, dg, fg, nt, idx, idy, isw)

For i = 1 To nt
  dg(i) = 1# / (beta * dtime) * vn(i) + 1# / (2# * beta) * an(i)
Next i

'マトリクスとベクトルの計算
idx = 1: idy = 1: isw = 1 '結果を{fa}+[ka]{da}の形で返す
Call マトリクス掛け算(mg, dg, fg, nt, idx, idy, isw)

For i = 1 To indsk(nt)
  cg(i) = kg(i) + gamma / (beta * dtime) * cg(i) _
  + 1# / (beta * dtime ^ 2) * mg(i)
Next i

'連立方程式の計算
Call スカイライン解法(cg, fg, nt)

For i = 1 To nt
  If idof(i) > 0# Then
    dn(i) = dn(i) + fg(i)
    an1 = an(i)
    an(i) = an(i) + 1# / (beta * dtime ^ 2) * fg(i) _
    - 1# / (beta * dtime) * vn(i) - 1# / (2# * beta) * an(i)
    vn(i) = vn(i) + gamma / (beta * dtime) * fg(i) _
    - gamma / beta * vn(i) _
    - (gamma / (2# * beta) - 1#) * dtime * an1
  End If
Next i

Call 降伏判定(nhg, pout)
If pout = 1 Then Call ヒンジ位置出力(n * dtime, 1, iout)

Call 全体剛性マトリクス
Call 全体減衰マトリクス

(つづく)
```

図 6.31　弾塑性応答解析プログラム（弾性応答解析プログラムからの変更）

```
Sub 降伏判定(nhg, pout)
Dim dge(12), de(12), t(3, 3)

nem = nnd * ndg

'断面力計算
For ne = 1 To nel

'材料番号と特性番号
  kmt = imt(ne)
  kpr = ipr(ne)

'要素節点変位の抽出
  For ip = 1 To nnd
    For i = 1 To ndg
      iL = (ip - 1) * ndg + i
      iG = (indv(ne, ip) - 1) * ndg + i
      dge(iL) = dn(iG)
    Next i
  Next ip

'要素長さの計算
  (省略)

'座標変換マトリックス[T]の成分
  (省略)

'要素座標系への変換
  (省略)

'断面力の計算
'要素両端のバネ剛性
  ri = rmd(ne, 1)
  rj = rmd(ne, 2)
  rb = 1# + ri + rj

  cu = eyg(kmt) * are(kpr) / L
  cz = eyg(kmt) * siz(kpr) / L ^ 3
  cy = eyg(kmt) * siy(kpr) / L ^ 3
  cx = gsh(kmt) * sk(kpr) / L

  Pxi = cu * (de(1) - de(7))
  Pxj = -Pxi
  Qyi = cz / rb * (6# * (ri + rj + 4# * ri * rj) * de(2) _
               + 6# * L * ri * (1# + 2# * rj) * de(6) _
               - 6# * (ri + rj + 4# * ri * rj) * de(8) _
               + 6# * L * ri * (1# + 2# * ri) * de(12))
  Qyj = -Qyi
  Mzi = cz / rb * (6# * L * ri * (1# + 2# * rj) * de(2) _
               + 6# * L ^ 2 * ri * (1# + rj) * de(6) _
               - 6# * L * ri * (1# + 2# * rj) * de(8) _
               + 6# * L ^ 2 * ri * rj * de(12))
  Mzj = cz / rb * (6# * L * rj * (1# + 2# * ri) * de(2) _
               + 6# * L ^ 2 * ri * rj * de(6) _
               - 6# * L * rj * (1# + 2# * ri) * de(8) _
               + 6# * L ^ 2 * rj * (1# + ri) * de(12))
  Qzi = cy / rb * (6# * (ri + rj + 4# * ri * rj) * de(3) _
               + 6# * L * ri * (1# + 2# * rj) * de(5) _
               - 6# * (ri + rj + 4# * ri * rj) * de(9) _
               + 6# * L * rj * (1# + 2# * ri) * de(11))
  Qzj = -Qzi
  Myi = cy / rb * (-6# * L * ri * (1# + 2# * rj) * de(3) _
               + 6# * L ^ 2 * ri * (1# + rj) * de(5) _
               + 6# * L * ri * (1# + 2# * rj) * de(9) _
               + 6# * L ^ 2 * ri * rj * de(11))
  Myj = cy / rb * (-6# * L * rj * (1# + 2# * ri) * de(3) _
               + 6# * L ^ 2 * ri * rj * de(5) _
               + 6# * L * rj * (1# + 2# * ri) * de(9) _
               + 6# * L ^ 2 * rj * (1# + ri) * de(11))
  Mxi = cx * (de(4) - de(10))
  Mxj = -Mxi
  tst(ne, 1) = tst(ne, 1) + Pxi
  tst(ne, 2) = tst(ne, 2) + Pxj
  tst(ne, 3) = tst(ne, 3) + Qyi
  tst(ne, 4) = tst(ne, 4) + Qyj
  tst(ne, 5) = tst(ne, 5) + Mzi
  tst(ne, 6) = tst(ne, 6) + Mzj
  tst(ne, 7) = tst(ne, 7) + Qzi
  tst(ne, 8) = tst(ne, 8) + Qzj
  tst(ne, 9) = tst(ne, 9) + Myi
  tst(ne, 10) = tst(ne, 10) + Myj
  tst(ne, 11) = tst(ne, 11) + Mxi
  tst(ne, 12) = tst(ne, 12) + Mxj

  Pxi = tst(ne, 1)
  Pxj = tst(ne, 2)
  Mzi = tst(ne, 5)
  Mzj = tst(ne, 6)
  Myi = tst(ne, 9)
  Myj = tst(ne, 10)

  fyi = ((Myi / My0(kpr)) ^ 2 + (Mzi / Mz0(kpr)) ^ 2) ^ a1(kpr) _
                + (Pxi / Px0(kpr)) ^ a2(kpr) - 1#
  fyj = ((Myj / My0(kpr)) ^ 2 + (Mzj / Mz0(kpr)) ^ 2) ^ a1(kpr) _
                + (Pxj / Px0(kpr)) ^ a2(kpr) - 1#

  If fyi > -0.00001 Then rmd(ne, 1) = rlim
  If fyj > -0.00001 Then rmd(ne, 2) = rlim

Next ne

'ヒンジ数の計算
nhg1 = nhg

nhg = 0
For i = 1 To nel
  For j = 1 To 2
    If rmd(i, j) = rlim Then
      nhg = nhg + 1
    End If
  Next j
Next i

pout = 0
If nhg > nhg1 Then pout = 1

End Sub
```

図 6.32 断面力の更新と降伏判定を行うプログラム

次に，図 6.33 は，ヒンジ位置の出力プログラムを示します．これは，5 章の図 5.15 のプログラムからヒンジ位置および節点変位の出力部分を抽出したものです．ただし，この場合は，ヒンジ位置を出力する時の解析時刻（time）を，1 行目に出力しています．なお，時刻（time）はサブルーチンの引数としています．これにより，ヒンジ数が増加した時の時刻がわかります．

また，図 6.31 の続きのプログラムは，図 6.23 とほとんど同じです．ただし，図 6.23 の「Next n」の後に，次の 2 文を加えます．「Cells(n4 + nel + 2, 3) = "データ数 ="」，「Cells(n4 + nel + 2, 4) = iout」．

解析プログラムの変更は以上ですが，最後にメインルーチンと Global 宣言文を図 6.34, 6.35 に示します．

```
Sub ヒンジ位置出力(time, nf, iout)

fname1 = "ヒンジ出力"
fname2 = "変位出力"

If nf > 0 Then GoTo L100

iout = 0

fname = ActiveSheet.Name

ns1 = 0
ns2 = 0
n = Sheets.Count
For i = 1 To n
  fn = Sheets(i).Name
  If fn = fname1 Then ns1 = 1
  If fn = fname2 Then ns2 = 1
Next i

If ns2 = 0 Then
  Sheets.Add After:=Sheets(fname)
  Sheets(ActiveSheet.Name).Name = "変位出力"
End If

If ns1 = 0 Then
  Sheets.Add After:=Sheets(fname)
  Sheets(ActiveSheet.Name).Name = "ヒンジ出力"
End If

Sheets(fname1).Select: Columns("A:VI").Select
Selection.ClearContents: Range("A1").Select

Sheets(fname2).Select: Columns("A:VI").Select
Selection.ClearContents: Range("A1").Select

Sheets(fname).Activate

L100:

iout = iout + 1

'時刻の出力
Sheets(fname1).Cells(1, iout) = time

'ヒンジ位置の出力
For ne = 1 To nel
  For i = 1 To 2
    ihg = 0
    If rmd(ne, i) = rlim Then ihg = 1
    Sheets(fname1).Cells(2 * (ne - 1) + i + 1, iout) = ihg
  Next i
Next ne

'節点変位の出力
For i = 1 To nod * ndg
  Sheets(fname2).Cells(i, iout) = dn(i)
Next i

End Sub
```

図 6.33　ヒンジ位置およびヒンジ発生時の変位を出力するプログラム

```
Sub 骨組応答解析()

  Call データ入力
  Call スカイライン高さ
  Call 自由度番号
  Call 応答解析
  Call 最大応答の出力
  Call 断面力の計算

End Sub
```

図 6.34 メインルーチン

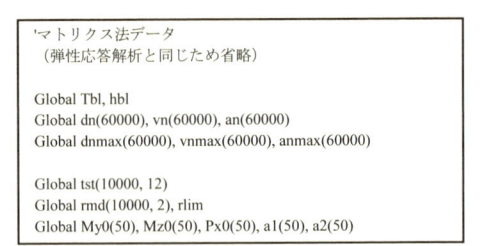

```
'マトリクス法データ
 (弾性応答解析と同じため省略)

Global Tbl, hbl
Global dn(60000), vn(60000), an(60000)
Global dnmax(60000), vnmax(60000), anmax(60000)

Global tst(10000, 12)
Global rmd(10000, 2), rlim
Global My0(50), Mz0(50), Px0(50), a1(50), a2(50)
```

図 6.35 Global 宣言文

6.7.3 結果表示グラフィックスの改良

結果のグラフィックスに関しては，5 章の 5.3.3 節で改良したものをベースに，6.6.3 節に示した改良を行います．ただし，5 章の図 5.18 の荷重変位曲線のデータを抽出する部分は削除します．この時，図 5.25 で，ComboBox1 と OptionButton9 の初期設定も削除するのを忘れないで下さい．

改良した結果表示 1 と結果表示 2 を図 6.36 に示します．

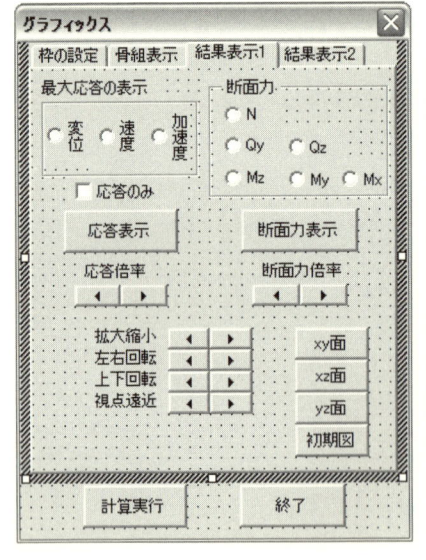

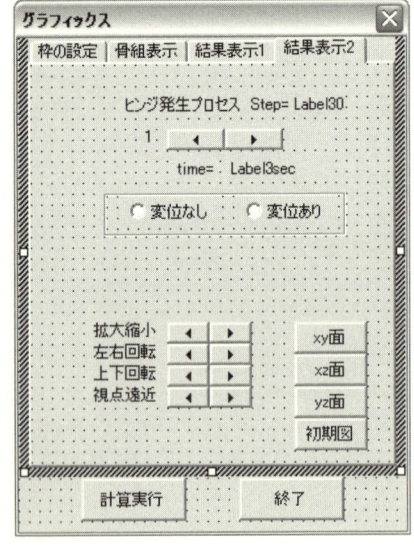

図 6.36　グラフィックス表示のための UserForm2 の改良

結果表示2では，ヒンジ発生プロセスの各ステップの時刻を表示するようにしています．これは，ヒンジ発生プロセスのスピンボタンのプログラムに，「Label34.Caption = Sheets("ヒンジ出力").Cells(1, irow)」を加えることで可能になります．

6.8 まとめ

以上で，骨組の固有振動解析，弾性応答解析，弾塑性応答解析プログラムは完成です．

なお，本プログラムでは，要素のせん断変形を考慮していませんが，耐震壁や短柱をモデル化する場合は，要素のせん断変形を考慮したモデルが必要になると思われます．このような問題に関しては，文献8)を参考に，改良を試みて下さい．

7章　骨組解析ソフトの使い方

7.1　はじめに

　7章では，3章，4章で作成した立体骨組解析ソフト，5章で作成した骨組弾塑性解析ソフト，および6章で作成した骨組振動解析ソフト，骨組応答解析ソフト，弾塑性応答解析ソフトの使い方を説明します．

7.2　骨組解析ソフトの導入

　Excel VBA で作成したソフトは，マクロ（Excel VBA のプログラム）が入っている Excel ファイルを起動して，アドイン登録をするだけで簡単に使えるようになります．ここでは，その手順を説明します．

- a) Excel を起動し，メニューバーの［ツール］－［マクロ］－［セキュリティ］を選択し，セキュリティレベルを中に変更します．
- b) 次に，付属の CD-ROM から book ファイルである"立体骨組解析"を読み込みます（"立体骨組解析"ファイルを直接ダブルクリックしても OK です）．
- c) 次に，Excel のメニューバーの「ファイル(F)」クリックし，「名前を付けて保存（A）」を選択します．次に，保存フォームの下方にある"ファイルの種類"を一番下にある"Microsoft Excel アドイン"にして，ファイル名を"立体骨組解析"にして「保存」ボタンをクリックします（詳しくは 4.10 節参照）．以

上の操作で，Excel ファイル"立体骨組解析"のマクロプログラムがアドインファイルとして登録されます．

d) 次に，Excel のメニューバーの［ツール］－［アドイン］を選択します．そして，"有効なアドイン"の中の"立体骨組解析"のチェックボックスを ON にします．

以上の操作により，Excel のメニューバーに，「立体骨組解析」のメニューが追加されます．これで，Excel を起動すれば，いつでも立体骨組の問題が解ける状態になります．"骨組弾塑性解析"，"骨組振動解析"，"骨組応答解析"，"弾塑性応答解析"の各ファイルについても同様の操作で Excel のメニューバーに追加が行えます．一方，メニューバーからこれらのメニューを除く場合は，d)の"有効なアドイン"のチェックボックスを OFF にして下さい．なお，これらのソフトでは，ユーザーフォーム名がすべて同一になっているため，2 つ以上のソフトを同時にメニューに表示させると混線します．したがって，利用するソフトだけをメニューに表示し，他はメニューから除いて下さい．ユーザーフォーム名を変えればこのような不具合は解消されると思いますので，不便を感じられる読者は改良してみて下さい．その場合，Command モジュール内の変更もお忘れなく．

7.3 立体骨組解析ソフトの解析例

まず，立体骨組解析ソフトを用いていくつかの例題を解くことにより，このソフトの利用法を説明します．まず，Excel の新規ファイルを開いて下さい．そして，アドイン登録により，Excel のメニューバーに，"立体骨組解析"のメニューを追加して下さい．

7.3.1 交叉ばりの例題

まず，手計算で解を求めることができる例題として，図 7.1 に示す交叉ばりの例題を解いてみます．この例題は，仮想仕事法によって解くことができます[14]．

立体骨組解析ソフトで解くには，数値を与える必要があるため，ここでは，$P=1$kN とします．また，部材の長さ l は100cm とします．なお，2 章の図 2.11 からわかるように，梁の断面 2 次モーメントは基本的に y 軸まわりが強軸（梁が

曲げを受ける軸）となります．

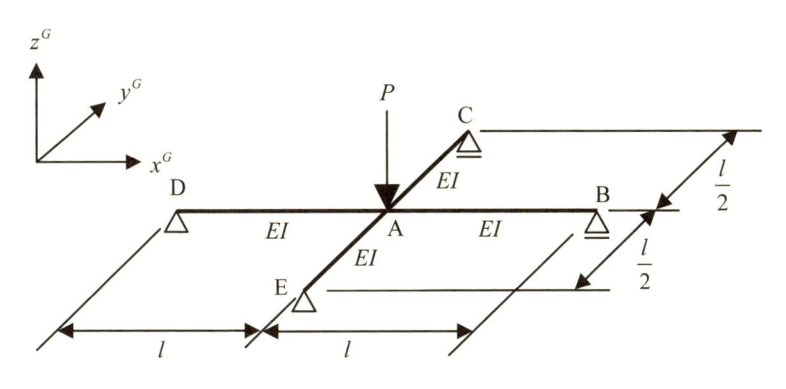

図 7.1 交叉ばりの例題

まず，この問題を解くために，節点と要素を設定します．まず，節点は，図の A, B, C, D, E のような点で，通常は，柱，梁の端点であり，骨組図を描くために必要となる点です．また，要素は，AB, AC, AD, AE 間の梁（または柱）などを意味し，通常は，骨組を構成する部材と同じ意味です．この問題では，節点は，A,B,C,D,E の 5 点，要素は，AB, AC, AD, AE の 4 要素です．なお，この例題のように部材と部材の接合部および荷重の加わる点には必ず節点を設けるようにします．

a) データ入力設定

この問題を解くために，まず，Excel のメニューバーの「立体骨組解析」から，「新規作成」を選択します．そうすると，図 7.2 に示すユーザーフォームが表示されます．ここで，図 7.2 に示すように，"節点数="のテキストボックスに 5 を入力し，"要素数="のテキストボックスに 4 を入力します．また，"材料数＝"，"特性数＝"のテキストボックスには，それぞれ 1 を入力します．そして，その下にある［OK］ボタンをクリックします．なお，"骨組（曲げ変形）"と"トラス"のオプションは，この場合は，トラスではないため，"骨組（曲げ変形）"を ON にしておきます．

[OK] ボタンをクリックすると，Excel のシート上に，図 7.3 に示すようなテーブルが自動的に表示されます．ここで，[OK] ボタン下の [終了] ボタンをクリックします．

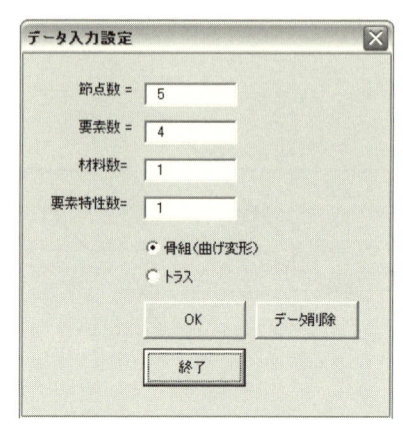

図 7.2　データ入力設定フォーム

図 7.3　データ入力設定後の Excel シート

b) データ入力

次に，Excel のシート上に，データを入力します．まず，材料に関する情報（ヤング係数 E，せん断弾性係数 G），および断面特性に関する情報（断面積 A，断面

2次モーメント Iy, Iz, サンブナンねじり定数 K) は，デフォルト値を用いることにします．

　次に，節点に関する情報を入力します．最初に，節点 A, B, C, D, E の座標値を入力します．座標の原点はどこに設定しても構いません．この場合は，A 点を原点とします．そうすると，A 点の座標は(0,0)，B 点の座標は(100,0,0)，C 点の座標は(0,50,0)，，D 点の座標は(-100,0,0)，E 点の座標は(0,-50,0)となります．これを節点番号 1,2,3,4,5 の B 列，C 列，D 列に入力します．

　次の "x 変位"，"y 変位"，"z 変位"，"x 軸回転"，"y 軸回転"，"z 軸回転" は，境界条件の入力です（ただし，x,y,z は全体座標系）．ここで，節点が，各方向の変位，回転に関して変位規定境界であれば 1 を入力します．図 7.1 の例題では，D 点，E 点の x, y, z 方向変位が拘束され，B 点，C 点の z 方向変位が拘束されています．また，B, D 点に関しては x 軸，C, E 点に関しては y 軸回転（ねじり回転）に対して拘束しておかないと，ねじれに関する剛体変形が生じて解けません．したがって，これらに該当するセルの値を 1 に変更します．

　次の "Fx(u)値"，"Fy(v)値"，"Fz(w)値"，"Mx(θx)値"，"My(θy)値"，"Mz(θz)値" は，節点に作用する荷重（または強制変位）を示しており，"Fx(u)値" 等は，全体座標系の x, y, z 方向の荷重（または強制変位），"Mx(θx)値" 等は，x, y, z 軸まわりのモーメント荷重（強制回転角）を表します（全体座標軸の正方向に右ねじ回転が正）．例題では，A 点（節点 1）に下向きの荷重（1kN）が加わっているため，節点番号 1 の "Fz(w)値" の値を－1 に修正します．

　次に，要素に関する情報を入力します．まず，各要素の両端の節点番号を入力します．例題 1 では，AB 要素は，節点 1 と節点 2，AC 要素は，節点 1 と節点 3，AD 要素は，節点 1 と節点 4，，AE 要素は，節点 1 と節点 5 をつなぐ要素ですから，要素番号 1 の B 列と C 列に 1 と 2，要素番号 2 の B 列と C 列に 1 と 3，要素番号 3 の B 列と C 列に 1 と 4，要素番号 4 の B 列と C 列に 1 と 5 を入力します．

　その横の材料番号，特性番号は，この例題では，すべての要素で同一の材料，同一の断面を仮定しているため，すべて 1 を入力します．

　その横の "wxi"，"wyi"，"wxj"，"wyj"，"wzi"，"wzj" は，分布荷重を入力する際に必要となります．例題 1 では，分布荷重がないため，ここはすべてデフォルト値の 0 のままにします．

以上の入力を行ったものが，図 7.4 です．

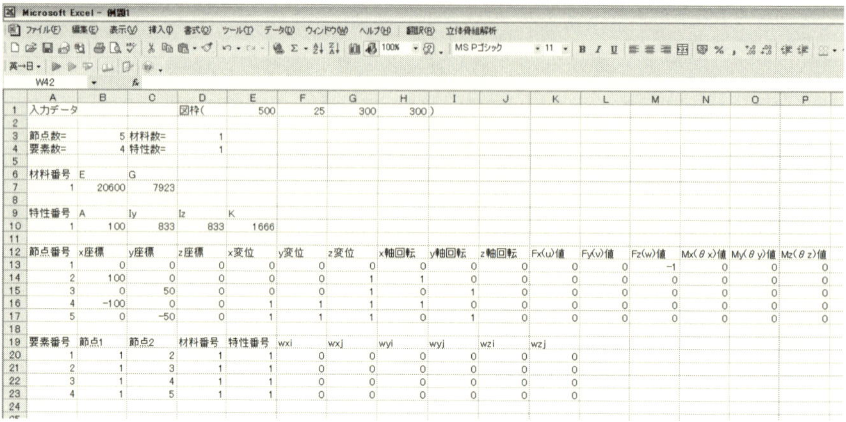

Microsoft Excel - 例題1

ファイル(F)　編集(E)　表示(V)　挿入(I)　書式(O)　ツール(T)　データ(D)　ウィンドウ(W)　ヘルプ(H)　翻訳(R)　立体骨組解析

W42

	A	B	C	D	E	F	G	H	I	J	K	L	M	N	O	P
1	入力データ			図枠(	500	25	300	300	)							
2																
3	節点数=	5	材料数=	1												
4	要素数=	4	特性数=	1												
5																
6	材料番号	E	G													
7	1	20600	7923													
8																
9	特性番号	A	Iy	Iz	K											
10	1	100	833	833	1666											
11																
12	節点番号	x座標	y座標	z座標	x変位	y変位	z変位	x軸回転	y軸回転	z軸回転	Fx(u)値	Fy(v)値	Fz(w)値	Mx(θx)値	My(θy)値	Mz(θz)値
13	1	0	0	0	0	0	0	0	0	0	0	0	−1	0	0	0
14	2	100	0	0	0	0	1	1	0	0	0	0	0	0	0	0
15	3	0	50	0	0	0	1	0	1	0	0	0	0	0	0	0
16	4	−100	0	0	1	1	1	1	0	0	0	0	0	0	0	0
17	5	0	−50	0	1	1	1	0	1	0	0	0	0	0	0	0
18																
19	要素番号	節点1	節点2	材料番号	特性番号	wxi	wxj	wyi	wyj	wzi	wzj					
20	1	1	2	1	1	0	0	0	0	0	0					
21	2	1	3	1	1	0	0	0	0	0	0					
22	3	1	4	1	1	0	0	0	0	0	0					
23	4	1	5	1	1	0	0	0	0	0	0					
24																

図 7.4　データ入力済みの Excel シート

c) 骨組表示，計算，結果表示

以上のデータ入力が正しいかどうかを骨組図の表示で確かめることができます．この場合，メニューバーの「立体骨組解析」の「図の表示」を選択します．そうすると，Excel のシート上に，図を描くための枠が表示されます．この枠がシートからはみ出している場合や途中で切れて見えにくい場合は，「枠の設定」タグを選択し，図枠の原点およびその大きさを変更することにより調整します（図 7.5 参照）．

次に，「図の表示」タグを選択し，“支持条件”，“荷重条件” のチェックボックスを ON にして，［**骨組表示**］ボタンをクリックします．そうすると，図 7.6 に示すように，支持条件と荷重条件が付加された骨組が表示されます．

以上で，データが正しく入力されていることが確かめられたら，［**骨組表示**］ボタンの下にある［**計算実行**］ボタンをクリックします．そうすると，図 7.7 に示すように，Excel のマクロ機能により，変位と断面力および反力が計算されます．この時，Excel のシート上に，それぞれの節点における変位の値（x, y, z 方向変位，x, y, z 軸まわりの回転角）が表示されます．また，それぞれの要素の両端の断面

力値(軸力, y, z 方向のせん断力, y, z 軸まわりの曲げモーメント, x 軸まわりのねじりモーメント)が表示され，また，拘束されている節点の反力の値(x, y, z 方向反力, x, y, z 軸まわりのモーメント反力)が表示されます．

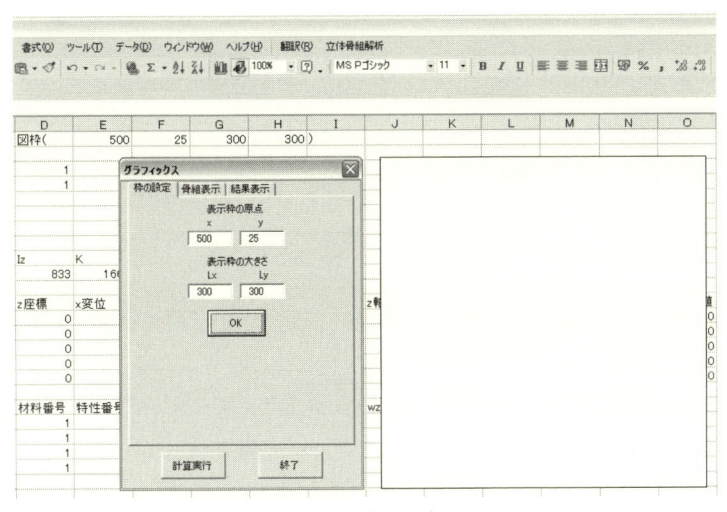

図 7.5　図枠の設定

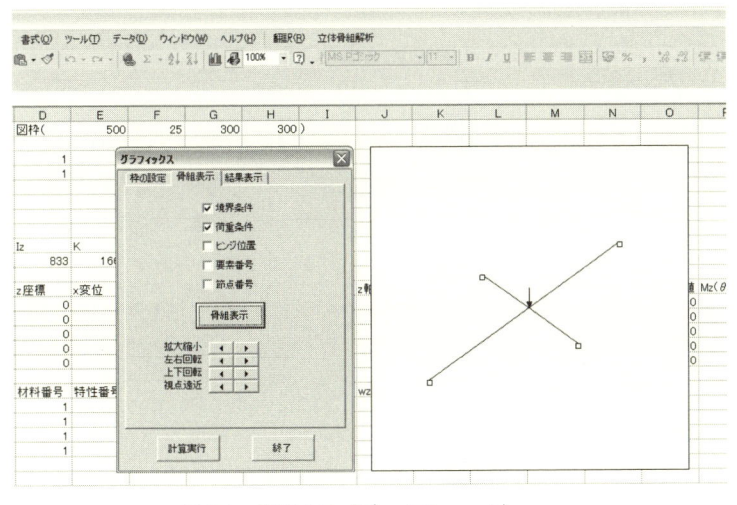

図 7.6　骨組表示(データチェック)

第7章 骨組解析ソフトの使い方

24										
25	出力データ									
26										
27	節点番号	u	v	w	θx	θy	θz			
28	1	0	0	-0.00108	0	0	0			
29	2	0	0	0	0	-1.6E-05	0			
30	3	0	0	0	3.24E-05	0	0			
31	4	0	0	0	0	1.62E-05	0			
32	5	0	0	0	-3.2E-05	0	0			
33										
34	要素番号	Ni	Nj	Qyi	Qyj	Mzi	Mzj	Qzi	Qzj	Myi	Myj	Mxi	Mxj
35	1	0	0	0	0	0	0	-0.05556	-0.05556	5.555556	0	0	0
36	2	0	0	0	0	0	0	-0.44444	-0.44444	22.22222	0	0	0
37	3	0	0	0	0	0	0	-0.05556	-0.05556	5.555556	0	0	0
38	4	0	0	0	0	0	0	-0.44444	-0.44444	22.22222	0	0	0
39										
40	節点番号	Rx	Ry	Rz	Rmx	Rmy	Rmz			
41	2			0.055556	0					
42	3			0.444444		0				
43	4	0	0	0.055556	0					
44	5		0	0.444444						
45										

図 7.7 出力データ

計算が終了した後に，図 7.6 のユーザーフォームの「結果表示」タグをクリックすると，図 7.8 に示す結果表示のページが表示されます．図 7.8 のユーザーフォームの中の［変位表示］ボタンをクリックすると，図 7.9 左に示すように，変位が青線で表示されます（ただし，本書は白黒なので青になっていません）．ただし，変位は実際の大きさではなく，見やすいように倍率が掛けられています．また，"My" のオプションを ON にして，［断面力表示］ボタンをクリックすると，曲げモーメント図が表示されます．

なお，これらの図は，Excel の図を直接 Word にコピーしたものです．このように，Excel で描かれた図は，Word でも加工可能な図としてコピーできます．念のため，図のコピーの方法を説明しておくと，まず，Excel のメニューバーの「表示」から「ツールバー」を選択し，その中の"図形描画"のチェックを ON にします．そして，図形描画のメニューバーの"図形の調整"右横の矢印をクリックし，シート上の図を，マウスをドラッグして囲みます．そして，「図形の調整」をクリックし，グループ化を選択します．次に，この図を［Ctrl］+［C］等により，コピーして Word 上に貼り付けます．後は，図の大きさを調整すれば，レポートやテスト問題等も綺麗に描くことができます．

以上の計算で，DB 部材の A 点位置の曲げモーメントが 5.5556，CE 部材の A 点位置の曲げモーメントが 22.222 であることがわかります．仮想仕事法で求めた正解が *Pl*/18 と 2*Pl*/9 であることから，正解が得られていることがわかります．

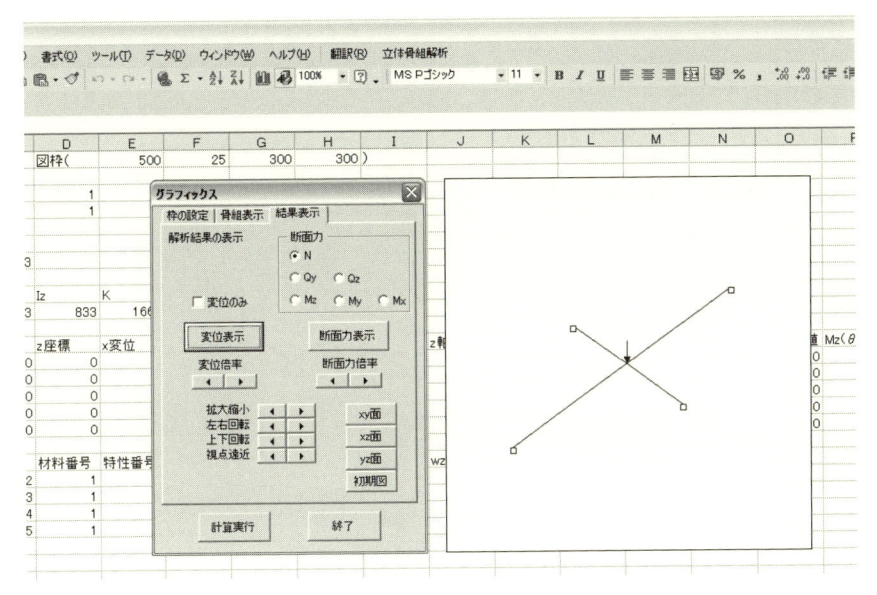

図 7.8 結果表示のページ

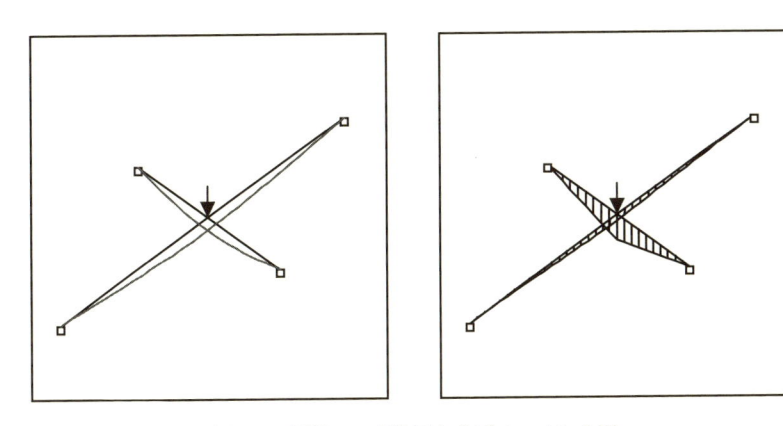

図 7.9 例題 1 の変位図と曲げモーメント図

なお,図 7.6 および図 7.8 のユーザーフォームには,拡大縮小や視点変更などのスピンボタンがありますので,適当に操作することで,動作を確かめて下さい.また,図の全体座標の方向を知りたい場合は,図 7.6 で節点番号のチェックボッ

クスをオンにして骨組を表示すると，図 7.10 に示すように節点番号が表示されます（なお，この場合，図 7.6 の境界条件と荷重条件のチェックボックスはオフにしています）．図 7.4 で入力した座標と，図 7.10 を比べることで，この場合は，図 7.6 中に示した方向に全体座標軸が向いていることがわかります．

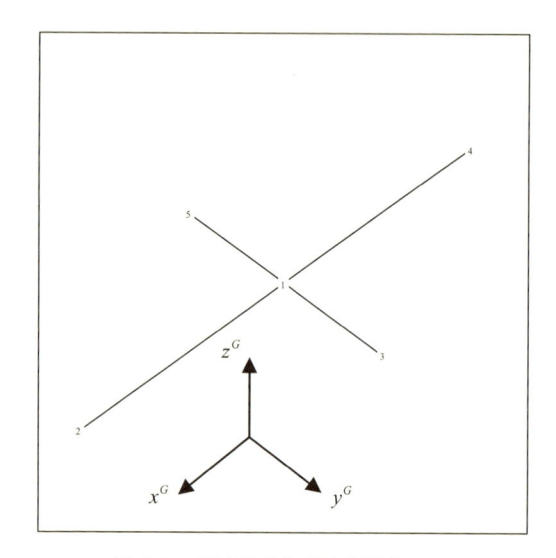

図 7.10 節点番号と全体座標系

7.3.2 強制変位の例題

次に，強制変位問題の例題として，図 7.11 に示す基本的な例題[15]を解いてみます．図 7.11 の δ は強制変位を示しています．この例題は，たわみ角法によって正解を求めることができます．

立体骨組解析ソフトで解くためには，数値を与える必要があるため，ここでは，$P=1\mathrm{kN}$，$l=100\mathrm{cm}$ とし，材料定数と断面定数はデフォルト値を用いることにします．また，図中に示すように，全体座標系を定義します．

まず，データ入力では，節点数を 3，要素数を 2，材料数，特性数を 1 とし，図 7.12 に示すように，データを作成します．図に示すように，強制変位値は，"Fy(v)値"のところに入力します．ここでは，Excel の表機能を用いて E と I_y を表の値から引用しています．この場合，B 節点の y 方向変位は "y 変位" の入力

で規定されていますから，"Fy(v)値"に値を入れると，自動的に強制変位になるわけです．したがって，変位を拘束する場合は，その自由度に対する荷重を入れないように気を付ける必要があります．

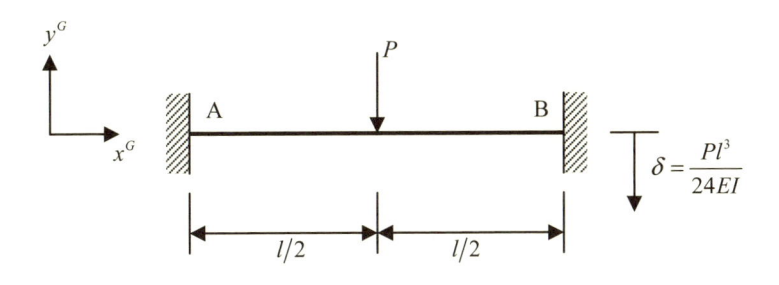

図 7.11　強制変位を受ける例題

$$\delta = \frac{Pl^3}{24EI}$$

図 7.12　入力データ

図 7.13 は，計算実行を行った結果を示しています．また，図 7.14 は，解析結果の変位図と曲げモーメント図を示したものです．この場合の曲げモーメントの正解は，A 点が $3Pl/8 = 37.5\text{kNcm}$，B 点が $Pl/8 = 12.5\text{kNcm}$ となりますから，図 7.13 より，正解が得られていることがわかります．

なお，図 7.14 の表示では，図 7.8 に示すユーザーフォームの［xy 面］のコマンドボタンを利用しています．このコマンドボタンにより，$x^G y^G$ 平面に図を描くことができます．

出力データ

節点番号	u	v	w	θx	θy	θz
1	0	0	0	0	0	0
2	0	-0.00152	0	0	0	-3.6E-05
3	0	-0.00243	0	0	0	0

要素番号	Ni	Nj	Qyi	Qyj	Mzi	Mzj	Qzi	Qzj	Myi	Myj	Mxi	Mxj
1	0	0	1	1	-37.5	12.5	0	0	0	0	0	0
2	0	0	0	0	12.5	12.5	0	0	0	0	0	0

節点番号	Rx	Ry	Rz	Rmx	Rmy	Rmz
1	0	1	0	0	0	37.5
3	0	1	0	0	0	12.5

図 7.13　出力データ

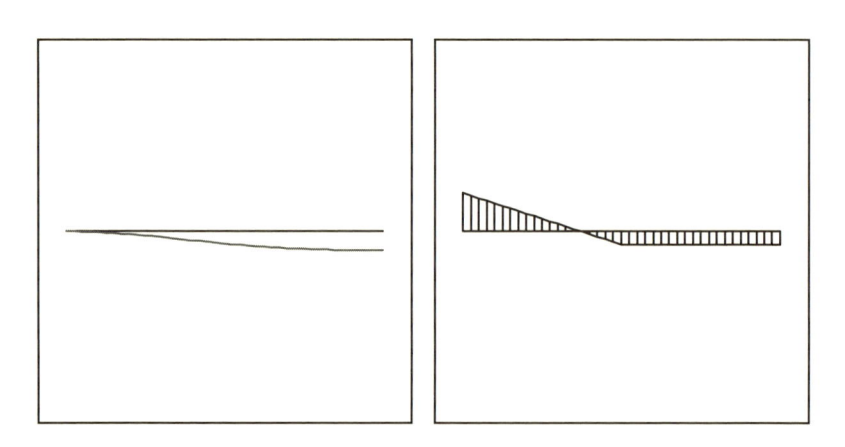

図 7.14　例題 2 の変位図と曲げモーメント図

7.3.3　立体骨組の例題

次に，図 7.15 に示される立体骨組の例題を解いてみます[8]．この例題は実験に用いられたモデルで，部材長さはすべて 40cm，材料は直径 8mm の軟鋼で，ヤング係数が $2.058 \times 10^7 \text{N/cm}^2$，せん断弾性係数が $7.9154 \times 10^6 \text{N/cm}^2$ です．また，断面積は 0.50265cm^2，断面 2 次モーメントは $2.0106 \times 10^{-2} \text{cm}^4$，サンブナンねじり定数は $4.0212 \times 10^{-2} \text{cm}^4$ となります．

まず，データ入力では，節点数を 8，要素数を 8，材料数，特性数を 1 とし，図 7.16 に示すように，データを作成します．図 7.17 は，入力されたデータに対する骨組図を示します．図には，節点番号と要素番号を表示しています．また，図 7.18 は解析結果を示します．図 7.18 の結果は，文献 8) に示される有限要素解析の結果

と一致します．興味のある読者は確かめてみて下さい．

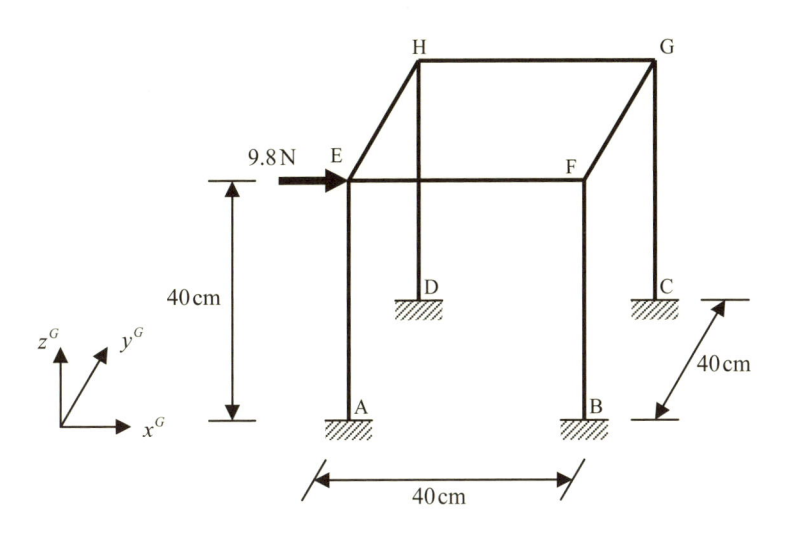

図 7.15 立体骨組の例題

図 7.16 データ入力

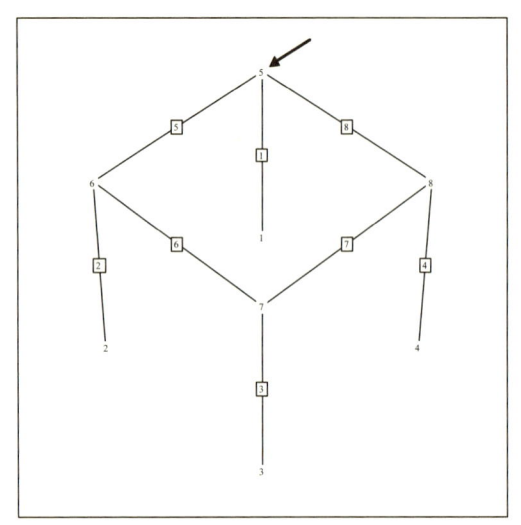

図 7.17　例題の骨組図および節点番号と要素番号

31												
32	出力データ											
33												
34	節点番号	u	v	w	θx	θy	θz					
35	1	0	0	0	0	0	0					
36	2	0	0	0	0	0	0					
37	3	0	0	0	0	0	0					
38	4	0	0	0	0	0	0					
39	5	0.069241	−0.01259	9.92E-06	0.000164	0.000991	0.000862					
40	6	0.069222	0.012587	−9.9E-06	0.00016	0.00099	0.000862					
41	7	0.021007	0.012587	−6.3E-06	−0.00016	0.000363	0.000862					
42	8	0.021007	−0.01259	6.32E-06	0.000164	0.000364	0.000862					
43												
44	要素番号	Ni	Nj	Qyi	Qyj	Mzi	Mzj	Qzi	Qzj	Myi	Myj	Mxi	Mxj
45	1	2.564547	2.564547	−3.83468	−3.83468	86.94245	−66.4446	0.7227	0.7227	−16.1462	12.76183	6.861856	6.861856
46	2	−2.56455	−2.56455	−3.83387	−3.83387	86.92186	−66.4328	−0.7227	−0.7227	16.14617	−12.7618	6.859278	6.859278
47	3	−1.63509	−1.63509	−1.06577	−1.06577	25.07554	−17.5551	−0.7227	−0.7227	16.14617	−12.7618	6.859278	6.859278
48	4	1.635093	1.635093	−1.06569	−1.06569	25.07455	−17.5531	0.7227	0.7227	−16.1462	12.76183	6.861856	6.861856
49	5	−4.89936	−4.89936	0.7227	0.7227	−14.4573	14.45065	−3.07248	−3.07248	61.45394	−61.4451	−2.60322	−2.60322
50	6	0	0	−1.0655	−1.0655	21.30992	−21.3099	−0.50793	−0.50793	10.15861	−10.1586	−4.98767	−4.98767
51	7	−0.00027	−0.00027	0.7227	0.7227	−14.4506	14.45735	1.127163	1.127163	−22.5428	22.54376	−2.60322	−2.60322
52	8	0	0	−1.06596	−1.06596	21.31921	−21.3192	−0.50793	−0.50793	10.15861	−10.1586	−4.99067	−4.99067
53												
54	節点番号	Rx	Ry	Rz	Rmx	Rmy	Rmz					
55	1	−3.83468	0.7227	−2.56455	−16.1462	−86.9425	−6.86186					
56	2	−3.83387	−0.7227	2.564547	16.14617	−86.9219	−6.85928					
57	3	−1.06577	−0.7227	1.635093	16.14617	−25.0755	−6.85928					
58	4	−1.06569	0.7227	−1.63509	−16.1462	−25.0745	−6.86186					

図 7.18　解析結果

また，図 7.19，7.20 は，各断面力と変位図を示したものです．断面力図に関しては，要素座標系で表示されるため，各部材の要素座標がどちら向きかを把握することが必要です．2 章の図 2.11 と見比べて，要素座標の方向を確かめて下さい．

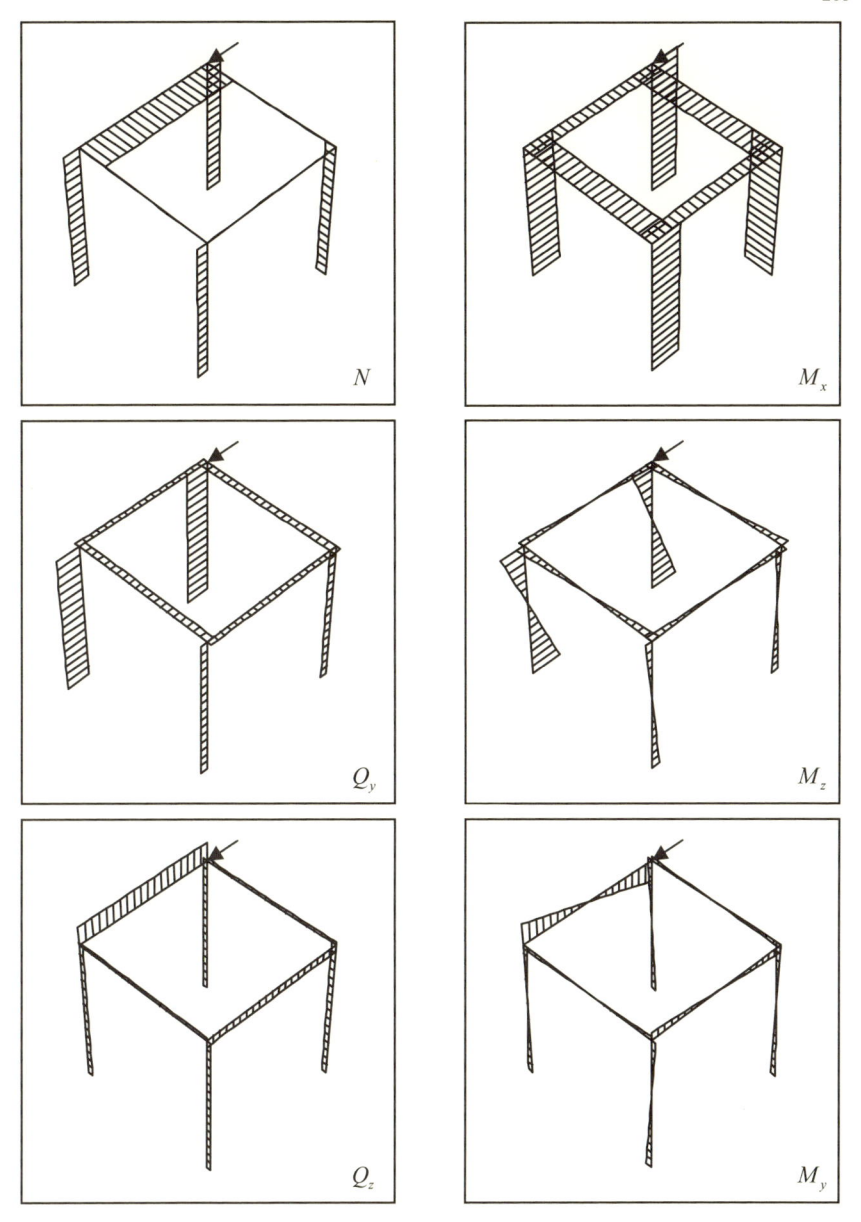

図 7.19　断面力図（図中の断面力の表記 $N, M_x, \cdots$ は表示されません）

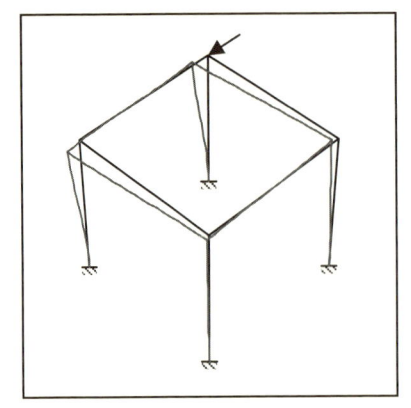

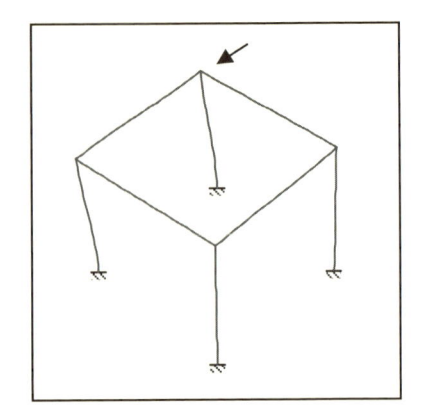

図 7.20　変位図

図 7.19 を見ればわかるように，Q_y, M_z は要素座標の y 軸方向の描かれ，Q_z, M_y は要素座標の z 軸方向に描かれます．したがって，これらの断面力が描かれる方向を見れば，要素座標の y, z 軸がどちらの方向を向いているかを判断できます．また，軸力 N とねじりモーメント M_x に関しては，要素座標の y, z 軸方向のどちらの方向に描いてもよいため，視点に対して，大きく出る方向に描くようにしています．図 7.20 の変位図に関しては，左図に示すように骨組図と共に表示することもできるし，右図に示すように変位図のみを表示することもできます．

7.3.4　ヒンジのある立体骨組の例題

次に，図 7.21 に示されるヒンジのある立体骨組の例題を解いてみます[8]．図に示すように，この例題では，F 点にヒンジがあり，また，I 点に荷重が加わっています．部材長さはすべて 100cm で，ヤング係数は $2.058 \times 10^7 \text{N/cm}^2$，せん断弾性係数は $7.9154 \times 10^6 \text{N/cm}^2$ です．また，断面積は 2.0094cm^2，断面 2 次モーメントは I_y, I_z ともに 1.537cm^4，サンブナンねじり定数は 3.074cm^4 です．

このようなヒンジがある問題を解く場合，FE, FG, FB の各要素の F 側の端部に非常に短い要素を追加し，この要素の断面 2 次モーメントおよびサンブナンねじり定数を小さくすることでヒンジを近似します．このため，この問題では，ヒンジを形成するための要素および節点が 3 個追加されます．

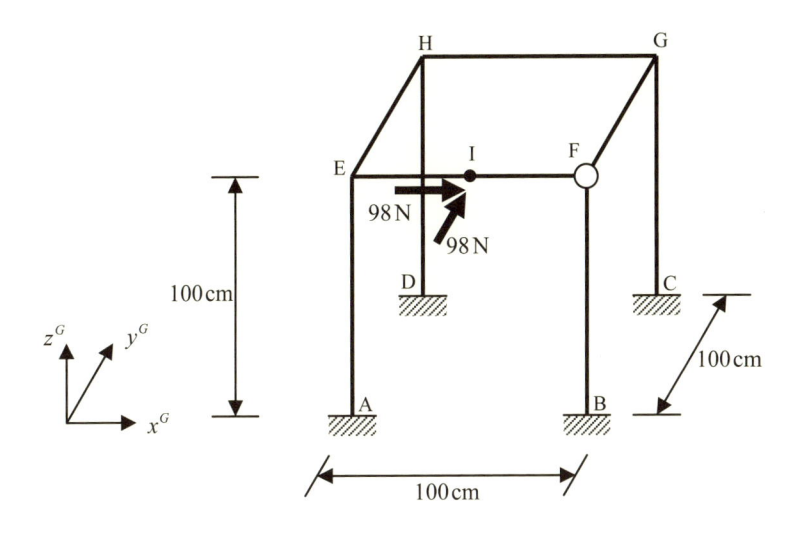

図 7.21 ヒンジのある立体骨組の例題

図 7.22 入力データ

したがって，この例題の節点数は，荷重点も含めて 12，要素数は 12，材料数は 1，特性数は 2 となります．

図 7.22 は，データを入力した Excel シート示します．10, 11, 12 番目の要素がヒンジ要素となります．ヒンジ要素の長さと断面 2 次モーメントは剛度（断面 2 次モーメントを要素長さで割ったもの）が小さくなるように設定します．この場合は，剛度が 10^{-5} となるように設定しています．

図 7.22 のデータで，骨組を表示すると，図 7.23 に示すように，要素が短く，しかも断面 2 次モーメントが小さい要素はヒンジとして描かれます．

図 7.24 は，解析結果を示したものです．なお，これらの結果は，文献 8) に示される有限要素解析の結果とほぼ同じ値となっています．

図 7.25 は，y, z 軸まわりの曲げモーメントと x 軸まわりのねじりモーメント分布を示したもので，いずれもヒンジ部で 0 になっていることがわかります．

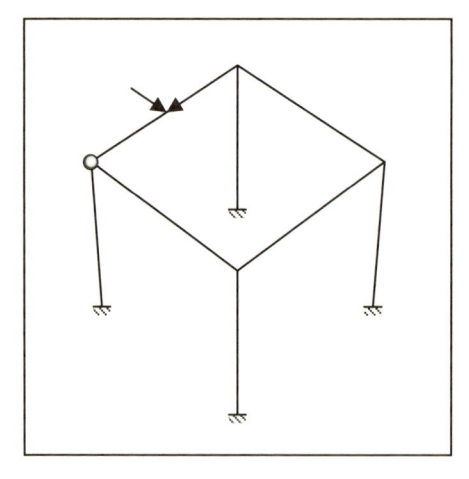

図 7.23　例題の骨組図

	A	B	C	D	E	F	G	H	I	J	K
41	出力データ										
42											
43	節点番号	u	v	w	θx	θy	θz				
44	1	0	0	0	0	0	0				
45	2	0	0	0	0	0	0				
46	3	0	0	0	0	0	0				
47	4	0	0	0	0	0	0				
48	5	0.245185	0.081972	9.23E-05	-0.00047	0.001933	0.002379				
49	6	0.245227	0.173143	-1.2E-05	-0.00088	0.001174	0.000682				
50	7	0.038745	0.173075	-5.9E-05	-0.00139	0.000193	0.001187				
51	8	0.038752	0.081896	-2.1E-05	-0.00058	0.000391	0.001223				
52	9	0.245265	0.183306	-0.03617	-0.00047	-0.00024	0.00097				
53	10	0.245227	0.173143	-1.2E-05	-0.00047	-0.00096	-0.00079				
54	11	0.245226	0.173143	-1.2E-05	0.000696	0.000194	0.002504				
55	12	0.245225	0.173141	-1.2E-05	-0.0026	0.003678	2.22E-07				
56											
57	要素番号	Ni	Nj	Qyi	Qyj	Mzi	Mzj	Qzi	Qzj	Myi	Myj	Mxi	Mxj
58	1	38.17275	38.17275	-56.3896	-56.3896	3430.768	-2208.2	-22.1623	-22.1623	1257.323	-958.908	578.8488	578.8488
59	2	-5.10903	-5.10903	-23.2787	-23.2787	2327.343	-0.50364	-16.4358	-16.4358	1643.218	-0.34582	0.053945	0.053945
60	3	-24.2966	-24.2966	-11.0403	-11.0403	613.1239	-490.908	-39.2437	-39.2437	2403.047	-1521.33	288.7325	288.7325
61	4	-8.76709	-8.76709	-7.29134	-7.29134	488.1994	-240.934	-20.1582	-20.1582	1190.039	-825.776	297.5761	297.5761
62	5	66.38266	66.38266	-53.4455	-53.4455	444.8704	-2227.4	-18.3355	-18.3355	1833.098	916.3242	-0.03203	-0.03203
63	6	-31.6173	-31.6173	44.55455	44.55455	-2227.4	0.280598	-18.3355	-18.3355	916.3242	-0.43095	-0.03203	-0.03203
64	7	-28.1187	-28.1187	-6.33864	-6.33864	0.37076	-833.485	-13.2264	-13.2264	0.317001	-1322.31	-0.07763	-0.07763
65	8	-2.70168	-2.70168	11.12499	11.12499	-544.752	567.7468	11.07019	11.07019	-490.985	616.0337	-199.012	-199.012
66	9	-31.2831	-31.2831	-9.99301	-9.99301	865.323	-133.978	19.83728	19.83728	-1024.79	958.9399	-375.099	-375.099
67	10	-31.6173	-31.6173	44.55455	44.55455	-0.32515	-0.2806	18.33547	18.33547	-0.44929	-0.43095	-0.03203	-0.03203
68	11	-28.1187	-28.1187	-6.33864	-6.33864	0.379098	0.37076	-13.2264	-13.2264	0.330228	0.317001	-0.07763	-0.07763
69	12	-5.10903	-5.10903	-23.2787	-23.2787	0.526915	0.503636	16.43581	16.43581	-0.36226	-0.34582	0.053945	0.053945
70												
71	節点番号	Rx	Ry	Rz	Rmx	Rmy	Rmz				
72	1	-56.3896	-22.1623	-38.1728	1257.323	-3430.77	-578.849				
73	2	-23.2787	-16.4358	5.10903	1643.218	-2327.34	-0.05395				
74	3	-11.0403	-39.2437	24.29663	2403.047	-613.124	-288.732				
75	4	-7.29134	-20.1582	8.767092	1190.039	-488.199	-297.576				

図 7.24　解析結果

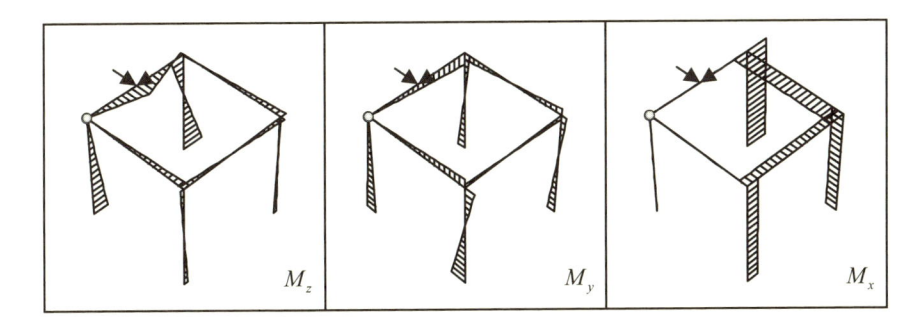

図 7.25　解析結果

7.3.5　断面の方向性がある例題

　これまでの例題は，部材が丸棒であったためI_y, I_zに同じ値を入れていましたが，次に，図 7.26 に示すような，断面のI_yとI_zが異なる例題[8]（断面の方向性がある例題）を解いてみます．

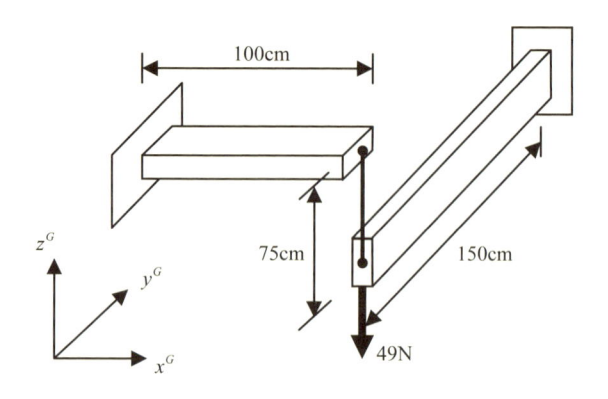

図 7.26　断面の方向性がある例題

例題では，長さ 150cm と 100cm の 2 本の長方形断面を持つ片持梁が，断面積 1cm² の丸棒に連結されています．ただし，連結棒と片持梁はすべての材軸まわりに回転するピンで接合されているものとします．部材の材料は軟鋼で，ヤング係数は $2.058 \times 10^7 \text{N/cm}^2$，せん断弾性係数は $7.9154 \times 10^6 \text{N/cm}^2$ です．長方形断面の部材は，断面はいずれも 2cm×5cm で，断面積は 10cm² です．また，これらの梁部材の要素座標は，2 章の図 2.11 からわかるように，いずれも y 軸が全体の $x^G y^G$ 面に平行な方向となります．したがって，長さ 100cm の梁では，$I_y = 3.333 \text{cm}^4$，$I_z = 20.833 \text{cm}^4$ となり，長さ 150cm の梁では，$I_y = 20.833 \text{cm}^4$，$I_z = 3.333 \text{cm}^4$ となります．また，サンブナンねじり定数はどちらも同じで，$K = 9.96 \text{cm}^4$ となります．また，連結丸棒の断面積は 0.7854cm⁴，断面 2 次モーメントは 0.04909cm⁴，サンブナンねじり定数は 0.98182cm⁴ となります．

この例題では，節点数 4，要素数 3，材料数 1，特性数 3 となります．また，連結丸棒は両端がピン接合ですから，この場合は，丸棒の断面 2 次モーメントとサンブナンねじり定数を 0 に近い値にすることでピン接合を表します．図 7.27 は入力データと計算結果を示しています．

図 7.28 は，変位図と曲げモーメント M_y の図を示したものです．

	A	B	C	D	E	F	G	H	I	J	K	L	M	N	O	P
1	入力データ															
2																
3	節点数=		4	材料数=		1										
4	要素数=		3	特性数=		3										
5																
6	材料番号	E	G													
7		1	2.06E+07	7.92E+06												
8																
9	特性番号	A	Iy	Iz	K											
10		1	10	3.333	20.833	9.96										
11		2	10	20.833	3.333	9.96										
12		3	0.7854	1.00E-08	1.00E-08	1.00E-08										
13																
14	節点番号	x座標	y座標	z座標	x変位	y変位	z変位	x軸回転	y軸回転	z軸回転	Fx(u)値	Fy(v)値	Fz(w)値	Mx(θx)値	My(θy)値	Mz(θz)値
15	1	0	0	0	1	1	1	1	1	1	0	0	0	0	0	0
16	2	100	0	0	0	0	0	0	0	0	0	0	0	0	0	0
17	3	100	0	-75	0	0	0	0	0	0	0	0	-49	0	0	0
18	4	100	150	-75	1	1	1	1	1	1	0	0	0	0	0	0
19																
20	要素番号	節点1	節点2	材料番号	特性番号	wxi	wxj	wyi	wyj	wzi	wzj					
21	1	1	2	1	1	0	0	0	0	0	0					
22	2	3	4	1	2	0	0	0	0	0	0					
23	3	2	3	1	3	0	0	0	0	0	0					
24																
25	出力データ															
26																
27	節点番号	u	v	w	θx	θy	θz									
28	1	0	0	0	0	0	0									
29	2	1.34E-13	-1.4E-10	-0.08344	-5.8E-12	0.001252	-2.1E-12									
30	3	-4.5E-09	1.34E-13	-0.08352	0.000835	-1.3E-11	-4.5E-11									
31	4	0	0	0	0	0	0									
32																
33	要素番号	Ni	Nj	Qyi	Qyj	Mzi	Mzj	Qzi	Qzj	Myi	Myj	Mxi	Mxj			
34	1	2.75E-07	2.75E-07	1.83E-07	1.83E-07	-1.8E-05	0	17.17023	17.17023	-1717.02	1.37E-05	-4.6E-06	-4.6E-06			
35	2	-1.8E-07	-1.8E-07	2.75E-07	2.75E-07	0	4.12E-05	-31.8298	-31.8298	9.17E-06	-4774.46	6.87E-06	6.87E-06			
36	3	17.17023	17.17023	2.75E-07	2.75E-07	-1.4E-05	6.87E-06	1.83E-07	1.83E-07	-4.6E-06	9.17E-06	0	0			
37																
38	節点番号	Rx	Ry	Rz	Rmx	Rmy	Rmz									
39	1	-2.7E-07	1.83E-07	17.17023	4.58E-06	-1717.02	1.83E-05									
40	4	2.75E-07	-1.8E-07	31.82977	-4774.46	6.87E-06	4.12E-05									

図7.27 入力データと解析結果

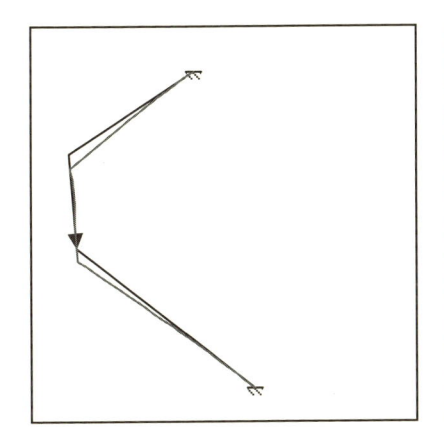

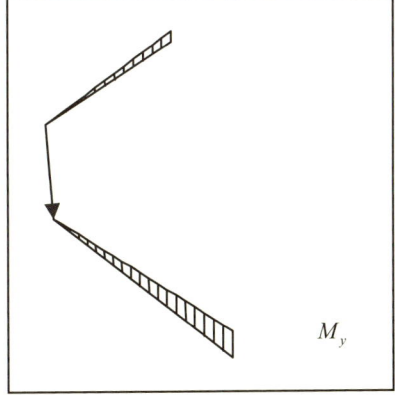

図7.28 変位図と曲げモーメント図

7.4 骨組弾塑性解析ソフトの解析例

次に，5 章で作成した骨組弾塑性解析ソフトの解析例を示します．本ソフトでは，立体骨組の崩壊荷重と崩壊に至るまでの塑性ヒンジの発生順を追跡することができます．まず，7.2 節に示す方法で，Excel のメニューバーに"骨組弾塑性解析"のメニューを追加して下さい．なお，メニューの内容は，"立体骨組解析"と同じ内容となっています．

7.4.1　1層1スパンラーメンの例題

図 7.29 に示す例題は，荷重 P を増大させたときのラーメンの崩壊荷重を求める問題[16]です．ただし，部材の全塑性モーメント M_P の値は図中に示す値とします．

この問題では，崩壊機構を図 7.30 のように仮定すると，仮想仕事の原理より，崩壊荷重 P_u は 250kN となります．

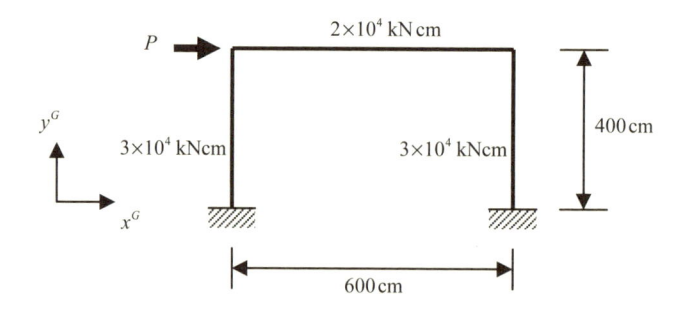

図 7.29　1層1スパンラーメンの例題

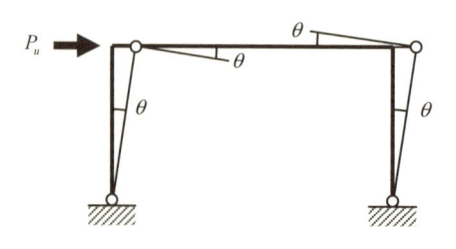

図 7.30　崩壊機構

データ入力に関しては，7.3 節とほぼ同様ですが，弾塑性解析では，これに加えて，増分解析のステップ数と，降伏関数の計算に必要となる断面の全塑性モーメントおよび塑性軸力を入力する必要があります．図 7.31 は，本例題のデータを作成したものです．この例題の場合，節点数 4，要素数 3，材料数 1，特性数 2 としています．図に示すように，増分解析のステップ数はデフォルト値の 100 としています．また，仮想仕事の原理では，要素の軸方向変形は無視されているので，要素の断面積は大きくしてあります．また，骨組は，$x^G y^G$ 面に作成し，Mz0 に，全塑性モーメント M_p を入力します（なお，My0 にも同じ値を入れています）．また，軸方向の塑性化は無視するため，Px0 には大きな値を入れています．a1，a2 は，降伏関数の係数ですが，a1 に 0.5 を入れることにより，例題と同条件になります．なお，a2 には 2 を入れています．

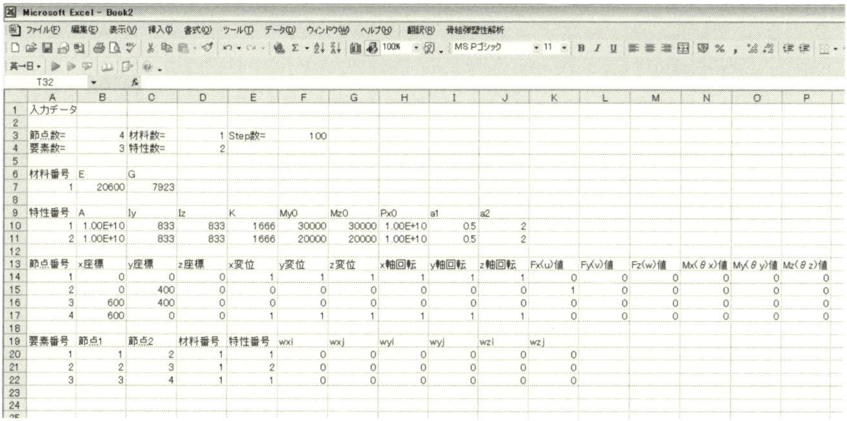

	A	B	C	D	E	F	G	H	I	J	K	L	M	N	O	P
1	入力データ															
2																
3	節点数=	4	材料数=	1	Step数=	100										
4	要素数=	3	特性数=	2												
5																
6	材料番号	E	G													
7	1	20600	7923													
8																
9	特性番号	A	Iy	Iz	K	My0	Mz0	Px0	a1	a2						
10	1	1.00E+10	833	833	1666	30000	30000	1.00E+10	0.5	2						
11	2	1.00E+10	833	833	1666	20000	20000	1.00E+10	0.5	2						
12																
13	節点番号	x座標	y座標	z座標	x変位	y変位	z変位	x軸回転	y軸回転	z軸回転	Fx(u)値	Fy(v)値	Fz(w)値	Mx(θx)値	My(θy)値	Mz(θz)値
14	1	0	0	0	1	1	1	1	1	1	0	0	0	0	0	0
15	2	0	400	0	0	0	0	0	0	0	1	0	0	0	0	0
16	3	600	400	0	0	0	0	0	0	0	0	0	0	0	0	0
17	4	600	0	0	1	1	1	1	1	1	0	0	0	0	0	0
18																
19	要素番号	節点1	節点2	材料番号	特性番号	wxi	wxj	wyi	wyj	wzi	wzj					
20	1	1	2	1	1	0	0	0	0	0	0					
21	2	2	3	1	2	0	0	0	0	0	0					
22	3	3	4	1	1	0	0	0	0	0	0					
23																
24																

図 7.31　入力データ

骨組弾塑性解析メニューの“計算実行”を選択するか，“図の表示”を選択してユーザーフォームの下方にある［**計算実行**］ボタンをクリックすると，解析が行われます．この時，図 7.31 と同じシートに出力されるデータは，弾性限荷重（最初のヒンジが発生する荷重）に対する変位と断面力の計算結果です．

次に，骨組弾塑性解析メニューの“図の表示”を選択して，図 7.32 に示す「結果表示 2」のタグを開いて下さい．ここで，節点番号のコンボボックスで，図に

示すように荷重変位関係を表示したい節点番号を選択すると，図 7.32 の枠内に示すように，シート上に，各ステップの荷重と変位の値が示されます．ここで，1番目の行では固定荷重時（分布荷重作用時）の変位と荷重が示され，2 番目の行では，弾性限荷重における変位と荷重が示されます．この場合は，2 行しか表示されていないことから，増分解析に入ってすぐに崩壊したことがわかります．また，崩壊荷重は，250kN となっており，仮想仕事の原理を用いて求めた解と一致することがわかります．

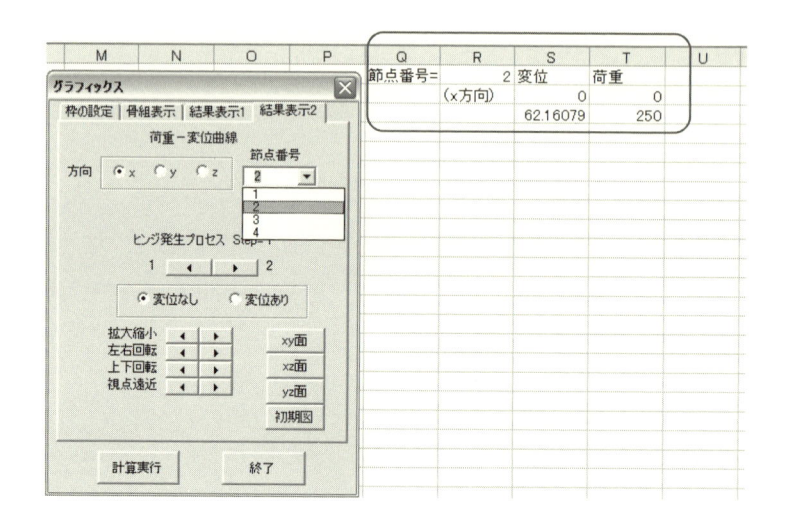

図 7.32 節点番号の選択と選択された節点の荷重－変位関係の出力

次に，"ヒンジ発生プロセス"の下のスピンボタンをクリックすると，ヒンジの発生状況を図に示すことができます．この場合は，2 種の状態が表示されることになります．図 7.33 は，これら 2 種の状態の図を示したものです．なお，この場合は，図 7.32 のユーザーフォームで，[xy 面]のコマンドボタンを選択しています．これらのボタンは 2 次元面で表示する時に用います．図 7.33 の 1 番目の状態は，固定荷重時のヒンジ発生位置を示します．プログラムでは，この状態では塑性ヒンジは発生しないものとしています．次の状態では，柱と梁に同時にヒンジが発生して崩壊に至っています．また，図 7.32 の"変位あり"のオプションを

選択して表示すると，図7.34に示すように，骨組の変形状態とともにヒンジ位置を表示させることができます．なお，この場合は，荷重や境界条件の表示はできません．また，ヒンジ点では1つの節点に2つの回転角が生じますが，この場合，ヒンジの外側の回転角のみで変位を表示しているため，ヒンジであっても曲率を持った図になっており，正確ではないことに注意が必要です（ただし，解析の精度には関わりありません）．

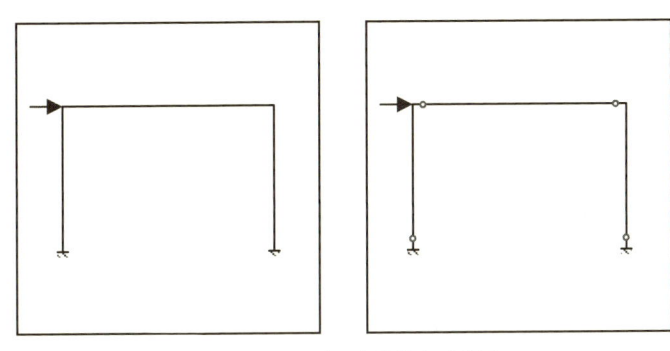

図 7.33　ヒンジ発生状態を示す図

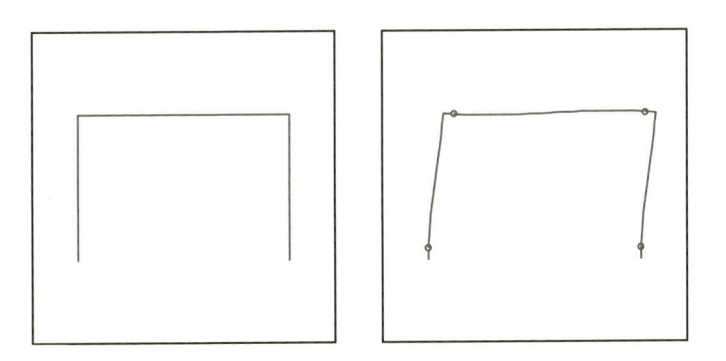

図 7.34　ヒンジ発生状態を示す図（変形を同時に表示する場合）

次に，同様な例題として，図7.35の例題[16]を解いてみます．この場合は，節点での曲げモーメントが異なるため，ヒンジが順に発生して行きます．この場合の崩壊機構を図中に示すように仮定すると，仮想仕事の原理より，崩壊荷重 P_u は

250kN となります．

図 7.36 は，この場合の入力データを示します．図 7.31 と比較すると，Mz0 の値と，節点 4 の y 座標および境界条件の設定が異なっていることがわかると思います．

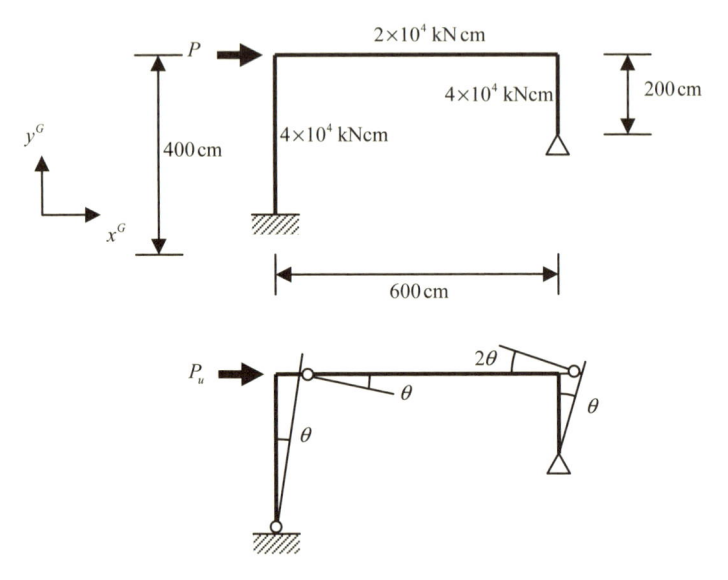

図 7.35　ヒンジが順次発生する例題とその崩壊機構

図 7.36　入力データ

計算を実行して，図7.32のユーザーフォームで，節点2の荷重と変位の履歴を表示させると，図7.37に示す出力が得られます．図からわかるように，この場合の崩壊荷重は，251.5496kNとなっています．したがって，この場合，正解の250kNと比較して多少の誤差があることがわかります．

解析精度を上げるためには，図7.36の"ステップ数="の横の数値を大きくする必要があります．この数値は，荷重増分解析のステップ数を示すもので，このステップ数を大きくすれば，1ステップの荷重増分幅が小さくなり，精度が向上します．図7.32は，このステップ数を1000にして解析した場合の結果を示していますが，この場合の崩壊荷重は，250.1859kNとなり，精度が向上していることがわかります．

Q	R	S	T
節点番号=	2	変位	荷重
	(x方向)	0	0
		43.51255	195
		62.89871	226.2002
		94.38828	251.5496

図7.37　節点2のヒンジ発生時の変位と荷重の出力

Q	R	S	T
節点番号=	2	変位	荷重
	(x方向)	0	0
		43.51255	195
		62.17173	225.03
		93.41908	250.1859

図7.38　節点2のヒンジ発生時の変位と荷重の出力（ステップ数を1000にした場合）

図7.39は，図7.32のヒンジ発生プロセスのスピンボタンにより，ヒンジの発生順序を表示したものです．ただし，ヒンジの発生していない1番目の図は省略しています．この図のように，ヒンジの発生順が示せることが，このようなプログラムのメリットでもあります．

214　第7章　骨組解析ソフトの使い方

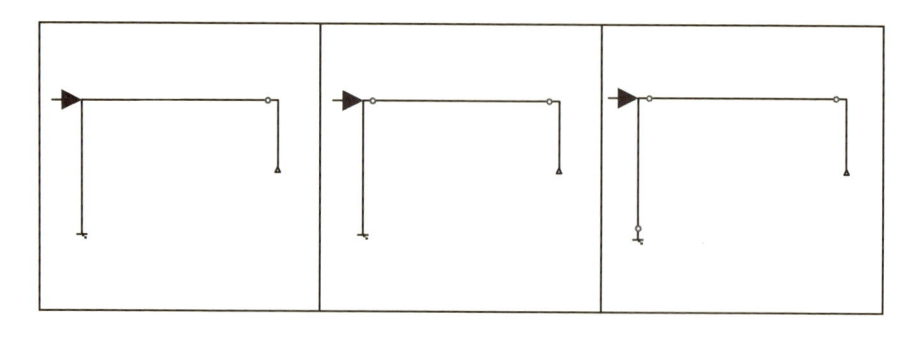

図7.39　ヒンジ発生プロセスを示す図

7.4.2　多層多スパンラーメンの例題

次に，図7.40に示される5層3スパンラーメンの例題の解析を行ってみます[17]．ここに，W は，各層の重量（一定）を表しています．ただし，部材の全塑性モーメント M_p の値は図中に示す値とします．なお，仮想仕事の原理を用いた計算で求められた崩壊荷重[17]は，$P_5 = 710$kN （$W = 1972.2$kN に相当）となります．その他の荷重は，図の比率にしたがって求まります．

まず，入力データの作成を行います．この場合，節点数は24，要素数は，柱が20，梁が15で，合計35となります．また，材料数は1で，特性数は，全塑性モーメントの種類が5であるため，5とします．また，7.2.1節の例題と同様に，軸方向の変形と塑性化を無視するため，断面積と Px0 には大きな値を入力します．Mz0 には，図7.40に示す全塑性モーメントを入力します．荷重値は，図7.40 の $P_1 \sim P_5$ を，W を1として入力します．以上の入力データは，付属CDの"骨組弾塑性解析"というファイルの Sheet3 にありますから，参照して下さい．

図7.41は，以上の入力データにより解析を行い，P_5 が作用する節点の変位と荷重の関係を示したものです．左が増分解析のステップ数を100とした場合の結果で，右が増分ステップ数を1000とした場合の結果です．図に示すように，ステップ数100の場合は，仮想仕事の原理から求められた710kNとは多少差がありますが，ステップ数1000の場合は，かなり近い値となっていることがわかります．

図7.42は，解析ステップ数100と1000の場合の崩壊時のヒンジ分布を示したものですが，最終のヒンジ分布は一致していることがわかります．

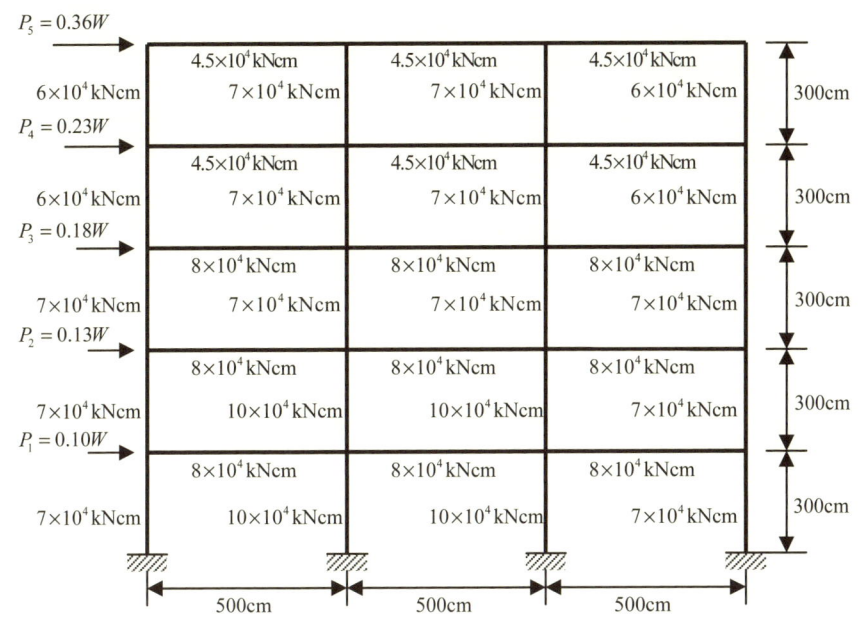

図 7.40　5 層 3 スパンラーメンの例題

(増分ステップ数 100 の場合)

節点番号=	21	変位 (x方向)	荷重
		0	0
		513.0283	550.0625
		608.7327	643.5791
		626.2157	654.5801
		638.5207	660.0801
		712.272	687.585
		785.6765	698.5811
		875.4102	704.0889
		970.9736	709.5967
		1118.008	715.1045
		1292.516	720.5889

(増分ステップ数 1000 の場合)

節点番号=	21	変位 (x方向)	荷重
		0	0
		513.0283	550.0625
		605.3549	640.2755
		606.1747	640.8256
		619.2869	649.0754
		629.8007	654.0253
		631.1309	654.5753
		710.7823	684.2845
		769.5059	693.0853
		868.213	699.1439
		963.7764	704.6517
		1037.293	707.3959
		1159.449	711.2308

図 7.41　ヒンジ発生時の P_5 が作用する節点での変位と荷重値

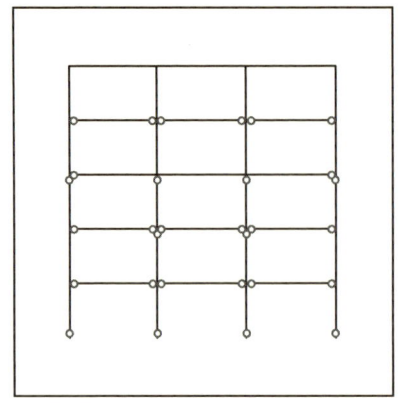

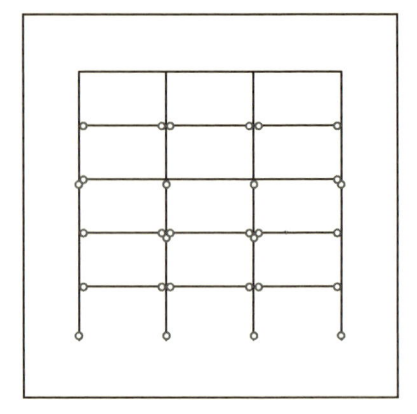

(増分ステップ数 100 の場合)　　　　　(増分ステップ数 1000 の場合)

図 7.42　崩壊荷重時のヒンジ発生状況

　なお，仮想仕事の原理で仮定した崩壊形は，2 階までの梁の両端と，3 階の柱上端がすべてヒンジとなるものです．したがって，本解析結果と同様の崩壊形と言えます．

　なお，本プログラムでは，増分させない固定荷重も扱うことができます．ただし，固定荷重は分布荷重で入力する必要があります．そこで，図 7.40 の例題のすべての梁に，0.5kN/cm の分布荷重を鉛直下方に掛けてみます．図 7.43 の左図は，この時の P_5 が作用する節点でのヒンジ発生時の変位と荷重の値を示しています．また，右図は，崩壊荷重時のヒンジ位置を示しています．なお，増分ステップ数は 100 としています．図からわかるように，崩壊荷重は，図 7.41 左図に示す値より小さくなり，また，ヒンジ発生位置も非対称になっていることがわかります．また，最終崩壊形は同様ですが，発生プロセスは，かなり異なりますので，各自"骨組弾塑性解析"ファイルの Sheet3 と Sheet4 の結果を見比べてみて下さい．

　なお，ここでは，仮想仕事の原理で解が求められる 2 次元の例題のみを扱っていますが，付録データに，実際の構造にもとづく立体骨組の例題を入れていますのでご参照下さい．

Q	R	S	T
節点番号=	21	変位	荷重
	(x方向)	1.44E-10	0
		477.3992	511.875
		487.3748	522.1113
		503.0031	537.4666
		524.5648	557.9392
		530.3502	563.0583
		560.7042	588.6492
		567.1956	593.7668
		587.7548	609.1199
		627.0381	634.7107
		639.0221	639.8318
		654.2939	644.95
		746.4624	670.5457
		792.4461	680.7839
		870.5236	696.1414
		976.5935	706.3914
		1081.563	711.5242
		1211.693	716.6414

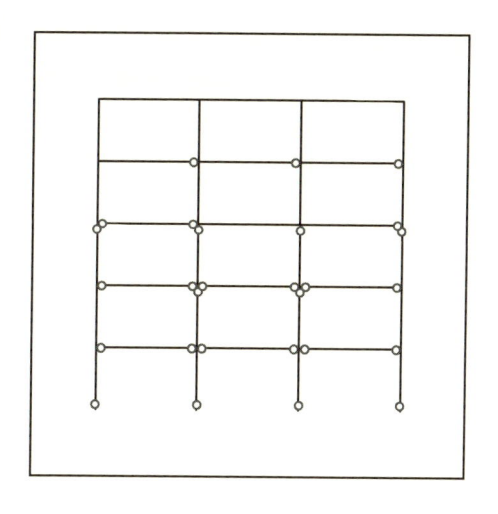

図 7.43 鉛直分布荷重を加えた場合の荷重-変位関係と崩壊荷重時のヒンジ位置の分布

7.5 骨組振動解析ソフトの解析例

次に，6章で作成した骨組振動解析ソフトの解析例を示します．本ソフトでは，立体骨組の固有振動数と固有モードを求めることができます．まず，7.2節に示す方法で，Excelのメニューバーに"骨組振動解析"のメニューを追加して下さい．なお，メニューの内容は，"立体骨組解析"と同じ内容となっています．

7.5.1 平面骨組の例題

まず，基本的な例題として，図7.44に示す1層1スパンラーメンの例題[13]を解析してみます．ただし，図7.44中の柱・梁はコンクリート製とし，図中に断面寸法が示されています．この場合の断面2次モーメントは，柱が $5.208 \times 10^5 \mathrm{cm}^4$，梁が $5.4 \times 10^5 \mathrm{cm}^4$ となります．ただし，梁はスラブの効果も考慮して断面2次モーメントを2倍にしています．

入力データの作成は，立体骨組解析とほぼ同様ですが，振動解析の場合，解析モード数と質量の入力を行う必要があります．この場合は，1次モードの解析のみを行うこととして，解析モード数には1を入力します．また，質量の入力に関

しては，2種の方法があります．1つは，節点における集中質量として与える方法，もう1つは，材料の単位体積質量として与える方法です．ここでは，まず，後者の方法で，梁材の単位体積質量として入力します．

図7.45は，入力したデータを示します．図中の"ρ"の項目が材料の単位体積質量を入力する部分です．この場合は，梁材のセルに，30ton を梁の体積で割った値を入力しています．また，ヤング係数は210ton/cm^2 に，重力加速度980cm/sec^2 を掛けた値を入力しています．また，境界条件の設定では，面外の変位・回転角を拘束しています．

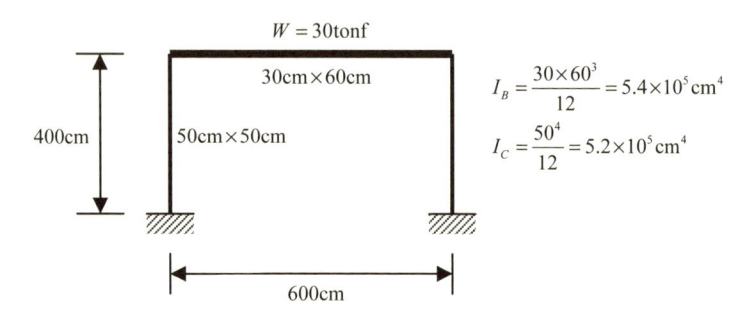

$$I_B = \frac{30 \times 60^3}{12} = 5.4 \times 10^5 \text{cm}^4$$

$$I_C = \frac{50^4}{12} = 5.2 \times 10^5 \text{cm}^4$$

図7.44 1層1スパンラーメンの例題

	A	B	C	D	E	F	G	H	I	J	K
1	入力データ										
2											
3	節点数=	4	材料数=	2	モード数=	1					
4	要素数=	3	特性数=	2							
5											
6	材料番号	E	G	ρ							
7	1	205800	88200	0							
8	2	205800	88200	2.78E-05							
9											
10	特性番号	A	Iy	Iz	K						
11	1	2500	5.20E+05	5.20E+05	1040000						
12	2	1.80E+03	1.08E+06	1.08E+06	2160000						
13											
14	節点番号	x座標	y座標	z座標	x変位	y変位	z変位	x軸回転	y軸回転	z軸回転	Fx(u)値	Fy(v
15	1	0	0	0	1	1	1	1	1	1	0
16	2	600	0	0	1	1	1	1	1	1	0
17	3	0	400	0	0	0	1	1	1	0	0
18	4	600	400	0	0	0	1	1	1	0	0
19											
20	要素番号	節点1	節点2	材料番号	特性番号	wxi	wxj	wyi	wyj	wzi	wzj
21	1	1	3	1	1	0	0	0	0	0	0
22	2	2	4	1	1	0	0	0	0	0	0
23	3	3	4	2	2	0	0	0	0	0	0

図7.45 入力データ

図 7.46 は，メニューの"計算実行"により解析を行った時の出力データ部分を示しています．ここでは，骨組の固有振動数，固有周期，固有モードベクトルが出力されています．文献 13)で，D 値法によって求められている固有周期は 0.20 秒で，ここで得られている結果が 0.198 秒ですから，ほぼ近い値が得られていることがわかります．また，メニューの"図の表示"により，図 7.47 に示すような固有モード図を描くことができます．図中，右に示すようにモードのみを表示することも可能です．

25	出力データ					
26						
27	モード番号	振動数(Hz)	周期(sec)			
28	1	5.0460081	0.19876			
29						
30	モード番号	1				
31	節点番号	u	v	w	θx	θy	θz
32	1	0	0	0	0	0	0
33	2	0	0	0	0	0	0
34	3	1	0.006693	0	0	0	-0.00124
35	4	1	-0.00669	0	0	0	-0.00124

図 7.46　出力データ

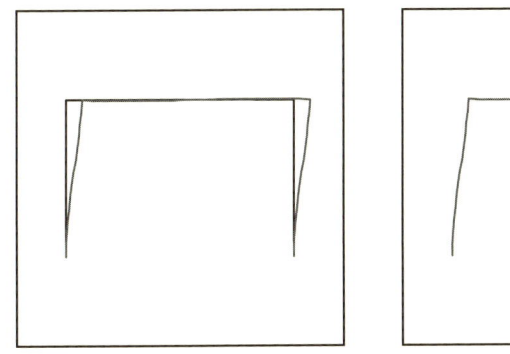

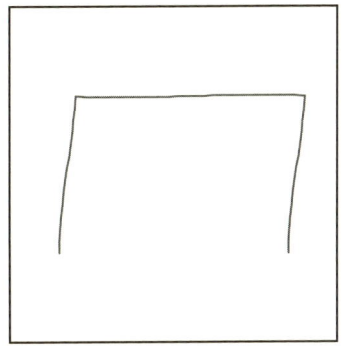

図 7.47　固有モードの表示

次に，同様の解析を，梁の両端の節点に集中質量を与えることで行ってみます．図 7.48 左図は，集中質量の入力部分を示します．この場合は 3,4 節点に 15ton ずつ入力しています．図 7.48 右図は，計算結果を示しています．図 7.46 に示す結果とほぼ同じ解が得られていることがわかります．

My(θy)値	Mz(θz)値	集中質量
0	0	0
0	0	0
0	0	15
0	0	15

（集中質量の入力部分）

出力データ

モード番号	振動数(Hz)	周期(sec)				
1	5.0514747	0.197962				

モード番号	1					
節点番号	u	v	w	θx	θy	θz
1	0	0	0	0	0	0
2	0	0	0	0	0	0
3	1	0.007059	0	0	0	-0.00123
4	1	-0.00706	0	0	0	-0.00123

図 7.48　集中質量として入力した場合の集中質量のデータ入力と計算出力データ

次に，図 7.49 に示す 2 層 1 スパンラーメンの例題[13]を解析してみます．この場合，D 値法によって求められた 1 次モードの固有周期が 0.26 秒，2 次モードの固有周期が 0.1 秒となっています[13]．なお，図中の柱と梁は，図 7.44 の例題と同じものが用いられています（梁の断面 2 次モーメントは 2 倍）．なお，質量は，梁材の単位体積質量を与えることで解析を行います．

図 7.50 は，入力データと計算後の出力データを示しています．図に示すように，1 次と 2 次の固有周期は，約 0.24 秒と 0.08 秒で，D 値法の解と若干異なりますが，ほぼ同様な解が得られていることがわかります．

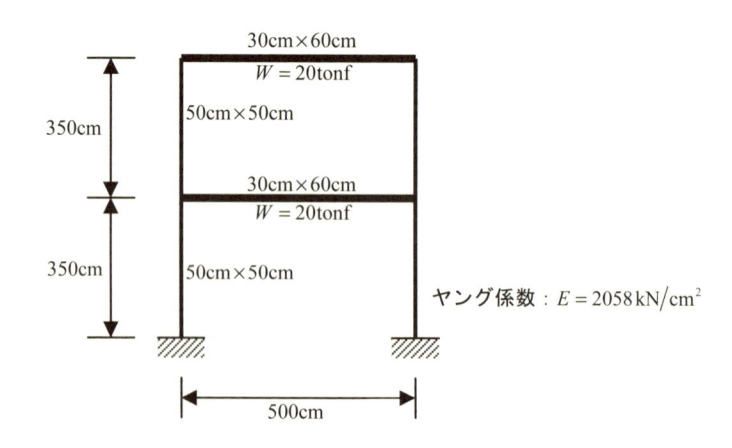

図 7.49　2 層 1 スパンラーメンの例題

	A	B	C	D	E	F	G	H	I	J	K	L
1	入力データ											
2												
3	節点数=	6	材料数=	2	モード数=	2						
4	要素数=	6	特性数=	2								
5												
6	材料番号	E	G	ρ								
7	1	205800	88200	0								
8	2	205800	88200	2.22E-05								
9												
10	特性番号	A	Iy	Iz	K							
11	1	2500	5.20E+05	5.20E+05	1040000							
12	2	1.80E+03	2.70E+05	1.08E+06	1350000							
13												
14	節点番号	x座標	y座標	z座標	x変位	y変位	z変位	x軸回転	y軸回転	z軸回転	Fx(u)値	Fy(v)値
15	1	0	0	0	1	1	1	1	1	1	0	
16	2	500	0	0	1	1	1	1	1	1	0	
17	3	0	350	0	0	0	0	1	1	1	0	
18	4	500	350	0	0	0	0	1	1	1	0	
19	5	0	700	0	0	0	0	1	1	1	0	
20	6	500	700	0	0	0	0	1	1	1	0	
21												
22	要素番号	節点1	節点2	材料番号	特性番号	wxi	wxj	wyi	wyj	wzi	wzj	
23	1	1	3	1	1	0	0	0	0	0	0	
24	2	2	4	1	1	0	0	0	0	0	0	
25	3	3	5	1	1	0	0	0	0	0	0	
26	4	4	6	1	1	0	0	0	0	0	0	
27	5	3	4	2	2	0	0	0	0	0	0	
28	6	5	6	2	2	0	0	0	0	0	0	
29												
30	出力データ											
31												
32	モード番号	振動数(Hz)	周期(sec)									
33	1	4.11173	0.242878									
34	2	12.74895	0.078438									
35												
36	モード番号	1										
37	節点番号	u	v	w	θx	θy	θz					
38	1	0	0	0	0	0	0					
39	2	0	0	0	0	0	0					
40	3	0.509158	0.010294	0	0	0	-0.00098					
41	4	0.509158	-0.01029	0	0	0	-0.00098					
42	5	1	0.013828	0	0	0	-0.00055					
43	6	1	-0.01383	0	0	0	-0.00055					
44												
45	モード番号	2										
46	節点番号	u	v	w	θx	θy	θz					
47	1	0	0	0	0	0	0					
48	2	0	0	0	0	0	0					
49	3	1	-0.01481	0	0	0	0.000302					
50	4	1	0.014808	0	0	0	0.000302					
51	5	-0.50851	-0.02782	0	0	0	0.002093					
52	6	-0.50851	0.02782	0	0	0	0.002093					

図 7.50 2層1スパンラーメンの例題の入力データと出力データ

7.5.2 立体骨組の例題

立体骨組の例題として，図 7.51 の例題[8]の解析を行ってみます．この例題では，すべての部材は同一の材料・断面からなり，材料定数および断面定数は図中に示されるとおりです．また，この場合，骨組頂部に集中質量 m があり，また，各部材にも分布質量 ρ があるという設定です．また，固有振動数は 5 次モードまで求めることにします．

図 7.52 は，入力データを示します．

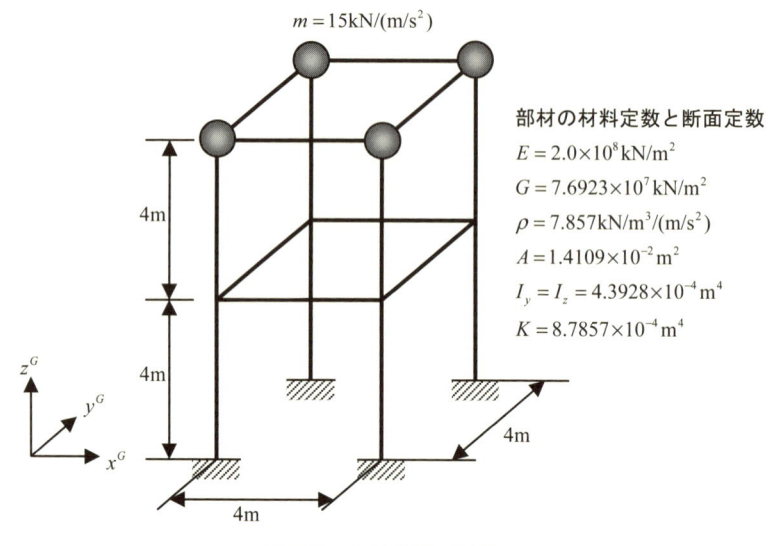

部材の材料定数と断面定数

$E = 2.0 \times 10^8 \, \text{kN/m}^2$
$G = 7.6923 \times 10^7 \, \text{kN/m}^2$
$\rho = 7.857 \, \text{kN/m}^3/(\text{m/s}^2)$
$A = 1.4109 \times 10^{-2} \, \text{m}^2$
$I_y = I_z = 4.3928 \times 10^{-4} \, \text{m}^4$
$K = 8.7857 \times 10^{-4} \, \text{m}^4$

図 7.51　立体骨組の例題

	A	B	C	D	E	F	G	H	I	J	K	L	M	N	O	P	Q
1	入力データ																
2																	
3	節点数=	12	材料数=	1	モード数=	5											
4	要素数=	16	特性数=	1													
5																	
6	材料番号	E	G	ρ													
7	1	2.00E+08	7.69E+07	7.857													
8																	
9	特性番号	A	Iy	Iz	K												
10	1	1.41E-02	4.39E-04	4.39E-04	8.79E-04												
11																	
12	節点番号	x座標	y座標	z座標	x変位	y変位	z変位	x軸回転	y軸回転	z軸回転	Fx(u)値	Fy(v)値	Fz(w)値	Mx(θx)値	My(θy)値	Mz(θz)値	集中質量
13	1	0	0	0	1	1	1	1	1	1	0	0	0	0	0	0	0
14	2	4	0	0	1	1	1	1	1	1	0	0	0	0	0	0	0
15	3	4	4	0	1	1	1	1	1	1	0	0	0	0	0	0	0
16	4	0	4	0	1	1	1	1	1	1	0	0	0	0	0	0	0
17	5	0	0	4	0	0	0	0	0	0	0	0	0	0	0	0	0
18	6	4	0	4	0	0	0	0	0	0	0	0	0	0	0	0	0
19	7	4	4	4	0	0	0	0	0	0	0	0	0	0	0	0	0
20	8	0	4	4	0	0	0	0	0	0	0	0	0	0	0	0	0
21	9	0	0	8	0	0	0	0	0	0	0	0	0	0	0	0	15
22	10	4	0	8	0	0	0	0	0	0	0	0	0	0	0	0	15
23	11	4	4	8	0	0	0	0	0	0	0	0	0	0	0	0	15
24	12	0	4	8	0	0	0	0	0	0	0	0	0	0	0	0	15
25																	
26	要素番号	節点1	節点2	材料番号	特性番号	wxi	wxj	wyi	wyj	wzi	wzj						
27	1	1	5	1	1	0	0	0	0	0	0						
28	2	2	6	1	1	0	0	0	0	0	0						
29	3	3	7	1	1	0	0	0	0	0	0						
30	4	4	8	1	1	0	0	0	0	0	0						
31	5	5	9	1	1	0	0	0	0	0	0						
32	6	6	10	1	1	0	0	0	0	0	0						
33	7	7	11	1	1	0	0	0	0	0	0						
34	8	8	12	1	1	0	0	0	0	0	0						
35	9	5	6	1	1	0	0	0	0	0	0						
36	10	6	7	1	1	0	0	0	0	0	0						
37	11	7	8	1	1	0	0	0	0	0	0						
38	12	8	5	1	1	0	0	0	0	0	0						
39	13	9	10	1	1	0	0	0	0	0	0						
40	14	10	11	1	1	0	0	0	0	0	0						
41	15	11	12	1	1	0	0	0	0	0	0						
42	16	12	9	1	1	0	0	0	0	0	0						

図 7.52　入力データ

図 7.53 は，"計算実行"によって得られた固有振動数と固有周期を示しています．なお，この結果は，文献 8)の有限要素解析の結果とほぼ一致しています．また，図 7.54 は，3 次までの固有モード図ですが，これも文献に示される結果と一致しています．

モード番号	振動数(Hz)	周期(sec)
1	2.45392	0.407511
2	2.454798	0.407366
3	2.95393	0.338532
4	8.058314	0.124095
5	23.7342	0.042133

図 7.53　解析結果の出力データ

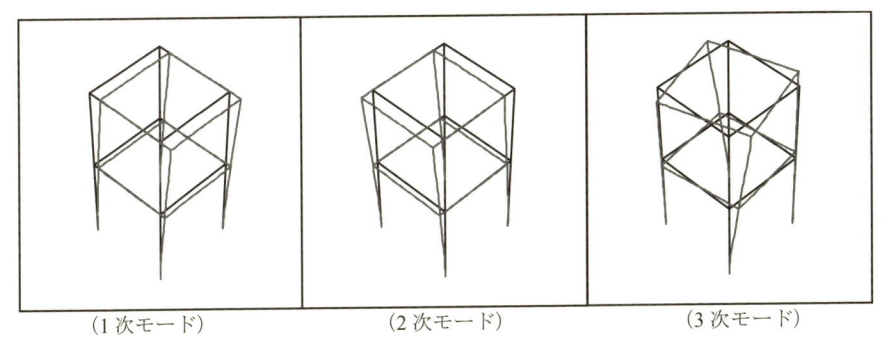

(1 次モード)　　　　(2 次モード)　　　　(3 次モード)

図 7.54　解析結果の出力データ

7.6　骨組応答解析ソフトの解析例

次に，6 章で作成した骨組応答解析ソフト（弾性解析）の解析例を示します．本ソフトでは，立体骨組に，地動加速度が与えられたときの，変位，速度，加速度応答を求め，それぞれの最大応答値を求めることができます．また，最大変位応答時の断面力を表示することもできます．まず，7.2 節に示す方法で，Excel のメニューバーに"骨組応答解析"のメニューを追加して下さい．なお，メニューの内容は，"立体骨組解析"と同じになっています．

7.6.1 調和地動に対する応答

まず,基本的な例題として,図 7.44 に示した例題で,梁を剛とした図 7.55 に示す例題の解析を行ってみます.

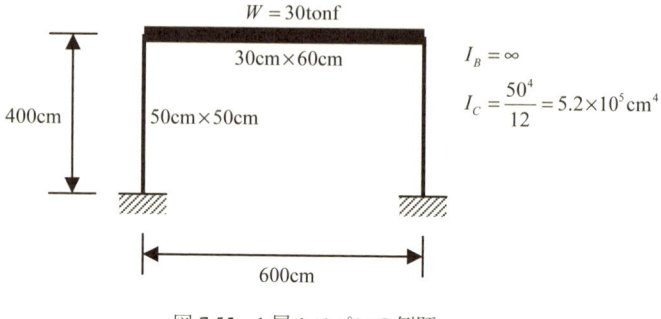

図 7.55　1 層 1 スパンの例題

この場合,両端固定柱の水平剛性 k は,$k = 12EI/h^3$ になります(ただし,h は柱の長さ).したがって,コンクリートのヤング係数を 210tonf/cm^2 とすると,1 質点系に置き換えた場合の固有周期が次式から得られます.

$$T = 2\pi\sqrt{m/k} = 2\pi\sqrt{(30/980)/(2\times 12\times 210\times 5.21\times 10^5/400^3)} = 0.17\text{s} \tag{7.1}$$

また,図 7.55 の例題を梁の断面定数をすべて 10^{10} として,"骨組振動解析"を利用して計算すると,この場合の固有周期も約 0.17s となります.

次に,地動として,次式の調和地動を仮定します.

$$q_0 = a_0 \cos pt \tag{7.2}$$

ただし,a_0 は地動振幅,p は地動の振動数を表します.このとき,$a_0 = 1$ と仮定し,初期条件として,時間 $t = 0$ で,建物の変位と速度が 0 であることを仮定すると,変位応答解 d が次式のように得られます[13].

$$d(t) = A\left[\cos(pt-\theta) - e^{-h\omega t}\left\{\cos\theta\cos\omega' t + \frac{h\cos\theta + (p/\omega)\sin\theta}{\sqrt{1-h^2}}\sin\omega' t\right\}\right] \tag{7.3}$$

ただし,

$$A=\frac{(p/\omega)^2}{\sqrt{\left\{1-(p/\omega)^2\right\}^2+4h^2(p/\omega)^2}},\quad \theta=\tan^{-1}\frac{2h(p/\omega)}{1-(p/\omega)^2},\quad \omega'=\sqrt{1-h^2}\,\omega \tag{7.4}$$

また，$\omega=\sqrt{k/m}$ です．

図 7.55 の例題の固有円振動数 ω は，$\omega=2\pi/T=36.6(\mathrm{rad/sec})$ になります．したがって，地動の振動数 p に，$p=20$，36.6，45 (rad/sec) の 3 種類の振動数を与えて，解析によって求まる最大応答値と，(7.3)式から求められる最大応答値の比較を行ってみます．

ただし，減衰定数 h は 0.02 とし，地動加速度 $\ddot{q}_0=a_0p^2\cos pt$ は，0.01 秒刻みで，10 秒間解析を行うものとします．図 7.56 は，地動加速度データを作成した Excel シートを示しています．この場合シート名を“調和地動”としています．また，ここでは，エクセルの表機能を用いて，“p=”の値を変化させれば，自動的に加速度データが書き変わるようにしています．

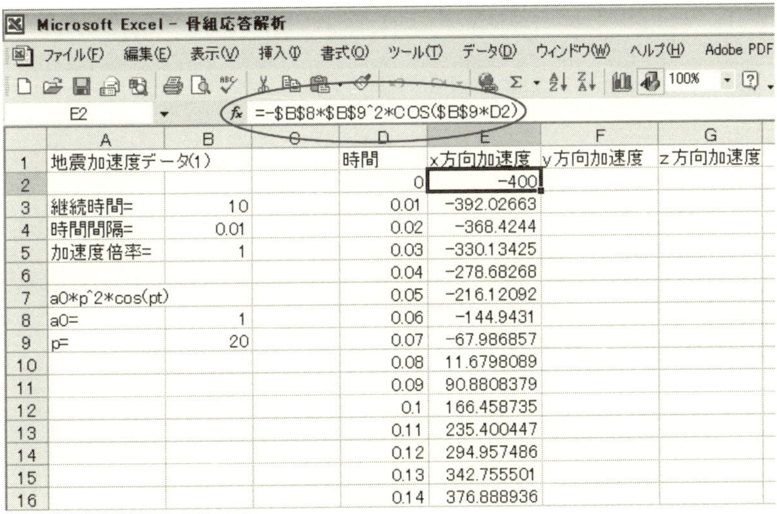

	A	B	C	D	E	F	G
1	地震加速度データ(1)			時間	x方向加速度	y方向加速度	z方向加速度
2				0	-400		
3	継続時間=	10		0.01	-392.02663		
4	時間間隔=	0.01		0.02	-368.4244		
5	加速度倍率=	1		0.03	-330.13425		
6				0.04	-278.68268		
7	a0*p^2*cos(pt)			0.05	-216.12092		
8	a0=	1		0.06	-144.9431		
9	p=	20		0.07	-67.986857		
10				0.08	11.6798089		
11				0.09	90.8808379		
12				0.1	166.458735		
13				0.11	235.400447		
14				0.12	294.957486		
15				0.13	342.755501		
16				0.14	376.888936		

図 7.56 調和地動データシート

次に，骨組応答解析の入力データは，図 7.45 に示すものと同様ですが，図 7.57 に示すように，新たに，骨組の 1 次モードの固有周期，減衰定数，地動データの

シート名を入力する必要があります．この場合は，固有周期を 0.17 秒としています．また，梁の剛性を大きくし，梁の質量は両端節点での集中質量として与えます．

図 7.58 は，$p = 20\,(\mathrm{rad/sec})$ の場合の応答解析結果を示しています．図に示すように，この解析では，最大変位，最大速度，最大変位，および最大変位が生じた時の各要素の断面力の値が出力されます．

	A	B	C	D	E	F	G	H	I	J	K	L	M	N	O	P	Q
1	入力データ																
2																	
3	節点数=	4	材料数=	2	モード数=	1	減衰定数=	0.02									
4	要素数=	3	特性数=	2	固有周期=	0.17	シート名=	調和地動									
5																	
6	材料番号	E	G	ρ													
7	1	205800	88200	0													
8	2	205800	88200	0.00E+00													
9																	
10	特性番号	A	Iy	Iz	K												
11	1	2500	5.20E+05	5.20E+05	1040000												
12	2	1.00E+10	1.00E+10	1.00E+10	1.00E+10												
13																	
14	節点番号	x座標	y座標	z座標	x変位	y変位	z変位	x軸回転	y軸回転	z軸回転	Fx(u)値	Fy(v)値	Fz(w)値	Mx(θx)値	My(θy)値	Mz(θz)値	集中質量
15	1	0	0	0	1	1	1	1	1	1	0	0	0	0	0	0	0
16	2	600	0	0	1	1	1	1	1	1	0	0	0	0	0	0	0
17	3	0	400	0	0	0	1	1	1	0	0	0	0	0	0	0	15
18	4	600	400	0	0	0	1	1	1	0	0	0	0	0	0	0	15
19																	
20	要素番号	節点1	節点2	材料番号	特性番号	wxi	wxj	wyi	wyj	wzi	wzj						
21	1	1	3	1	1	0	0	0	0	0	0						
22	2	2	4	1	1	0	0	0	0	0	0						
23	3	3	4	2	2	0	0	0	0	0	0						

図 7.57　入力データ

25	出力データ												
26													
27	最大変位応答												
28	節点番号	u	v	w	θx	θy	θz						
29	1	0	0	0	0	0	0						
30	2	0	0	0	0	0	0						
31	3	−0.797463	−0.0083	0	0	0	2.78E−05						
32	4	−0.797463	0.008298	0	0	0	2.78E−05						
33													
34	最大速度応答												
35	節点番号	u′	v′	w′	θx′	θy′	θz′						
36	1	0	0	0	0	0	0						
37	2	0	0	0	0	0	0						
38	3	21.646056	0.226071	0	0	0	−0.00076						
39	4	21.646056	−0.22607	0	0	0	−0.00076						
40													
41	最大加速度応答												
42	節点番号	u″	v″	w″	θx″	θy″	θz″						
43	1	400	0	0	0	0	0						
44	2	400	0	0	0	0	0						
45	3	673.25561	7.143482	0	0	0	−0.02402						
46	4	673.25561	−7.14348	0	0	0	−0.02402						
47													
48	最大変位応答時の断面力												
49	要素番号	Ni	Nj	Qyi	Qyj	Mzi	Mzj	Qzi	Qzj	Myi	Myj	Mxi	Mxj
50	1	−10673.59	−10673.6	−15889.9	−15889.9	3185416	−3170533	0	0	0	0	0	0
51	2	10673.592	10673.59	−15889.9	−15889.9	3185416	−3170533	0	0	0	0	0	0
52	3	0	0	10568.44	10568.44	−3170533	3170533	0	0	0	0	0	0

図 7.58　出力データ

一方，(7.3)式から得られる最大変位応答値を，簡単なプログラムを作成して計算した結果，0.77cm となりました．図 7.58 では，最大変位応答値は 0.797cm となっており，近い値が得られていることがわかります．

同様に，$p = 36.6(\text{rad/sec})$ と $p = 45(\text{rad/sec})$ の値を計算すると，(7.3)式から得られる値は，22.38cm と 5.33cm であるのに対して，本プログラムの計算結果は，20.56cm と 4.65cm となりました．

なお，本ソフトでは，メニューの"図の表示"を選択することにより，最大変位応答，最大速度応答，最大加速度応答の図を図示することができます．

7.6.2 地震動に対する応答

次に，図 7.51 に示す例題[8)]について，地震動として，エルセントロ NS 波の地動加速度を入力した場合の解析例を示します．

まず，地動加速度データは，公開されているデータベースから取得し，これを Excel シートに，図 7.59 に示すように編集します．この場合は，x 方向のみに振動を与えるものとしているため，y 方向，z 方向には加速度を入力していません．東西波や上下波が同時にある場合は，3 方向に入力することも可能です．継続時間は，解析における継続時間を示すため，データの最終時間と一致させる必要はありません．時間間隔は，データの時間間隔と一致させる必要があります．また，これは，解析の時間間隔にもなります．したがって，解析精度を高めるために時間間隔を小さくする場合は，データも補間によって新しく作り直す必要があります．また，加速度倍率は，データの加速度に一律に掛けられる倍率を示します．また，El Centro NS は，データの名称を記入したもので，これは省略できます．

次に，入力データは，図 7.52 とほぼ同じになりますが，図 7.60 に示すように，この場合，骨組構造の 1 次モードの固有周期，減衰定数，地動加速度データが入力されているシートの名前を入力する必要があります．ここでは，1 次モードの固有周期は，図 7.53 に示される 0.4 秒を用います．また，減衰定数は 0 とし，図 7.59 のシート名（ElCentro）を入力しています．

図 7.61 は，"計算実行"によって応答解析を行った結果を示しています．図に示されるように，この場合，頂部節点の最大変位が 0.0632m，最大加速度が，15.14m/s^2 となります．なお，別の有限要素解析ソフトで，時間間隔を 0.001 秒と

して解析を行った結果，頂部節点の最大変位が 0.0782m，最大加速度が 18.56m/s^2 となりました．これは，減衰定数が 0 の場合，高次振動の積分誤差が生じているものと考えられます．

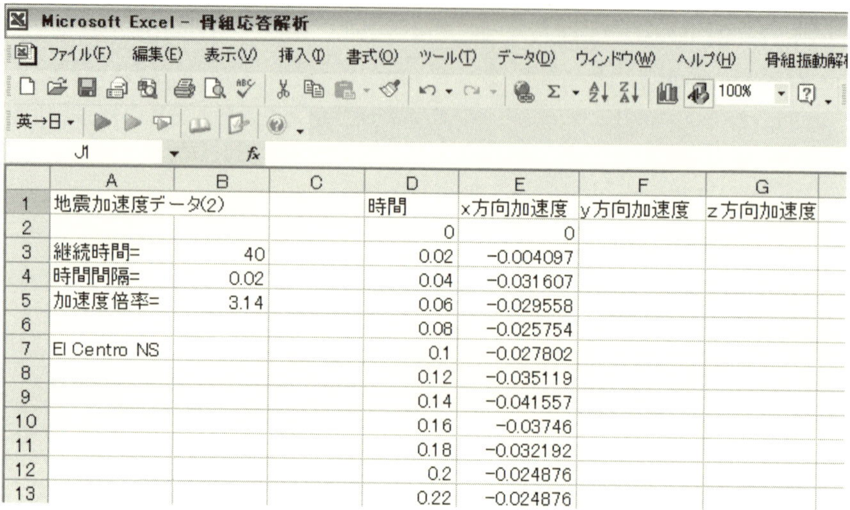

	A	B	C	D	E	F	G
1	地震加速度データ(2)			時間	x方向加速度	y方向加速度	z方向加速度
2				0	0		
3	継続時間=	40		0.02	-0.004097		
4	時間間隔=	0.02		0.04	-0.031607		
5	加速度倍率=	3.14		0.06	-0.029558		
6				0.08	-0.025754		
7	El Centro NS			0.1	-0.027802		
8				0.12	-0.035119		
9				0.14	-0.041557		
10				0.16	-0.03746		
11				0.18	-0.032192		
12				0.2	-0.024876		
13				0.22	-0.024876		

図 7.59　地動加速度データの作成

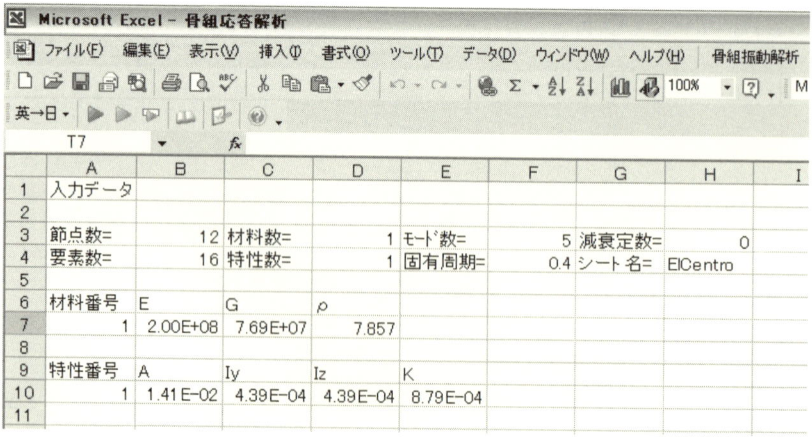

	A	B	C	D	E	F	G	H	I
1	入力データ								
2									
3	節点数=	12	材料数=	1	ﾓｰﾄﾞ数=	5	減衰定数=	0	
4	要素数=	16	特性数=	1	固有周期=	0.4	シート名=	ElCentro	
5									
6	材料番号	E	G	ρ					
7	1	2.00E+08	7.69E+07	7.857					
8									
9	特性番号	A	Iy	Iz	K				
10	1	1.41E-02	4.39E-04	4.39E-04	8.79E-04				
11									

図 7.60　入力データ

	A	B	C	D	E	F	G	H
43								
44	出力データ							
45								
46	最大変位応答							
47	節点番号	u	v	w	θx	θy	θz	
48	1	0	0	0	0	0	0	
49	2	0	0	0	0	0	0	
50	3	0	0	0	0	0	0	
51	4	0	0	0	0	0	0	
52	5	0.02728	2.64E-07	0.00091	-9.2E-08	0.006326	-5.9E-06	
53	6	0.02728	-2.6E-07	-0.00091	9.19E-08	0.006326	-5.9E-06	
54	7	0.02728	2.64E-07	-0.00091	-9.2E-08	0.006326	5.85E-06	
55	8	0.02728	-2.6E-07	0.00091	9.19E-08	0.006326	5.85E-06	
56	9	0.063181	5.6E-07	0.001272	-3.4E-08	0.004494	-1.2E-05	
57	10	0.063181	-5.6E-07	-0.00127	3.45E-08	0.004494	-1.2E-05	
58	11	0.063181	5.6E-07	-0.00127	-3.4E-08	0.004494	1.23E-05	
59	12	0.063181	-5.6E-07	0.001272	3.45E-08	0.004494	1.23E-05	
60								
61	最大速度応答							
62	節点番号	u'	v'	w'	θx'	θy'	θz'	
63	1	0	0	0	0	0	0	
64	2	0	0	0	0	0	0	
65	3	0	0	0	0	0	0	
66	4	0	0	0	0	0	0	
67	5	0.413318	5.73E-06	0.013465	2.73E-05	0.095347	-0.00015	
68	6	0.413318	-5.7E-06	-0.01346	-2.7E-05	0.095347	-0.00015	
69	7	0.413318	5.73E-06	-0.01346	2.73E-05	0.095347	0.000147	
70	8	0.413318	-5.7E-06	0.013465	-2.7E-05	0.095347	0.000147	
71	9	0.952995	8.22E-06	0.018683	5.42E-05	0.067393	-0.00023	
72	10	0.952995	-8.2E-06	-0.01868	-5.4E-05	0.067393	-0.00023	
73	11	0.952995	8.22E-06	-0.01868	5.42E-05	0.067393	0.000225	
74	12	0.952995	-8.2E-06	0.018683	-5.4E-05	0.067393	0.000225	
75								
76	最大加速度応答							
77	節点番号	u''	v''	w''	θx''	θy''	θz''	
78	1	0	0	0	0	0	0	
79	2	0	0	0	0	0	0	
80	3	0	0	0	0	0	0	
81	4	0	0	0	0	0	0	
82	5	-6.86677	0.000812	-0.07751	-0.03044	-1.43404	0.016014	
83	6	-6.86677	-0.00081	0.07751	0.030438	-1.43404	0.016014	
84	7	-6.86677	0.000812	0.07751	-0.03044	-1.43404	-0.01601	
85	8	-6.86677	-0.00081	-0.07751	0.030438	-1.43404	-0.01601	
86	9	-15.138	-0.00038	-0.0605	-0.05502	-1.0181	0.032358	
87	10	-15.138	0.000375	0.060499	0.055015	-1.0181	0.032358	
88	11	-15.138	-0.00038	0.060499	-0.05502	-1.0181	-0.03236	
89	12	-15.138	0.000375	-0.0605	0.055015	-1.0181	-0.03236	

図 7.61　計算結果

そこで，同じモデルで，積分誤差の小さいモード重合法を用いて，減衰定数を 0.01 とした場合の解析を行った場合，最大変位が 0.0356m，最大加速度が 8.39m/s^2 となります．一方，本ソフトで，図 7.60 の減衰定数の部分を 0.01 にして解析を行うと，最大変位が 0.0325m，最大加速度が 8.45m/s^2 となり，誤差は小さくなることがわかります．

なお，精度の良い解析を行うためには，地動加速度データを補間して，図 7.59 の時間間隔を短くするか，または，6 章の(6.21)式の $\beta = 1/6$ として線形加速度法として解析する方法があります．なお，前者の解析では計算時間が増え，また，

後者の解析では，減衰定数がある程度大きくないと解が発散してしまいますので，注意が必要です．

7.7 弾塑性応答解析ソフトの解析例

次に，6章で作成した弾塑性応答解析ソフトの解析例を示します．本ソフトでは，立体骨組に，地動加速度が与えられたときの，部材材端の曲げ降伏を考慮した変位，速度，加速度応答を求め，それぞれの最大応答値を求めることができます．また，最大変位応答時の断面力を表示することもできます．さらに，塑性ヒンジの発生位置を，塑性ヒンジ数が増加するごとに表示させることができます．

本ソフトを利用するためには，まず，7.2節に示す方法で，Excelのメニューバーに"弾塑性応答解析"のメニューを追加して下さい．なお，メニューの内容は，"立体骨組解析"と同じになっています．

7.7.1 2層1スパンの立体骨組の例題

まず，図7.51に示した例題で，頂部の集中質量を片側だけにしたモデルの解析を行ってみます（図7.62参照）．ただし，入力地震動は，7.6.2節で用いたEl Centro NS波とし，地動加速度データは，図7.59と同じものとします．ただし，減衰定数は0.02とします．

図7.63に入力データを示します．ここでは，降伏曲げモーメントは，$M_{y0} = M_{z0} = 420.64 \text{kNm}$ としています．また，降伏関数の軸力による影響は，大きな降伏軸力を与えることで，無視しています．また，骨組振動解析ソフトを用いて，固有振動解析を行った結果，1次モードの固有周期が0.35秒となったため，減衰を計算するための1次固有周期はこの値にしています．

図7.64は，計算結果の一部である最大変位応答を示したものです．図より，この骨組は，非常に大きな変位を示していることから，崩壊していることがわかります．また，図7.65はヒンジの発生順序の一部を示したものですが，頂部集中質量がある側からヒンジが発生していることがわかります．さらに，図7.66は，ヒンジ発生プロセスをその時の変位応答とともに示した図です．なお，図中の時間 t は，ユーザーフォームに表示されるものを書き込んだものです．図7.65, 7.66の

ような図から，骨組の崩壊過程を知ることができます．

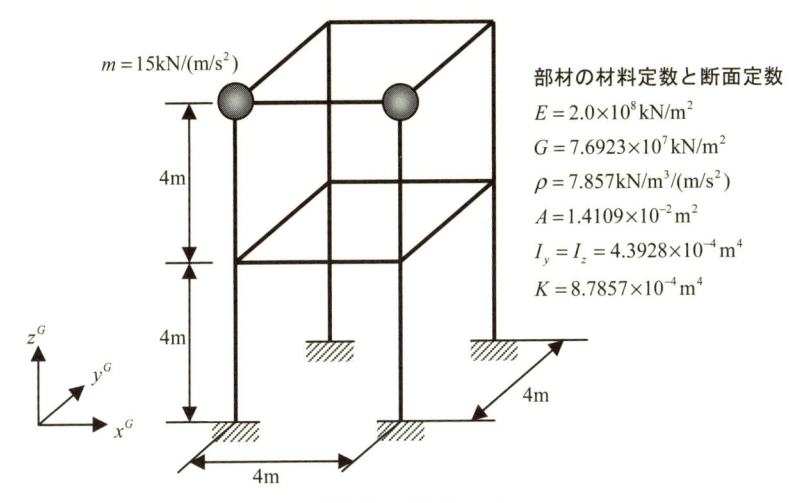

部材の材料定数と断面定数
$E = 2.0 \times 10^8 \, \text{kN/m}^2$
$G = 7.6923 \times 10^7 \, \text{kN/m}^2$
$\rho = 7.857 \, \text{kN/m}^3/(\text{m/s}^2)$
$A = 1.4109 \times 10^{-2} \, \text{m}^2$
$I_y = I_z = 4.3928 \times 10^{-4} \, \text{m}^4$
$K = 8.7857 \times 10^{-4} \, \text{m}^4$

図 7.62　弾塑性応答解析モデル

図 7.63　入力データ

232　第7章　骨組解析ソフトの使い方

44	出力データ		データ数=	13			
45							
46	最大変位応答						
47	節点番号	u	v	w	θx	θy	θz
48	1	0	0	0	0	0	0
49	2	0	0	0	0	0	0
50	3	0	0	0	0	0	0
51	4	0	0	0	0	0	0
52	5	2303.517	-862.262	-0.0002	0.000232	-783.783	0.002147
53	6	2303.517	862.2622	0.000202	-0.00023	-783.783	0.002147
54	7	-2959.6	862.2623	-0.00035	-0.00098	-783.785	0.003276
55	8	-2959.6	-862.262	0.000345	0.000983	-783.785	0.003276
56	9	-1571.03	8.318245	-0.00026	-0.00035	-2038.3	0.007061
57	10	-1571.03	-8.31824	0.000261	0.000346	-2038.3	0.007061
58	11	-2280.25	-8.31825	-0.00047	-0.00115	-2038.3	0.007677
59	12	-2280.25	8.318252	0.000468	0.001143	-2038.3	0.007677

図 7.64　計算結果（最大変位応答）

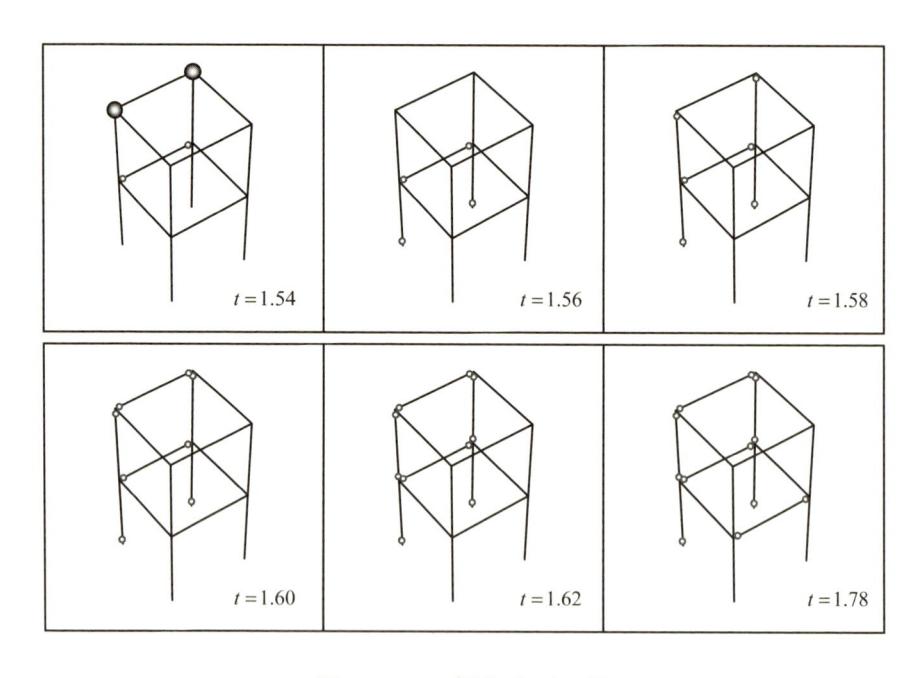

図 7.65　ヒンジ発生プロセス図

$t=1.54$	$t=1.56$	$t=1.58$
$t=1.60$	$t=1.62$	$t=1.78$

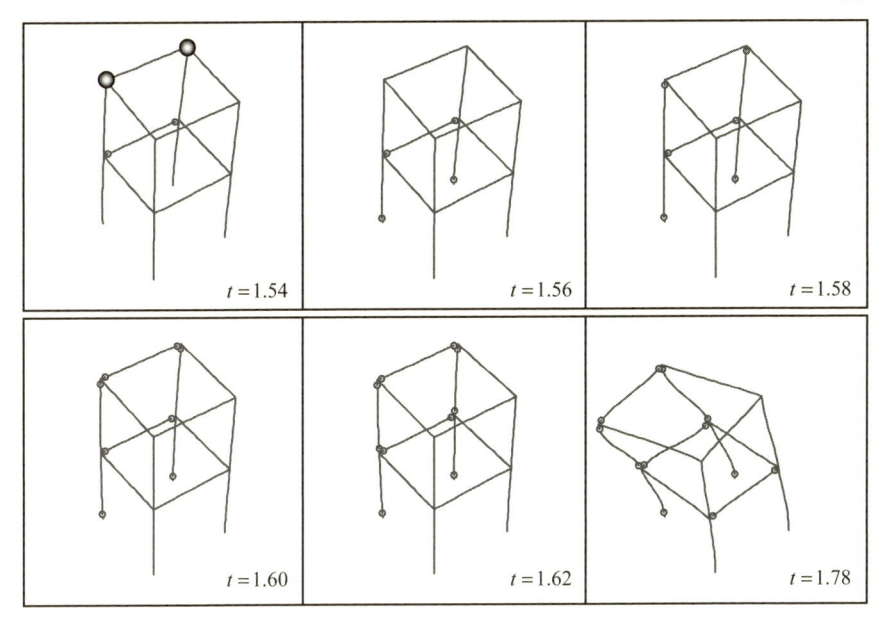

図 7.66 ヒンジ発生プロセスと変位応答を同時に示した図

7.7.2 2層2スパンの立体骨組の例題

次に，図 7.67 に示す例題[8]の解析を行ってみます．部材の材料・断面定数に関しては，図 7.51 の例題と同じものが用いられています．また，骨組頂部節点には，$20kN/(m/s^2)$ の集中質量が設定されています．

図 7.68 は，入力データの一部を示したものです．図に示されるように，7.7.1 節の解析例と同様に，降伏曲げモーメントは，$M_{y0} = M_{z0} = 420.64 kNm$ としています．また，降伏関数の軸力による影響は，大きな降伏軸力を与えることで，無視しています．また，固有周期のセルには，骨組振動解析ソフトを用いて計算を行った1次モードの固有周期の結果を入力しています．なお，固有周期は，文献8)の計算結果と一致していました．

弾塑性応答解析の結果，この場合も 2.84 秒で崩壊しました．図 7.69 は，ヒンジの発生プロセスの一部を示したものです．下の図は，変形を同時に表示したものです．

$m = 20 \text{kN}/(\text{m/s}^2)$

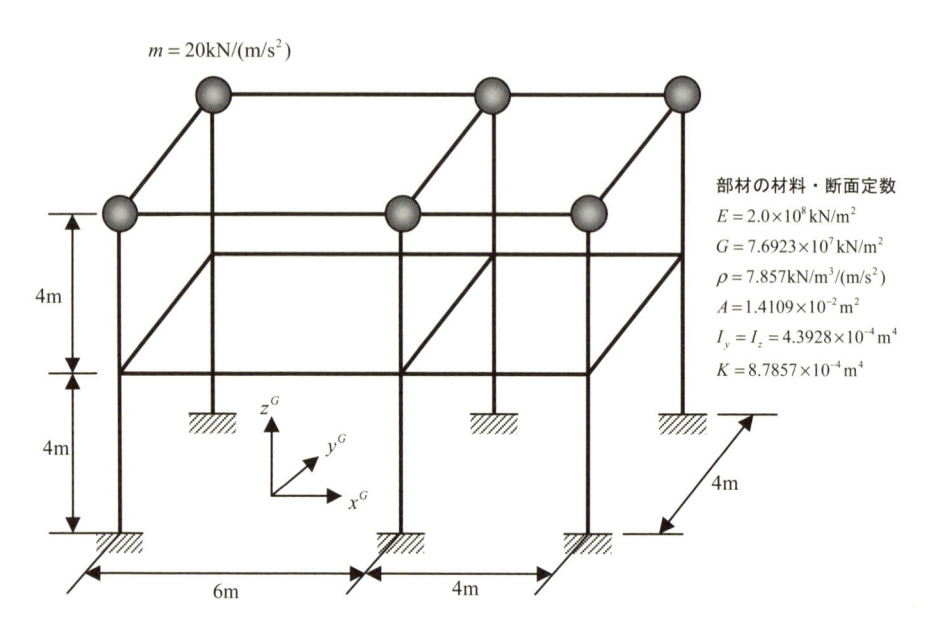

部材の材料・断面定数
$E = 2.0 \times 10^8 \text{kN/m}^2$
$G = 7.6923 \times 10^7 \text{kN/m}^2$
$\rho = 7.857 \text{kN/m}^3/(\text{m/s}^2)$
$A = 1.4109 \times 10^{-2} \text{m}^2$
$I_y = I_z = 4.3928 \times 10^{-4} \text{m}^4$
$K = 8.7857 \times 10^{-4} \text{m}^4$

図 7.67 弾塑性応答解析モデル

	A	B	C	D	E	F	G	H	I	J	K
1	入力データ										
2											
3	節点数=	18	材料数=	1	モード数=	5	減衰定数=	0.02			
4	要素数=	26	特性数=	1	固有周期=	0.4695	シート名=	ElCentro			
5											
6	材料番号	E	G	ρ							
7	1	2.00E+08	76923077	7.857							
8											
9	特性番号	A	Iy	Iz	K	My0	Mz0	Px0	a1	a2	
10	1	1.41E-02	4.39E-04	4.39E-04	8.79E-04	4.21E+02	4.21E+02	1.00E+10	5.00E-01	2.00E+00	

図 7.68 入力データの一部

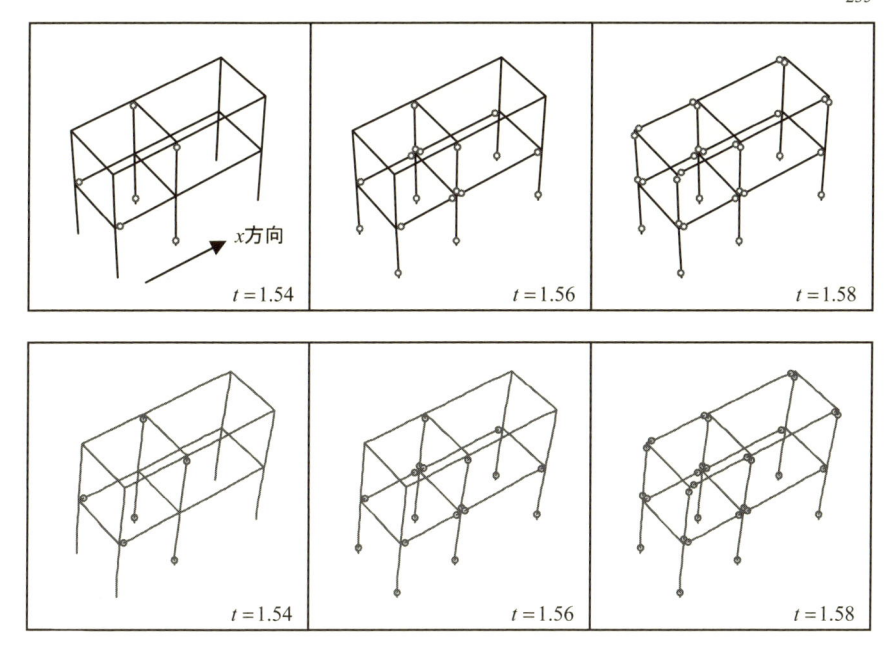

図 7.69　ヒンジ発生プロセス図

7.8　まとめ

　本章では，本書の 3 章～6 章で作成したソフトの利用法と基本的な解析例を示しました．使い方によっては，実務にも十分耐え得る計算が行えるものと思います．ただし，本書の趣旨から，プログラムは最低限の機能に限定して作成していますので，短柱や壁などのせん断変形が支配的な部材が含まれる場合は誤差が生じます．また，弾塑性問題も，断面に垂直な応力に対する塑性化のみを考慮しているため，せん断による破壊には適用できません．また，完全弾塑性のみを考慮しているため，コンクリートのひび割れや歪み硬化などは評価できません．このような問題に対しては，例えば，文献 8)などを参考に，プログラムの改良を試みて下さい．

　なお，付属の CD に収められている"付録データ"ファイルに 3 次元骨組の実務的な例題の入力データと解析結果が収められていますので参照して下さい．ま

た，このファイルには，建築分野で利用される代表的な地震加速度データおよび近年の日本の大地震の加速度データ（K-NETより取得）が収められていますのでご利用下さい．

参考文献

1) 藤井大地著「Excelで解く構造力学」，丸善，2003
2) 和泉正哲著「建築構造力学1」，培風館，2001
3) 小林繁夫，近藤恭平共著「弾性力学」，培風館，pp.12-13，1987
4) 鷲津久一郎著「エネルギー原理入門」，培風館，pp.33，pp.125-127，1980
5) 藤谷義信著「薄肉はり構造解析」，培風館，pp.24-27，pp.14-15，pp.167-168，pp.58-60，1990
6) 日本建築学会：応用力学シリーズ11，最近の建築構造解析理論の基礎と応用，第1章，2004
7) 藤井大地著「パソコンで解く構造デザイン」，丸善，pp.18-25，pp.31-33，pp.40-44，2002
8) 藤谷義信，藤井大地，野中哲也共著「パソコンで解く骨組の静的・動的・弾塑性解析」，丸善，pp.44-48，2000
9) 山田嘉昭，横内康人共著，「弾塑性解析プログラミング EPIC-IV解説」，培風館，1981
10) 日本建築学会応用力学シリーズ7：構造物の崩壊解析 応用編，pp.147-153，1999
11) 「HITAC 数値計算副プログラム・ライブラリ MSL 機能編－第1分冊－線形計算」，NNo.8080-7-003，日立
12) 久田俊明，野口裕久共著「非線形有限要素法の基礎と応用」，丸善，1995
13) 柴田明徳著「最新耐震構造解析」，森北出版，1981
14) 藤谷義信，西村光正，森村毅，高松隆夫共著：「建築構造力学演習」，培風館，1991
15) 藤谷義信，西村光正，森村毅，高松隆夫共著：「建築構造力学講義」，培風館，1996
16) 松本慎也著：「よくわかる構造力学の基本」，秀和システム，2003
17) 石川信隆，大野友則著：「入門・塑性解析と設計法」，森北出版，1988

索 引

[欧文索引]

ActiveSheet.Name・・・・・・・・・・・・・・・・・・・・・145
Caption・・・・・・・・・・・・・・・・・・・・・・・・・・・・・・・・53
Change・・・・・・・・・・・・・・・・・・・・・・・・・・・・・・・106
D値法・・・・・・・・・・・・・・・・・・・・・・・・・・・・・・1, 220
Global 宣言文・・・61, 81, 123, 146, 164, 177, 183
Initialize・・・・・・・・・・・・・・・・・・・・・・・・・・・・・・・57
Int 関数・・・・・・・・・・・・・・・・・・・・・・・・・・・・・・・・99
Sheets.Add・・・・・・・・・・・・・・・・・・・・・・・・・・・145
Sheets.Count・・・・・・・・・・・・・・・・・・・・・・・・・145
ShowModal・・・・・・・・・・・・・・・・・・・・・・・・・・・・57
TabIndex・・・・・・・・・・・・・・・・・・・・・・・・・・・・・158
This Workbook・・・・・・・・・・・・・・・・・・・124, 166
Visual Basic のエディター・・・・・・・・・・・・・・・52
Word・・・・・・・・・・・・・・・・・・・・・・・・・・・・・・・・194
Workbook_AddinInstall・・・・・・・・・・・・・・・・125
Workbook_AddinUninstall・・・・・・・・・・・・・・125

[和文索引]

あ　行

アドイン機能・・・・・・・・・・・・・・・・・・・・・・・・・123
アドイン登録・・・・・・・・・・・・・・・・・・・・・・・・・187

陰解法・・・・・・・・・・・・・・・・・・・・・・・・・・・・・・・167
引数・・・・・・・・・・・・・・・・・・・・・・・・・・・・・・・・・・63

遠近処理・・・・・・・・・・・・・・・・・・・・・・・・・・・・・120
円振動数・・・・・・・・・・・・・・・・・・・・・・・・・・・・・156

オイラーはり・・・・・・・・・・・・・・・・・・・・・・・・・・・4
応力―歪み関係式・・・・・・・・・・・・・・・・・・33, 39
オプションボタン・・・・・・・・・・・・・・・・・53, 147

か　行

外力の仮想仕事量・・・・・・・・・・・・・・・・・・・・・39
外力ベクトル・・・・・・・・・・・・・・・・・・・・・・・・・・69
ガウスの発散定理・・・・・・・・・・・・・・・・・・・・・29
拡大縮小・・・・・・・・・・・・・・・・・・・・・・・・・・・・・195
重ね合わせ・・・・・・・・・・・・・・・・・・11, 39, 65, 68
荷重増分幅・・・・・・・・・・・・・・・・・・・・・・・・・・・128
荷重値・・・・・・・・・・・・・・・・・・・・・・・・・・・・・・・・56
荷重表示・・・・・・・・・・・・・・・・・・・・・・・・・・・・・・96
荷重変位関係・・・・・・・・・・・・・・・・・・・・・・・・・210
荷重―変位曲線・・・・・・・・・・・・・・・146, 147, 148

仮想仕事の原理・・・・・・・・・・・・・・・28, 30, 39
加速度倍率・・・・・・・・・・・・・・・・・・・171, 173
加速度法・・・・・・・・・・・・・・・・・・・・・・・・167
慣性力・・・・・・・・・・・・・・・・・・・・・・・・・・153
完全降伏型・・・・・・・・・・・・・・・・・・・・・・179
完全固定・・・・・・・・・・・・・・・・・・・・・・・・・93
完全弾塑性・・・・・・・・・・・・・・・・・・・・・・132

基本境界・・・・・・・・・・・・・・・・・・・・・・・・・29
基本境界条件・・・・・・・・・・・・・・・・・・・・・40
境界条件・・・・・・・・・・・・・・・・・・・・・・10, 28
　　——の入力・・・・・・・・・・・・・・・・・・・191
　　——の表示・・・・・・・・・・・・・・・・・・・・93
強形式・・・・・・・・・・・・・・・・・・・・・・・・・・・30
強制変位・・・・・・・・・・・・・・・・・・・・・・・・・51
強制変位値・・・・・・・・・・・・・・・・・・・・・・・56
強制変位問題・・・・・・・・・・・・・・・・・・・・196
局所座標系・・・・・・・・・・・・・・・・・・・・・・・61

形状関数・・・・・・・・・・・・・・・・・・・・・・・・・37
継続時間・・・・・・・・・・・・・170, 173, 174, 227
結果表示・・・・・・・・・・・・・・・・・・・・・・・・117
ゲルバー梁・・・・・・・・・・・・・・・・・・・・・・101
減衰効果・・・・・・・・・・・・・・・・・・・・・・・・167
減衰定数・・・・・・・・・・・・・・・・・・・・・・・・172
原点位置・・・・・・・・・・・・・・・・・・・・・・・・・92

交叉ばり・・・・・・・・・・・・・・・・・・・・・・・・188
剛性比例型減衰・・・・・・・・・・・・・・・154, 169
剛性方程式・・・・・・・・・・・・・・・・・・・・・・2, 4
剛接合・・・・・・・・・・・・・・・・・・・・・・・・・・129
剛接節点・・・・・・・・・・・・・・・・・・・・・・・・・・8
拘束条件・・・・・・・・・・・・・・・・・・・・・・・・・56
剛度・・・・・・・・・・・・・・・・・・・・・・・・101, 204
降伏関数・・・・・・・・・・・・・・・・・・・・132, 134
降伏条件式・・・・・・・・・・・・・・・・・・・・・・132
降伏判定・・・・・・・・・・・・・・・・・・・・・・・・180
コーシーの応力・・・・・・・・・・・・・・・・・・・26
固定荷重・・・・・・・・・・・・・・・・・・・132, 138
固定端モーメント・・・・・・・・・・・・・・・・7, 8

固定モーメント法・・・・・・・・・・・・・・・・・・1
コードアングル・・・・・・・・・・・・・・・・44, 63
コマンドボタン・・・・・・・・・・・・・・・・・・・53
固有円振動数・・・・・・・・・・・・・・・・・・・・156
固有周期・・・・・・・・・・・・・・・・・・・156, 172
固有振動解析・・・・・・・・・・・・・・・156, 157
固有ベクトル・・・・・・・・・・・・・・・・・・・・156
固有モードベクトル・・・・・・・・・・・・・・164
コンボボックス・・・・・・・・・・・147, 164, 165

さ　行

最大応答・・・・・・・・・・・・・・・・・・・・・・・・175
材料数・・・・・・・・・・・・・・・・・・・・・・・54, 60
材料定数・・・・・・・・・・・・・・・・・・・・・・・・・54
材料番号・・・・・・・・・・・・・・・・・・・・・56, 60
座標値・・・・・・・・・・・・・・・・・・・・・・・56, 60
座標変換・・・・・・・・・・・・・・・・・・17, 43, 63
座標変換マトリクス・・・・・・・・・・・・43, 63
サブスペース法・・・・・・・・・・・・・・・・・・157
3ヒンジラーメン・・・・・・・・・・・・・・・・101
サンブナンねじり・・・・・・・・・・・・・・・・・32
サンブナンねじり定数・・・・・・・・34, 60, 54

時間間隔・・・・・・・・・・・・・・・・170, 173, 227
支持図形・・・・・・・・・・・・・・・・・・・・・・・・・95
地震加速度データ・・・・・・・・・・・・・・・・236
自然境界・・・・・・・・・・・・・・・・・・・・・・・・・29
自然境界条件・・・・・・・・・・・・・・・・・・・・・40
質量比例型減衰・・・・・・・・・・・・・・・・・・154
視点位置・・・・・・・・・・・・・・・・・・・・・88, 89
視点の回転中心・・・・・・・・・・・・・・・・・・・88
視点変更・・・・・・・・・・・・・・・・・・・・・・・・195
弱形式・・・・・・・・・・・・・・・・・・・・・・・30, 37
終局強度・・・・・・・・・・・・・・・・・・・・・・・・132
集中荷重・・・・・・・・・・・・・・・・・・・・・・・・・・7
集中質量・・・・・・・・・・・・・・・・・・・157, 162
縮退・・・・・・・・・・・・・・・・・・・・・・・・・・・・・50
主軸・・・・・・・・・・・・・・・・・・・・・・・・・31, 34
種別番号・・・・・・・・・・・・・・・・・・・・・・・・・56

上三角行列	69
初期図	122
初期設定	122
新規作成	189
スカイライン	66
スカイライン高さ	65, 67
スカイライン法	51, 65, 172
スケール	91
図心	31, 34
図のコピー	194
スピンボタン	106
図枠	83, 192
——の原点	86
——の長さ	86
積分方程式	37
セキュリティレベル	52, 187
節点	189
——の境界条件	56, 70
節点移動	1, 4, 13
節点荷重の表示	96
節点数	54, 60
節点透視変換	97
節点番号	56
——の表示	102
節点方程式	9, 15
線形加速度法	167
全塑性曲げモーメント	132
全体剛性方程式	11
全体剛性マトリクス	160
全体座標系	17, 63, 74
全体座標の方向	195
全体質量マトリクス	162
せん断弾性係数	54, 60
せん断バネ	152
せん断変形	152, 185
線の色	93
線を描くコマンド	93

増分解析	133, 138
層方程式	6, 13, 15
塑性流れ理論	127
塑性ヒンジ	150
塑性ヒンジ発生プロセス	148
塑性力学	127

た 行

耐震壁	152
大変形問題	28
たわみ角法	1
——の基本式	2, 7, 8
たわみ曲線の微分方程式	36
単位体積質量	154, 159
単純支持ばり	3
弾性限荷重	133
弾性限荷重倍率	138, 139
単精度の実数	87
弾性マトリクス	28
弾塑性応答解析	179
弾塑性応答解析ソフト	230
弾塑性解析	127, 132
弾塑性解析プログラム	134
弾塑性バネ	128
弾塑性問題	28
短柱	152
断面一次モーメント	34
断面剛	31
断面積	34, 54, 60
断面相乗モーメント	34
断面定数	54
断面内無応力の仮定	33
断面2次モーメント	34, 54, 60
断面の方向性	205
断面力図	114
断面力の計算	46, 74
断面力表示	112, 119
チェックボックス	104

地動加速度データ	170
中間荷重	6, 10
注視点位置	88
長方形の描画	85
直接時間積分法	166
直角変位図	14
釣合式	27
ツールボックス	53
テキストボックス	53
テキストボックスボタン	53
データ入力	60
データ入力シート	51, 52
デフォルト値	54
等価節点力	7
等価節点力ベクトル	39
透視変換	88, 96
動的問題	153
等方均質弾性体	33
特性数	60
特性番号	56, 60
トラス	54, 56
トラス解析	95

な 行

2次元平面	120
ねじり率	32, 155

は 行

ハウスホルダー・バイセクション法	157
梁要素	25
梁理論	30
——の基礎式	35
反力	46, 78
——の計算	78

表示スケール	91
標準モジュール	59
表面力	26
ヒンジ	202
——の表示	101
ヒンジ位置の出力	183
ピン支持	10, 93
ヒンジ要素	204
ピン接合	129
フォーカス	57
部材角	1, 4, 13
不静定骨組	1
物体力	27
付録データ	216, 235
分割点数	99
分布荷重	7, 48, 56, 76
——の表示	99
平均加速度法	167, 169, 173
平衡方程式	35
ベルヌーイ・オイラーの仮定	30, 31
変位規定	56
変位規定自由度	70
変位増分解析	139
変位表示	108, 117
変位法	28
変分原理	28
崩壊機構	208
崩壊判定	143
方向余弦	43
法線ベクトル	26
棒要素	25
補間	109
補間関数	109
補間点数	109
骨組	54
骨組応答解析ソフト	223
骨組解析ソフト	123

骨組振動解析ソフト・・・・・・・・・・・・・・・217
骨組図・・・・・・・・・・・・・・・・・・・・・・・・・・・92
骨組弾塑性解析ソフト・・・・・・・・・・・・・208
保有水平耐力・・・・・・・・・・・・・・・・・・・127

ま 行

マクロ・・・・・・・・・・・・・・・・・・・・・・・・・187
マクロ記録・・・・・・・・・・・・・・・84, 93, 95
マトリクスとベクトルの掛け算・・・・・・・・71
マトリクス法・・・・・・・・・・・・・1, 11, 37, 59
マルチページ・・・・・・・・・・・・・83, 104, 117

メインルーチン・・・・・・・80, 146, 164, 177, 183

文字変換・・・・・・・・・・・・・・・・・・・・・・・87
モード重ね合わせ法・・・・・・・・・・・・・・・166
モールの定理・・・・・・・・・・・・・・・・・・・3, 7

や 行

ヤング係数・・・・・・・・・・・・・・・・・・54, 60

有限要素法・・・・・・・・・・・・・・・・・・28, 37
歪み・・・・・・・・・・・・・・・・・・・・・・・・・・・28
歪みエネルギー・・・・・・・・・・・・・・・・33, 39
ゆがみ関数・・・・・・・・・・・・・・・・・・・・・31
歪み―変位関係式・・・・・・・・・・・・・・33, 38

ゆがみ変形・・・・・・・・・・・・・・・・・・・・155
ユーザーフォーム・・・・・・・・・・・・104, 117

陽解法・・・・・・・・・・・・・・・・・・・・167, 168
要素・・・・・・・・・・・・・・・・・・・・・・・・・189
　——の表示・・・・・・・・・・・・・・・・・・・92
要素剛性方程式・・・・・・・・・・・・・・・・・・43
要素剛性マトリクス・・・・・19, 39, 40, 61, 131
要素座標系・・・・・・・・・・・・・17, 74, 200
要素質量マトリクス・・・・・・・・・・155, 162
要素数・・・・・・・・・・・・・・・・・・・・54, 60
要素特性数・・・・・・・・・・・・・・・・・・・・54
要素長さ・・・・・・・・・・・・・・・・・・・・・62
要素番号の表示・・・・・・・・・・・・・・・・102

ら 行

ラベル・・・・・・・・・・・・・・・・・・・・・・・・53

力学的境界条件・・・・・・・・・・・・・・・・・10
離散化・・・・・・・・・・・・・・・・・・・・37, 154
立体骨組解析ソフト・・・・・・・・・・・・・188

レーリー減衰・・・・・・・・・・・・・・・・・154
連立方程式・・・・・・・・・・・・・・・・・・・・71

ローラー支持・・・・・・・・・・・・・・・・・・93

著者略歴

藤井大地（ふじい・だいじ）　1984年，広島大学工学部第四類建築学課程卒業．同大助手，ミシガン大学研究員，東京大学工学系研究科助手（環境海洋工学専攻）を経て，2002年4月より近畿大学工学部建築学科准教授．博士（工学）．

Excelで解く3次元建築構造解析　CD-ROM付

|平成17年2月28日　発　　　行|
|令和3年4月10日　第7刷発行|

著作者　藤　井　大　地

発行者　池　田　和　博

発行所　丸善出版株式会社

〒101-0051　東京都千代田区神田神保町二丁目17番
編集：電話(03)3512-3266／FAX(03)3512-3272
営業：電話(03)3512-3256／FAX(03)3512-3270
https://www.maruzen-publishing.co.jp

ⓒ Daiji Fujii, 2005

組版印刷・中央印刷株式会社／製本・株式会社 松岳社
ISBN 978-4-621-07538-8 C3052　　Printed in Japan

本書の無断複写は著作権法上での例外を除き禁じられています．